W0070386

Helmut Tacke

Mit den Müden zur rechten Zeit zu reden

Beiträge zu einer
bibelorientierten Seelsorge

Neukirchener Verlag

© 1989
Neukirchener Verlag des Erziehungsvereins GmbH,
Neukirchen-Vluyn
Alle Rechte vorbehalten
Umschlaggestaltung: Kurt Wolff, Düsseldorf-Kaiserswerth
Gesamtherstellung: Breklumer Druckerei Manfred Siegel KG
Printed in Germany
ISBN 3-7887-1302-X

CIP-Kurztitelaufnahme der Deutschen Bibliothek

Tacke, Helmut:
Mit den Müden zur rechten Zeit zu reden: Beiträge
zu einer bibelorientierten Seelsorge / Helmut Tacke. –
Neukirchen-Vluyn: Neukirchener Verl., 1989
ISBN 3-7887-1302-X

Meiner Frau
und meinen Kindern

Vorbemerkung des Verfassers

Als ich 1979 nach neunjähriger Seminartätigkeit am Predigerseminar in Wuppertal-Elberfeld in das Londoner Gemeindepfarramt überwechselte, reizte mich die sich nun eröffnende Gelegenheit, die theologische Theorie in der Praxis zu erproben. Im Auslandspfarramt ist vor allem der seelsorgerliche Dienst herausgefordert. Ich habe versucht, dieser Herausforderung gerecht zu werden.

Die Idee einer Veröffentlichung der vorliegenden Arbeiten entstand in einem Gespräch mit Prof. Rudolf Bohren. Ich danke ihm für viel Ermutigung. Der Neukirchener Verlag hat zur Verwirklichung dieser Idee tatkräftig beigetragen.

Daß ich weitgehend von der Mühe um die endgültige Textgestalt entlastet war, verdanke ich der überaus engagierten und sachkundigen Assistenz, die mir mein Schwiegersohn, Pastor Ulrich Laepple, hat zuteil werden lassen.

Die nun vorliegenden Beiträge stehen für mich in einer gewissen Kontinuität zu der Thematik meines Buches »Glaubenshilfe als Lebenshilfe«. Sollte es ein Stück weit gelungen sein, der dort vorherrschenden eher programmatischen Darstellung nun entsprechende Anstöße zu ihrer praktischen Verwirklichung mitzugeben, so wäre das genau die Hoffnung, die ich mit der vorliegenden Veröffentlichung verbinde.

Bremen, den 29. August 1988   Helmut Tacke

Inhalt

IV   Erfahrung

Rudolf Bohren

In memoriam Helmut Tacke

Begegnung mit einem Seelsorger

I

Damals habe ich das Meer gesehen; nachher nie mehr, in meinem ersten Deutschlandsommer auf Borkum, wir saßen auf einer Terrasse, und das Meer lag still in der Abendsonne; neben mir ein junger Pfarrer aus Hamburg, und der war vom Sturm bewegt.

Am Mittelmeer, am Stillen Ozean habe ich möglicherweise Wasser gesehen, nicht das Meer; aber damals sah ich das Meer, vielleicht, weil einer neben mir saß, der mich das Sehen lehrte – einfach dadurch, daß er da war und sprach – eine stürmische und wieder stille See. »Und ich weiß nicht: bin ich ein Falke, ein Sturm / oder ein großer Gesang.« Das war Helmut Tacke und sein Geheimnis: daß er mich sehen lehrte, nicht nur das Meer, auch meinen Nächsten und mich selbst!

Er war über Istanbul nach Wuppertal ins reformierte Predigerseminar gekommen, und wir gingen durch Wälder südlich der Stadt: Keine Sonne schaukelte auf den Wellen; mir war die Erde wüst und leer, die Schwermut meiner ersten Frau hatte mich angesteckt, und ich sah kaum einen Horizont. Ein Satz des Freundes aber vertrieb die Nebel, ließ mich meine Frau und mich selbst neu sehen. – Einem das Selbst als eine Novität entdecken, das ist Seelsorge: »Ist jemand in Christus, so ist er ein neues Geschöpf. Das alte ist vergangen, es ist neu geworden.«

Lehrt ein Seelsorger das Sehen, hält er sich selbst verborgen. Die Heiligen leben in der Verborgenheit. Im Messiasgeheimnis werden Wunder erfahren, von denen nicht zu reden ist, und Erfolgsmeldungen braucht sich ein evangelischer Seelsorger nicht an die Brust zu heften.

Im vertrauten und freundschaftlichen Umgang mit ihm entsinne ich mich an kein Gespräch, das an das Imponiergehabe der Seelsorgefachleute von damals erinnerte. Er hielt sich als Seelsorger bedeckt; die Selbstanklage lag ihm näher als das Eigenlob. Er brauchte sich nicht zu erniedrigen, war er doch von seiner Gefühlslage her ein Erniedrigter! Aber als solcher konnte er andere erhöhen.

Was lag hier vor? Was machte den Seelsorger zum Seelsorger? Die eigene Geschöpflichkeit in Begabung und noch mehr im Defekt, unter das Wort gestellt und vom Wort getragen, hilft zum Wort des Seelsorgers. Weil das Wort trägt und die Gnade füllt, was fehlt, sind es eher die Defizite, die den Seelsorger qualifizieren, als die Vorzüge, damit seine Existenz zum Spiegel der Gnade werde.

Er wußte von schwerer See, die über ihn hereinbrach, aber er ging nicht unter, sondern pflegte seine Gabe, die Musik. Unvergeßlich die Abende an der Mainzer Straße, wenn er sich an den Flügel setzte und in die Tasten griff, um Flöte und Geige seiner Kinder zu begleiten. In der Musik waren die Negationen, die ihn verfolgten, aufgehoben, der Sturm gebändigt. Da ändert sich die Metaphorik. Ein Seelsorger stimmt einen neuen Ton an, er wird Teil eines Liedes, das einzig ist und Vorschein neuen Himmels über neuer Erde, indessen das Nochnicht quält. Musik gegen das Unerkannte, Ungelernte, Unentschleierte. Die Musikmetapher kehrt immer wieder in seiner Reflexion über Seelsorge. Wenn er etwa formuliert: »Das Seelsorgegespräch hat eine gewisse Nähe zur musikalischen Improvisation«, vermag ein solcher Satz selbst einem Unmusikalischen – wie mir – mehr über Seelsorgepraxis zu eröffnen als »Fallbeispiele«.

»Nicht sind die Leiden erkannt,
nicht ist die Liebe gelernt,
und was im Tod uns entfernt,

ist nicht entschleiert.
Einzig das Lied überm Land
heiligt und feiert.«

Helmut Tacke ist zu danken, daß er auf seine Weise dieses Lied angestimmt hat, und es ist zu beklagen, daß sich nur wenige Stimmen fanden, die einstimmten. Hatte er zu früh die Stimme erhoben, oder waren wir zu schwerfällig?

Iserlohn brachte die letzte Begegnung. Da sprach einer, vom Tode gezeichnet und vom Leben getrieben. Er sprach über unseren Lehrer Thurneysen in einer Stunde, die seine Stunde war und von einer solchen Wirkung, daß der zweite auf dem Programm vorgesehene Redner auf den Vortrag seines Referats verzichtete. Seine Stunde war die eines Vermächtnisses, das in eins gesehen wurde mit dem Erbe Thurneysens: Unsere Aufgabe ist nicht die Nivellierung, sondern die Versöhnung einer Seelsorgekonzeption »von Verkündigung der Seelsorge Gottes auf der einen Seite und der beratenden und problemorientierten ›Seelenpflege-Seelsorge‹ auf der anderen Seite.« Mit Versöhnung meint Tacke, daß beide Konzeptionen »›kontrapunktisch‹ miteinander musizieren«. Versöhnung heißt nicht Kompromiß, heißt nicht, zu allem zu nicken. Versöhnung heißt aber Musik, heißt einstimmen gemeinsam in »das Lied überm Land«.

Ich habe besonders seinen Zorn geliebt, den ich vom Wort der Schrift her und heilig erfuhr: Sein Hohn auf theologische Modekönige klang für mich jeweils wie ein Echo auf das Lachen dessen, der im Himmel thront – wer weiß – ein Zorn, den er schon über sich selbst ausgegossen hatte. Wenn ich Tacke lese, höre ich ihn lachen, und da lacht nicht so sehr der Zorn als die Heiterkeit, die aus der Trauer blüht. Auch sein Lachen gehört zum Lied überm Land.

II

Der Hebräerbrief, den Tacke uns in neuem Lichte sehen lehrt, mahnt: »Seid eingedenk eurer Vorsteher, die euch das Wort Gottes verkündigt haben; schauet den Ausgang

ihres Wandels an und ahmet ihren Glauben nach« (13,7).
Zu solcher Nachahmung mögen Zeugnisse des Gedenkens anläßlich seines Todes dienen; sie präludieren die
Gabe, die er uns mit dem vorliegenden Nachlaßband anvertraut. Zunächst eine Stimme, die vielleicht auch »stellvertretend für andere ›zögernde Kirchgänger‹, für die ›Weder-Nochs‹, kurz für Leute wie mich, die sich zwar Christen nennen, aber manchmal selber nicht genau wissen,
an was sie eigentlich glauben ... Seit Jahren, eigentlich
schon seit meiner Konfirmandenzeit, hatte ich mir gewünscht, einem Pastor wie ihm zu begegnen, aber die
Hoffnung schon fast aufgegeben. Ich kann mich noch genau an meinen ersten Besuch in der Christuskirche erinnern und an die Freude, die ich beim Zuhören der Predigt
empfand. Freude darüber, daß ich endlich einmal aus der
Kirche ›etwas mit nach Hause nehmen konnte‹, zumal es
um ein Thema ging, das mich gerade sehr beschäftigte ...
In erster Linie waren es die Predigten, die mich festhielten
und nicht mehr losließen. Der immer fester werdende
Kontakt zur Gemeinde, gefördert durch Frauengesprächskreis, Bibelkreis und gemeinsame Unternehmungen, entwickelte sich dann ganz von selbst ... Trotz seines eigenen profunden Wissens gab er auch Bibel-Unkundigen
wie mir stets das Gefühl, ›aktiver Gesprächsteilnehmer‹
zu sein und ruhig mal etwas Verkehrtes sagen zu dürfen.
Man konnte Vertrauen zu ihm haben, weil er Verständnis
für menschliche Schwächen zeigte – wobei sein trockener
Witz und Sinn für Humor oft zur Belebung der Situation
beitrug.«
Der Prediger ist vom Seelsorger nicht zu trennen: »Nie
wieder ist mir – uns – ein Pastor so nahe gestanden wie er
mit seiner großen tiefen Innigkeit. Dazu gehört auch das
Ringen und die Offenheit zum Bekennen im Glauben, ich
denke da besonders an seine Predigten zum Glaubensbekenntnis. Es waren die Zeiten, wo auch mein Mann gerne
in den Gottesdienst ging – wie gut passen die Verse aus
den Römerbriefen zu seinem Leben.« – Über der Todesanzeige stand ein Wort der Gewißheit, welches das Geheim-

nis eines Seelsorgers andeutet: »Denn ich bin dessen gewiß, daß weder Tod noch Leben, weder Engel noch Gewalten, weder Gegenwärtiges noch Zukünftiges, noch Kräfte, weder Hohes noch Tiefes, noch irgendein andres Geschöpf uns zu scheiden vermag von der Liebe Gottes, die in Christus Jesus ist, unsrem Herrn« (Röm 8,38–39).

Ein Predigerseminar muß in besonderer Weise zu einer Stätte der Seelsorge werden, weil die Kandidaten vielfach mit einem unverdauten Studium und der Angst vor der Gemeinde kommen. In der Lebensgemeinschaft eines Seminars wird das Profil eines Seelsorgers wohl noch deutlicher als in einer Gemeinde. Es wird einsehbar:

– »Es war, trotz der beschränkten Zeit, die uns zur Verfügung stand, eine tiefe innere Sympathie, die uns verband – und sicher weiterhin verbindet. Dabei wähle ich das Wort Sym-pathie, das Mit-(einander-)Leiden, nicht zufällig: War er doch mir persönlich ein Vorbild an Leidensfähigkeit, verbunden mit einer unbändigen Liebe zur Offenheit, Klarheit und – Bescheidenheit. Geistliches Pathos war ihm fremd – gerade darum haben sich ihm die Herzen geöffnet. Sympathie – das Mit-Leiden mit den anvertrauten Menschen, die Seel-Sorge? Er war ein Mensch, der all das an sich heranließ und sicher auch oft schwer selbst daran zu tragen hatte. Aber gerade hier zeigte sich, daß er verstanden hatte, was Rechtfertigung heißt.«

– »Für meine persönliche Angst vor dem Beruf des Pfarrers hatte er Verständnis, und er half mir damals, einen neuen Weg für mein Leben zu finden. An seine große, für mich lebensnotwendige Geduld denke ich in tiefer Dankbarkeit zurück. Immer wieder war er dazu bereit gewesen, von mir zum Adressaten meiner Not gemacht zu werden. Das habe ich damals als Abglanz von Gottes unendlicher Liebe begriffen.«

– »Mit ihm ist der letzte theologische Lehrer von mir gegangen, der mich persönlich noch einmal neu geprägt hat, daß ich mein Verständnis des Evangeliums noch einmal neu formulieren konnte. Ich habe es als befreiend erfahren, daß das Evangelium seinen Zweck in sich selbst hat und nicht zum Instrument wessen auch immer werden darf. In seiner Elberfelder Seminarzeit steckte in ihm ja oft geradezu etwas Vulkanisches, das zur Zeit oder Unzeit über uns hereinbrach. Wir haben darunter gelitten, wurden hin- und hergeschüttelt und waren zugleich beglückt. So wurde seine Leidenschaft, Theologie zu treiben, ansteckend und aufrichtend. So hat er uns mehr zu einem erhobenen Haupt verholfen, als ihm wohl selbst gegeben war.«

– »Immer wieder hat mich an ihm seine eigenwillige Leidenschaft für die biblische Theologie beeindruckt, die beunruhigend, aber auch sehr befreiend war. Und die ihn empfindsam sein ließ gegenüber den vielen Unaufrichtigkeiten des kirchlichen Betriebs.«

»Wo aber der Geist des Herrn ist, da ist Freiheit« (2Kor 3,17), und da wird das Sterben eines »Hirten«, eines Predigers und Seelsorgers, Anlaß nicht nur zur Trauer, sondern zu einer Dankliturgie. So schreibt ein Gemeindeglied:

– »Aber das Trauern wird immer wieder verschlungen vom Danken. Dem Dank für die Begegnung! Dem Dank für die Zeit des Miteinanders in der gleichen Gemeinde, dem Dank für die vielen theologischen Denkanstöße, dem Dank für die Erfahrung, sofort verstanden zu werden, auch wenn ich mich nur stümperhaft ausgedrückt hatte – dem Dank für die Vollmacht seiner Predigten! Er hat mir das Bibelwort ›Meine Kraft ist in den Schwachen mächtig‹ mit jeder Predigt wieder neu exegesiert. Diese Erfahrung hat mich durch all die Jahre begleitet – wie ein kostbarer Schatz –, und in Zeiten der Predigt-›Dürre‹ zehrte und zehre ich vom Reichtum dieser Erfahrung, dafür muß ich danken, loben und preisen auch unter Tränen.«

Gerade wenn man den zitierten Voten gegenüber in Rechnung stellt, daß es sich um subjektive Äußerungen unter dem Eindruck der Todesnachricht handelt, vermittelt ihr Ensemble das lebhafte Bild einer Praxis. Man wird guttun, eine Seelsorgetheorie nicht abstrakt, sondern im Kontext ihrer Wirkung zu bedenken. Die Exemplarität des Seelsorgers gehört allemal zur Seelsorge, sie sagt mehr aus über

die Qualität einer Seelsorgetheorie als die Rezensionen
der Fachleute.

Ein Lehrer der Seelsorge

In der Bibliothek des Heidelberger Praktisch-Theolo-
gischen Seminars liegt zur Zeit unter einer Klarsichthülle
ein aufgeschlagenes Buch als Mahnmal für die Barbarei
von Theologiestudenten; einer hatte die Seiten 75–136
herausgerisssen. Es handelt sich um Helmut Tackes Buch
»Glaubenshilfe als Lebenshilfe. Probleme und Chancen
heutiger Seelsorge«, das 1975 erschien und 1979 eine Neuauflage erlebte.
Das Buch rief die Zunft zur Raison, zur theologischen Vernunft, zum vernehmenden Glauben, »zur Sache« also; ihn
störte u.a. die »Irrelevanz« des Glaubens »im Bereich der
Seelsorge«. Fast scheint es, das Schicksal des Buches in unserer Seminarbibliothek sei signifikant für dessen Rezeption, die – von Ausnahmen abgesehen – die Mahnung
nicht vernahm, vielmehr das Buch gleichsam unter eine
Klarsichtfolie ablegte oder gar zerriß. Man war irritiert,
nahm ihm offenbar übel, daß er Sand ins Getriebe streute,
nachdem man mit Hilfe der Humanwissenschaften seelsorgerlich flott in Fahrt gekommen war.
Tacke hat im »Anhang« zur Neuauflage seiner »Glaubenshilfe« versucht, die Rezeption seines Buches zu referieren.
Es kann nicht meine Aufgabe sein, dieses Referat im einzelnen weiterzuführen, denn die hier vorliegende Sammlung führt selbst das Gespräch weiter. So begnüge ich
mich damit, die Rezension von Walter Neidhart anzufüh-
ren, der Tacke »wohltuende Sachlichkeit« und »Fairneß«
bescheinigte.
Im nachhinein wirkt diese Rezension merkwürdig wenig
sachlich und fair, wenn nicht geradezu grotesk, indem sie
Tacke theologische Sachkenntnis zum Vorwurf machte
und Gewißheit als Sicherheit diffamierte. Ich weiß nicht,
war hier das Interesse an einer flotten Fahrt oder theologi-

sche Unkenntnis von Luthers Unterscheidung von certi-
tudo und securitas federführend, wenn Neidhart schrieb:
»Er verfügt über unanfechtbare Kriterien für theologische
Wahrheit: Er weiß Bescheid über Gott, über dessen Namen, über Inkarnation und Rechtfertigung. Er beansprucht Kompetenz für seine Urteile. Seiner Sicherheit
kann ich nichts Entsprechendes gegenüberstellen. Aber
das kümmert mich wenig. Ein Streit über allfällige Hetero-
doxien im Rahmen von heutigen Seelsorgelehren scheint
mir belanglos zu sein. Für mich zählt die Frage, wie den
›Mühseligen und Beladenen‹ am wirksamsten zu helfen
ist. Wenn ich wählen müßte, ihnen entweder ihr Joch zu
erleichtern durch eine therapeutische Methode, die mit
Häresien verbunden ist, oder ihnen theologisch korrekte
Trostworte zu verkünden, die keine konstatierbare Veränderung bewirken, so würde ich mich für das erste entscheiden. Für Tacke wäre das eine unsinnige Alternative«
(ThPr 12, 1977, 324).
Luthers Unterscheidung zwischen der Lehre, die rein bleiben muß, und dem Leben, das immer unrein bleibt, wird
hier zu der Alternative hochstilisiert, um sich des Mahn-
mals zu entziehen, das Tacke aufgerichtet hat. Der De-
mutsgeste, wonach er Tackes »Sicherheit« – ich habe sie
nie bemerkt – nichts Entsprechendes gegenüberstellen
könne, folgt die Versicherung seiner eigenen Überlegenheit: »Aber das kümmert mich wenig.« Der große Gestus
erweist sich bei näherem Zusehen als der Gestus des
Großinquisitors, der Jesus im Namen der Liebe zum Volk
der Mühseligen und Beladenen dem Scheiterhaufen über-
liefert! Die Frage nach der Wahrheit des wahren Gottes
wird verdrängt zugunsten praktikabler Hilfe, als ob die
wirksamste Hilfe für die Mühseligen und Beladenen auch
jenseits von göttlicher Wahrheit zu haben wäre!
Ohne es zu wollen, gibt Neidhart der Stoßrichtung von
Tackes Kritik an der im Schwange gehenden Seelsorgekonzeption recht, und ich sehe es im nachhinein als ein
schweres Versäumnis an, daß ich mich damals nicht gegen solche Kritik wandte, die gerade auch da ihr Unver-

ständnis dokumentierte, wo sie vermutete, daß »vielleicht
diejenigen Ratsuchenden Probleme mit dem Seelsorger«
hätten, »denen die tradierten Glaubensvorstellungen der
Bibel nicht mehr zugänglich sind. Wenn dieser ihnen dann
nach Tacke ›die gemeinsame Armut vor Gott‹ beteuert,
aber doch so präzis über Gott Bescheid weiß, werden sie
wohl verstummen« (ebd., 326). Der Verdächtigung des Re-
zensenten gegenüber begegnen jetzt Tackes Überlegungen, »wie sich die Elemente des Dialogischen und Missionarischen zusammenreimen«. Mit dieser Frage hat er der
Seelsorgelehre einen Forschungsauftrag hinterlassen.
Darüber hinaus weist Tackes neues Buch in drei Richtungen in die Zukunft:

1. Seelsorge von der Schrift her
Ich versuche, anhand von Tackes Ausführungen neu zu
lernen, was es bedeutet, daß in der Seelsorge aus dem
Schriftwort mündliches Wort werden muß, das die Erfahrung des anderen aufnimmt und – durch eigene Erfahrung
unterstrichen – bezeugt. Wenn Tacke etwa zwischen »biblisch« und »gesprächsgerecht« unterscheidet und postu-
liert, daß beide Stimmen, die des Leidenden und die von
der Schrift her, gleichzeitig werden müssen »wie Thema
und Kontrapunkt«, dann wird deutlich, worum es in der
Seelsorge geht, daß die Seele wortförmig werde.
Kommt nach Tacke aus der biblischen Geschichte im ganzen und im einzelnen »uns eine unverzichtbare seelsorgerliche Kraft« entgegen, »die darauf wartet, von uns in
Anspruch genommen zu werden«, dann ist das zu verstehen als Forschungsauftrag an die Bibelausleger, wie denn
seine Deutung des Hebräerbriefs besondere Beachtung
verdient. Bei Tacke kann jeder Seelsorger lernen, wie die
Schrift zu gebrauchen ist. Hatte er schon 1980 darauf hingewiesen, »daß die Bibel ... eine eigene und eigenständige
Humanwissenschaft enthält, die darauf wartet, in der
kirchlichen Seelsorge zum Wohle und Heil der Menschen
eingesetzt zu werden«, so nahm 1988 das Themenheft der
»Monatsschrift für Pastoraltheologie« über »Biblische Psy-

chologie« ein Thema auf, das er sozusagen vorausgesehen
hatte.

2. Die Lehre von der Rechtfertigung als Basis für die Seelsorge

Was ich in der Begegnung mit Tacke – wie schon mit
Thurneysen – erfuhr, wird auf den Begriff gebracht: Er-
gänzt eine Seelsorge im Prozeß der Rechtfertigung den
Menschen, erfährt der Mensch, der an dem leidet, was er
nicht ist, Geborgenheit. Rechtfertigung bedeutet auch
Aufwertung. Wer Tacke hier folgt, wird gewahr, wie un-
sinnig die Alternative ist, die biblische Theologie und
Seelsorgepraxis auseinanderreißt.

»Einzig das Lied überm Land / heiligt und feiert«. Die Seelsorge bedarf des Liedes. Dem neuen Sehen entspricht ein
neues Singen. – In einem Brief an Christian Möller
schreibt er am 30. 6. 1980: »Ich bin davon überzeugt, daß
die Seelsorge auf eine hermeneutische Vermittlung der
Rechtfertigungslehre angewiesen ist, damit wir zu neuen
Paul-Gerhardt-Texten kommen, weil wir wohl doch neue
Lieder brauchen, um das aussagen zu können, was sich in
den Kategorien unserer Erfahrung kaum noch findet. Z.B.
der ›Tausch‹. Sehr reformatorisch, aber für uns kaum noch
erreichbar. Mir scheint, daß der Vorgang solch eines perso-
nellen Tausches für uns wie ein Betrug aussieht. Der Begriff der Stellvertretung reicht auch nicht aus. Vielleicht –
als Rheinländer, der ich nicht bin – könnte der Karneval
zur Anschauung werden. Maske, Kostüm, Rolle, Tausch.
Sind wir nicht alle ›Existentialisten‹ geworden nach der
Devise: Ich bin der ich bin? Hat uns nicht Kierkegaard gerade mit seinen Meditationen zur Nachfolge auf uns
selbst und nur auf uns selbst festgelegt? Mußte nicht folge-
richtig bei Bultmann und anderen die eigene Entscheidung zum Maßstab werden, bei der eben alles Entscheidende von mir ausgeht? Ich werde das Gefühl nicht los,
daß die Dolmetscher der Rechtfertigung ausgestorben
sind. Daß etwa unsere Predigten mit der Nachricht des
›Für uns‹ ihre Schwäche darin haben, daß die Hörer in sich

selbst so stark sind und unter allen Umständen bei sich
selbst bleiben und mit sich identisch sein wollen? Es ist
wie in einem Uhrwerk, in dem ein Rad aus der Mitte her-
ausgebrochen wurde. Das Motiv bewegt nicht mehr die
Zeiger. Die Rechtfertigung in ihrer seelsorgerlichen Brisanz zu entdecken – das wäre vielleicht eine Verständi-
gungsbrücke sogar mit Herrn Stollberg, der mir an dieser
Stelle zumindest ein Ohr zu haben scheint.«

Wenn ich das hier vorliegende Buch im Kontext der Biographie des Verfassers bedenke, dann illustriert sein Leben das, was ihm A und O seines Denkens war, die Rechtfertigung des Gottlosen. In der Zusammenschau von Leben und literarischem Werk zeigt sich eine Existenz, die
den Prozeß der Rechtfertigung anschaulich macht, überaus tröstlich für jedermann, der an seinen Defiziten leidet.
Er existierte als ein Abgewerteter und erfuhr die Aufwertung. Gerade als Schwermütiger wurde er zum Tröster.
Seine leidenschaftliche Polemik gegen die naive Metho-
dengläubigkeit, die ihm im Predigerseminar begegnete,
hat seine tiefste Wurzel in der Erfahrung des Wunders, das
wir Rechtfertigung nennen.

3. Seelsorge und Theologie

Die »Lehre von der Seelsorge« hat ein Pfarrer geschrieben,
bedrängt von den vielerlei Anforderungen des Pfarramts.
Wiederum tritt ein Pfarrer mit einem Band an die Öffentlichkeit, der m.E. mehr Gewicht hat als das meiste, was
von seiten der akademischen Theologie in letzter Zeit
vorgelegt wurde. Was liegt hier vor?

So dankbar ich bin, daß mir Hochschule und Universität
die Freiheit und Muße zum Forschen geboten haben, so
lehren mich gerade die neuen Arbeiten von Helmut Tak-
ke, wie wichtig die pastorale Arbeit für die theologische
Theoriebildung ist. Ja, die weithin kritiklose Übernahme
der Humanwissenschaften könnte sehr wohl ein Indiz
sein für die Praxisferne der Praktischen Theologie! – Das
hier vorliegende Buch begrüße ich als Wegweiser in die
Zukunft unseres Faches, in der wiederum Pfarrer denke-

risch die Initiative ergreifen und es nicht zulassen, daß sie
in der Praxis theologisch verdummen. In diesem Betracht,
scheint mir, ist die theologische Existenz des Pfarrers Helmut Tacke – Pfarrer war er ja auch in Elberfeld! – vorbildlich.

Ein Kollege schrieb bei seinem Tode: »Er war unter uns Pa-
storen ein sehr Besonderer, Herausragender, einer, der seine Ohren geöffnet hatte und offen hielt für das ganz Andere.« Wer die Ohren offenhält, wird ein Besonderer, und wer
sich rechtfertigen läßt, wird zum Hervorragenden. Der
Seelsorger aber hält auch die Augen offen! – Und ich denke, Seelsorger kann nur werden, wer sich nicht weigert,
ein Besonderer zu werden.

Auf Borkum war ich einem jungen Pfarrer begegnet, der
auf Theologie neugierig war, den eine seltsame Lust trieb
zu lernen. Dadurch unterscheidet er sich von vielen Fach-
genossen, daß er sich nicht schämte, theologischer Schüler zu sein, vor dem die Schrift aufgeschlagen liegt, »die
aufgeschlagen bleibt und nicht zugeschlagen wird« – wie
Georg Eichholz es einmal formuliert hat. Die Arbeiten zu
Karl Barth, Hans Joachim Iwand und Eduard Thurneysen
zeugen von seiner Schülerschaft. Nur wer Schüler war und
bleibt, nur wer die Schrift offenhält, wird Bescheid wissen,
und sei es zum Ärgernis eines Großinquisitors. Nur wer
sich in der Demut übt, kein Besonderer und darum Lehr-
ling zu sein und zu bleiben, wird zum Herausragenden
und Besonderen. Die theologische Ignoranz vieler agie-
render Seelsorger wirkt heute deshalb verheerend, weil
beim Mangel an Gotteserkenntnis die vermeintliche psychologische Kompetenz nicht hilft. Andererseits: Wer
theologisch Bescheid weiß, wird die Geister zu unterscheiden wissen; die Unterscheidungsgabe aber war die
höchste Gabe der frühchristlichen Seelsorger, die in die
Wüste gingen. – Wenn es zu einer Versöhnung verschiedener Seelsorgekonzeptionen kommen soll, kann sie nicht
auf dem Wege der Diffamierung dessen zustande kommen, der Bescheid weiß: Gerade die Aufnahme psychologischer Kenntnisse und Methoden bedarf einer kritischen

Prüfung der Geister der in Frage kommenden psychologischen Schulen. Der Kampf, den Tacke führte, ist nicht zu
verstehen als eine philiströse Ablehnung der Psychologie
im Blick auf die Seelsorge, wohl aber als Kampf gegen eine
philiströse Aufnahme derselben, welche zugunsten einer
funktionierenden Praxis die Theologie mißachtet und damit die Frage nach der Wahrheit, die heimlich immer
schon die Frage nach dem, der die Wahrheit ist, verdrängt;
damit aber wird unter dem Vorwand der Befreiung nur
neue Knechtschaft errichtet.

Auch wenn Tackes erstes Buch zerrissen unter einer Zel-
lophanhülle als Mahnmal für theologische Barbarei dienen muß: Es hat gewirkt und wirkt. Was er uns in dem vorliegenden hinterlassen hat, wird weiterwirken.

Heidelberg, im Advent 1988   Rudolf Bohren

I
Konzentration

1

Die Bibel im Kontext der Seelsorge*

Was ich *nicht* meine – oder was bestenfalls eine Karikatur dessen, was ich meine, darstellen könnte, möchte ich mit Hilfe von zwei kurzen Texten veranschaulichen. Zunächst aus Dostojewskis »Der Jüngling«.

Da leben in Petersburg eine Mutter und ihre Tochter ganz ärmlich in dem engen Zimmer eines Hinterhauses. Sie haben an einen betrügerischen Kaufmann 4000 Rubel verloren und wollen das Geld, weil sie nichts anderes mehr haben, durch einen Prozeß zurückgewinnen. Sie gehen zu einem Petersburger Anwalt, geben ihm ihre letzten 15 Rubel und hoffen, daß er ihre Sache übernimmt. Aber dieser Anwalt sieht keine Chance, daß der Prozeß gewonnen werden könnte. Er hat auch keine Lust, sich auf eine solche, in seinen Augen unwichtige Angelegenheit einzulassen. Drei Minuten lang hört er die Klage der Mutter an. »›Ich sehe schon, ich weiß schon‹, sagt er, ›wenn der Kaufmann will, dann wird er das Geld zurückgeben. Wenn er aber nicht will, dann nicht‹, sagt er, ›und wenn Sie einen Prozeß anstrengen, können Sie noch die Kosten tragen. Am besten ist, Sie legen gütlich bei.‹ Und er scherzte noch mit einem Bibelspruch: ›Seien Sie willfährig mit Ihrem Widersacher, dieweil Sie noch auf dem Wege sind‹, sagt er, ›denn sonst kommt man nicht von dannen heraus, bis daß man den letzten Heller bezahlt hat‹ – und damit geleitet er mich hinaus und lacht noch. Da waren sie nun hin, meine 15 Rubel!«

Der andere Text steht in einem Brief, den mir 1974 ein Pastorenkollege nach einem Elberfelder Pastoralseminar über Fragen der Seelsorge geschrieben hat und der mir viel

---

* Vortrag an der Kirchlichen Hochschule Wuppertal am 13. 1. 1988.

bedeutet. Da gibt es einen Passus, den ich zitieren möchte, schon wegen seiner schwungvollen Sätze, vor allem aber deswegen, weil hier die pietistische Korrektur an einer Monopolstellung der Predigt gut wiedergegeben wird. Es heißt: »Die Predigt ohne ihr Gegenstück in der Seelsorge muß ja erstarren, sie wird immer amtlicher, immer würdiger, immer fremder, sakramentaler. Und da setzt nun die pietistische Kritik ein. Denn eine vor den Zuhörern hergesagte reine Lehre – so empfanden es die Pietisten – kann den Dienst nicht leisten, den die alten lutherischen Ordnungen ihr zuteilen. Nun soll die Predigt überall in den Konventikeln und in den Häusern gegenwärtig sein, bei der Arbeit und beim Spazieren soll Jesus verkündigt werden, nun gibt es die spezielle Seelsorge als Verkündigung an den einzelnen, nun gibt es die listigen Überlegungen, wie man beim Hochzeitsschmaus das Gespräch unversehens auf die himmlische Braut, beim Pflügen auf den Akker des Herzens bringt und so das Evangelium durch alle möglichen Hintertüren hineindrängt.«

Beides meine ich nicht: weder das kerygmatische Eintröpfeln eines Bibelwortes wie bei diesem überaus unseelsorgerlich agierenden Dostojewskischen Anwalt noch die Hintertür-Methode einer analogischen Phantasie, die überall die Möglichkeit wittert zu »listigen« missions-poimenischen Beigaben und Beilagen – und sei es auch im säkularsten Kontext. Beide Beispiele enthalten Karikaturen einer, wie ich denke, an sich legitimen Bibelfunktion im seelsorgerlichen Gespräch.

Interessante und erhellende Beispiele für die legitime Verwendung biblischer Inhalte in aktuell-parakletischen Zusammenhängen finden sich in der Bibel selbst. Es ist für mich wie eine Entdeckung gewesen, als ich beim Studium des Hebräerbriefs genau auf die spezifische »Architektur« gestoßen bin, die sowohl das seelsorgerlich relevante Miteinander von Situation und Tradition erkennen läßt als auch für die zentrale Aufgabe heutiger Seelsorge vorbildlich ist.

Der Hebräerbrief nennt sich selbst einen λόγος τῆς πα-

ραχλήσεως, eine Trostrede, eine Ermutigungsrede (13,22).
Das macht diesen Brief für Seelsorgeüberlegungen von
vornherein interessant. Auch der Stil des Hebräerbriefs ist
weniger didaktisch oder kerygmatisch als vielmehr seelsorgerlich. Es gibt da gewisse Fermaten, Zeichen, die den
Atem des Mündlichen, des Gesprächshaften erkennen lassen. So heißt es z.B. in Hebr 5,11 nach einer Entfaltung des
hohenpriesterlichen Amtes Jesu Christi: »Darüber hätten
wir noch viel zu sagen, aber es ist schwer, weil ihr so harthö-
rig geworden seid.« Der Hebräerbrief ist keine Lehrschrift,
auch kein Brief, sondern ein Gespräch, zumindest ein la-
tentes Gespräch. Otto Michel schreibt in seinem Kommentar: »Die Wortgruppe ›Schrift‹, ›Schreiben‹ fällt so gut wie
ganz aus« (Der Brief an die Hebräer [MeyerK], Göttingen
1966, S. 22). Hier liegt der Unterschied zu den Paulusbrie-
fen. Der Hebräerbrief weist alle Merkmale einer Rede auf
und will bewußt Rede sein. Michel sagt, er sei das Dokument einer frühen christlichen Predigt (ebd.). Dazu – im Unterschied – möchte ich sagen: Er ist eher eine Sammlung
von seelsorgerlichen Gesprächen, die mit Christen unter
dem Druck einer speziellen Anfechtung geführt worden
sind, also sozusagen Gesprächsprotokolle, nicht gerade in
Form eines Verbatims, wohl aber erkennbar als Dokument
latenter Dialoge – Seelsorgegespräche auf einem hohen Niveau, Glaubensgespräche, die den elementaren Katechis-
musunterricht voraussetzen: »Wir wollen übergehen, was
am Anfang über Christus gelehrt wird, um uns dem Vollkommenen zuzuwenden« (6,1, vgl. auch 5,1ff: »nicht Milch,
sondern feste Speise«). An dieser Stelle liegt ja wohl ein fun-
damentaler Unterschied zu den Rahmenbedingungen der
meisten heutigen Seelsorgegespräche. Aber wer weiß –
vielleicht warten viele unserer Zeitgenossen eher auf ver-
tiefende Erkenntnis als auf die ständige Wiederholung der
Elementarthemen. Es gibt ja nicht nur eine geistliche Über-
fütterung, sondern auch eine geistliche Unterernährung.
Der Effekt beider Fehlangebote ist derselbe: Abwendung
von der Bibel, Verlust der Quelle. Das aber bedeutet die
Schwindsucht der evangelischen Seelsorge.

Was mich an den Gesprächsprotokollen des Hebräerbriefs
so fasziniert, ist die Entdeckung, daß der Hebräerbrief
selbst genau das tut, was wir hier miteinander zu bedenken versuchen, nämlich: wie biblischer Stoff und biblische
Erfahrung in die Situation der aktuellen Seelsorge mitaufgenommen und mithineingenommen werden.

Der biblische Stoff, auf den der Hebräerbrief in seiner seelsorgerlichen Zielsetzung zurückgreift, ist das Alte Testament, genauer: die als Septuaginta-Texte aufgenommenen Erzählungen aus der israelitischen Bundesgeschichte, die eben für die frühen christlichen Gemeinden die da-
malige Bibel waren. Diese alttestamentlichen Rückgriffe
des neutestamentlichen Hebräerbriefs sind sozusagen eine Beispielsammlung für das, was mit der Thematik unserer Überlegungen gemeint ist: die Bibel im Kontext der
Seelsorge. Der Unterschied zu unserer eigenen Situation
besteht darin, daß wir nicht nur auf das Alte Testament,
sondern auch auf das Neue Testament zurückgreifen können. Aber darin ist das Verfahren des Hebräerbriefs exemplarisch, daß sich die Stimmen der »Tradition« mit den
Stimmen der »Situation« – um Ernst Langes Begriffe aufzunehmen – treffen und mischen und sich zu einer besonders starken seelsorgerlichen Kraft miteinander verbinden.

Ich möchte schnell und nur skizzenartig die jeweilige Situation, die im Hebräerbrief zur Seelsorge herausfordert,
aufzuzeigen versuchen. Inhaltlich geht es in allen Kapi-
teln um die heilsgeschichtliche Vollmacht des einen Ho-
henpriesters, der alles andere Priestertum erfüllt und
beendet hat. Aber die Beobachtung ist wichtig, daß diese
zentrale christologische Thematik nicht in dogmatischer
oder kerygmatischer Abstraktion ergeht, sondern ange-
bunden ist an konkrete Situationen der Anfechtung. Ich
könnte auch sagen: Die Christusverkündigung *reagiert*
auf die Provokation der Anfechtung. Die Botschaft ist die
Antwort auf die unmittelbare Botschaftsbedürftigkeit derer, die mit sich selbst und ihrem eigenen Glauben in die
Enge geraten sind. Hier im Hebräerbrief herrschen die

Proportionen der Seelsorge: Weil gerufen wird, wird stimmig darauf geantwortet. Weil die Ermüdungserscheinungen in die Krise treiben, wird gezielt und spezifisch dieser Krise ent-sprochen. Also nicht vom ›keryx‹, sondern von den ›tentationes‹ geht die Bewegung aus. Das allein schon macht den Hebräerbrief zu einem erstrangigen Dokument der praktischen Seelsorge. Hinzu kommt die erstaunliche Freiheit und Verknüpfungskühnheit, mit der der Hebräerbrief das vorgegebene Alte Testament in den Willen zum Ermutigen und zum Trösten einbringt: keine sklavische Zitiergesetzlichkeit, keine kritisch-historische Zwangsjacke, nichts von der Hybris der orthodoxen Schriftgelehrsamkeit. Vielmehr wird mit großer Empathie, gewissermaßen federnd und improvisierend, die Tradition mit der Situation zusammengesprochen.

In Hebr 2, um damit anzufangen, geht es um die Anfechtungssituation der Ziellosigkeit. Da sind Menschen, die im Glauben aufgebrochen sind, aber nun nicht mehr so richtig wissen, wohin es eigentlich geht. »Darum sollen wir um so mehr achten auf das Wort, das wir hören, damit wir nicht am Ziel vorbeitreiben«, heißt es in Hebr 2,1. Das ist eine empathische Redeweise: »am Ziel vorbeitreiben«. Also nur noch sich treiben lassen, mitschwimmen. Das Ziel wird nicht geleugnet, sondern verfehlt, weil es im Nebel der Gewohnheit verschwunden, weil das Weiterleben von Jahr zu Jahr zielloser geworden ist. Das ist die Situation. Und jetzt die Tradition: Ps 8 wird eingebracht. Aber nicht so feierlich mit genauer Stellenangabe, sondern es heißt: »Da bezeugt einer an einer Stelle und spricht: ›Was ist der Mensch, daß du seiner gedenkst – und des Menschen Sohn, daß du auf ihn achtest?‹« Menschensohn – das wird hier christologisch interpretiert. Mit den Engeln und anderen himmlischen Wesen mag es ja eine unsichere Sache sein, aber nicht mit diesem Menschensohn. *Er* ist das Ziel. Wer ihn vor Augen hat, kann nicht am Ziel vorbeitreiben. Der seelsorgerliche Kern- und Trostsatz heißt demnach: Das Leben ist *keine* Fahrt ins Ungewisse, sondern wir wissen um das Ziel. Und er ist das Ziel, der auf

uns wartet. Und das seelsorgerliche Brückenwort heißt:
Menschensohn. Einer von uns und doch unser aller Ziel.
Dieses Wort wird aus der Tradition, aus Ps 8, herübergeholt, und es beleuchtet und korrigiert die Situation der
Zielschwäche und der Zielverschwommenheit.

Dann Hebr 4: die Verheißung der Ruhe. »Achtet darauf,
daß keiner von euch zurückbleibe, solange die Verheißung besteht, daß wir zu *seiner* Ruhe kommen.«

Die seelsorgebedürftige Situation wird klar erkennbar: Da
sind Menschen, die so geplagt und umstellt sind, daß sie
an die verheißene Ruhe nicht mehr glauben können. Aber
die Unruhe derer, die über sich selbst hinaus mit keiner
Ruhe mehr rechnen, hat eine lange, biblische Erfahrungsgeschichte. Um die jetzige Glaubenskrise zu überwinden,
schaltet sich der Bericht über frühere Glaubenskrisen mit
ein. Vor allem die Geschichte von Josua. Es heißt Hebr 4,8:
»Wenn Josua sie schon zur Ruhe geführt hätte, würde Gott
nicht wiederum von einem anderen Tag geredet haben.
Es *ist* also noch eine Ruhe vorhanden für das Volk Gottes.«
Dieser Rückgriff auf die Geschichte mit Josua, der Israel
hineingeführt hat in das verheißene Land, dieser Rückbezug also ist ganz sicher *nicht* in der kurzen Form einer bloßen Anspielung erfolgt, wie es jetzt im Text des Hebräerbriefs den Anschein hat. Wir können vielmehr voraussetzen, daß ausführlich erinnert und auch berichtet worden
ist. Vielleicht so: »Ihr wißt doch, liebe Brüder und Schwestern, daß nicht nur wir die verheißene Ruhe noch immer
nicht gefunden haben, sondern so ist es dem Volk Gottes
zu *allen* Zeiten ergangen – sogar damals, als sie dachten,
nun ist das Ziel der Ruhe erreicht, nun sind wir in Kanaan,
dem gelobten Land, nun sind die Strapazen der Wanderschaft vorüber, nun können wir aufatmen in dieser großen
Ruhe für Seele und Leib, die der Herr uns versprochen hat.
Aber ihr wißt es doch: So ist es damals ja auch nicht gewesen. Auch an diesem *Höhe*punkt der Heilsgeschichte,
dort im Lande Kanaan, hat das Warten und Kämpfen und
Hoffen nicht aufgehört. Auch Josua konnte das Volk Gottes noch nicht in die so heiß ersehnte Ruhe hineinführen.

Auch dieser geschichtliche Fortschritt von der Wüste zur geordneten Lebensmöglichkeit ist nur ein Präludium gewesen der noch immer ausstehenden großen Ruhe der Erfüllung. Darum seid ihr nicht allein; sondern mit denen damals zur Zeit des Josua gehört auch ihr noch immer zum wandernden Gottesvolk. Aber es lohnt sich, auf die verheißene Ruhe zu warten. Diese Verheißung ist nicht kaputtgegangen oder lächerlich geworden, sondern sie ist in Geltung.«

So etwa wird der Seelsorger des Hebräerbriefs gesprochen haben. Und er wird den anderen erlaubt haben, ihre Zweifel und ihre Müdigkeit auszusprechen. Aber am Ende wird gesagt – und sie haben sich dadurch ermutigen lassen: »So laßt uns nun bemüht sein, zu dieser Ruhe zu kommen.« Das knappe Gesprächsprotokoll des Hebräerbriefs kann den tatsächlichen Gesprächsverlauf nicht wiedergeben, sondern setzt ihn voraus. Entscheidend ist, daß die Angefochtenheit der Ruhelosen das Wort von der noch vorhandenen und noch ausstehenden Ruhe herbeigerufen hat. Entscheidend ist ebenso, daß diese verheißene Ruhe nicht einfach punktuell-kerygmatisch verkündigt wird, sondern daß sie in den heilsgeschichtlichen Zusammenhang miteinbezogen wird und sozusagen von daher ihre Plausibilität und Stringenz erhält, in der Art eines Analogieschlusses von der Tradition in die gegenwärtige Situation. Die Anfechtung der Ruhelosen wird aufgenommen von dem tragenden Netz einer Erfahrung, das ausgedehnter und darum glaubwürdiger ist als das, was im eigenen Heute erfahren wird. Auf diese Weise kommt Sinn in die Anfechtung. Denn Sinn bedeutet: Zusammenhang. Mit dem biblischen Bestand solch einen Sinn, solch einen Zusammenhang in die punktuell erlebte Krise hineinzutragen und so im Radius der Verheißungen zu bleiben – das ist die Funktion, die von der Bibel im Seelsorgegespräch erwartet werden kann.

Otto Michel sagt: »Die Eigenart des Hebräerbriefs besteht nicht in einer philosopischen oder mysterienhaften Interpretation« – ich füge hinzu: wie man meinen könnte, wenn man den Hebräerbrief liest –, »sondern in einem *eschatologisch bestimmten Schlußverfahren*« (a.a.O., [1]1957, S. 5). Dies ist ein treffender und klärender Ausdruck für das, was so reizvoll ist am Hebräerbrief: ein Schlußverfahren, eine logische, analogische Kommunikation zwischen der seelsorgebedürftigen Situation, ihrem heilsgeschichtlichen Typos und ihrem eschatologischen Ziel.

Es ist nicht möglich, daß ich mein Interesse am Hebräerbrief so ausführlich weiterverfolge. Ich möchte nur noch auf das berühmte Kapitel 11 hinweisen, weil es so etwas ist wie ein Stichwortprotokoll mit einer ganzen Kette von alttestamentlichen Namen und Ereignissen, die ganz sicher nicht in der Form der jetzt vorliegenden Zusammenfassung zur Sprache gekommen sind, sondern mit dem Kontext und im Kontext ihrer Geschichten. Hebr 11 beweist m.E., daß es sich beim Text des Hebräerbriefs nicht um die Niederschrift einer Predigt handeln kann – dann hätte sie ihren Hörern geklungen wie ein gespenstisches bibelkundliches Potpourri –, sondern um die Kernsätze von notwendigerweise längeren Glaubensgesprächen, herumgerankt um Namen und Daten der Geschichte Israels.

»Es ist aber der Glaube eine feste Zuversicht auf das, was man hofft, und ein Nichtzweifeln an dem, was man nicht sieht« – so beginnt Hebr 11. Das die Seelsorge herausfordernde Problem ist deutlich zu erkennen: wie schwer es ist zu glauben. Denn der Glaube hängt in der Luft. Oder genauer: Er hat nichts Sichtbares, nichts Beweisbares. Er hängt nur am Wort. Er ist ein Phänomen des Hörens und nicht des Schauens. Diese Schwäche des Glaubens macht allen Generationen zu schaffen. Aber daß es sich lohnt, dem Hören zu vertrauen und dem Schauenwollen zu mißtrauen, das ist die Motivation zu dieser großartigen seelsorgerlichen Strategie, die von Hebr 11 – stichwortartig – festgehalten worden ist. Weil für die Sache des Glaubens die Ohren und nicht die Augen zuständig sind, um für sie Verständnis und nach Möglichkeit Einverständnis zu gewinnen, wird in diesem Kapitel so viel Bibelstoff und Bibelkunde aufgeboten.

Die Sache des Glaubens wird bezeugt von Abel gegenüber Kain, von Henoch, von Noah, von Abraham und seinen Nachkommen. Die Namen von Jakob und Esau werden bemüht, Joseph wird genannt, dann Mose, verbunden mit der Passageschichte und der Rote-Meer-Geschichte. Die Mauern Jerichos erscheinen, die »Hure« Rahab wird als Zeuge dieses hörenden und nicht sehenden Glaubens mit aufgerufen. Und am Ende des Kapitels heißt es: »Diese alle haben durch den Glauben Gottes Zeugnis empfangen und doch nicht erlangt, was verheißen war, weil Gott etwas Besseres für uns vorgesehen hat, denn sie sollten *nicht ohne uns* vollendet werden.«

Dieser Schlußsatz ist mir besonders wichtig. So muß man auch heute die Bibel ins Gespräch bringen: daß man die biblische Geschichte erzählt als eine noch unvollendete Geschichte, in die wir selber mit hineingehören. Die in Israel begonnene Geschichte soll nicht ohne uns vollendet werden. Das ist das die Zeiten relativierende Leitmotiv, durch das die Bibel unsere Gespräche über Gott und den Menschen und den Glauben fähig macht, seelsorgefähig. Unsere biographische Geschichte wird vermischt mit der biblischen Geschichte und gerät dadurch in den großen Kontext einer noch unvollendeten Geschichte. Und daß sie noch unvollendet, also noch Verheißungsgeschichte ist, das wird uns zum Trost gesagt, zum Trost, von dem unsere Lebensgeschichte getragen wird.

Bezeichnenderweise heißt es: »Die Zeit würde mir zu kurz«, wenn ich auch die anderen biblischen Geschichten noch alle *erzählen* sollte (V. 32). Was Hebr 11 jetzt literarisch enthält, ist nicht Erzählung, sondern Aufzählung. Der »Sitz im Leben« aber, der Ort und der Raum dieser biblischen Aufzählungen, war die aktuelle Seelsorge, die im Hintergrund des Hebräerbriefs bleibt, auf den aber das eigentliche Licht fällt.

Im Blick auf den gesamten biblischen Stoff ist festzustellen, daß sich hinter seiner schriftlichen Fixierung ein Stadium der mündlichen Weitergabe zeigt. Ich meine, daß die biblische Inspiration für unsere heutige Seelsorge eher aus dieser mündlichen Schicht kommen müßte als aus der schriftlichen Erstarrungsform als »Heilige Schrift«. Die Formgeschichte kann uns helfen, diesen mündlichen, diesen flüssigen Zustand der Bibel zu entdecken mitsamt dem dazugehörigen »Sitz im Leben«, der fast immer ein Anlaß zur *Seelsorge* gewesen ist, zumindest ein Ereignis oder ein Zustand der Seelsorgebedürftigkeit. Es kommt dann erst zum Tragen, daß die Bibel keine Sammlung von theologischen Kernsprüchen ist und auch nicht den Schriftgelehrten überlassen werden darf, weil sie eine Neigung haben, die Texte heiligzusprechen und zu versakramentalisieren. Am Ende liegt dann das Buch mit dem Goldschnitt auf dem Altar und wird nur noch zitiert und rezitiert. Aber die Bibel ist die Partitur eines Chores von großer Mehrstimmigkeit. Es wird nicht nur gregorianisch gesungen, sondern sehr volksliedhaft – und auch sehr dissonant –, und diese Stimmen müssen und wollen zum Klingen gebracht werden.

Ich will damit sagen, daß wir mit den Entdeckungen der Formgeschichte hörender werden für die ganze Breite des biblischen Aufgebots und Angebots, eben nicht nur für die Stimme des ›keryx‹, sondern auch für die des Klagenden und Gott Anklagenden. Nicht nur Christus und seine Heiligen, sondern auch Adam und seine ›Unheiligen‹ kommen zur Sprache. Darum hilft die seelsorgedienende Bibel auch heute dem Adam, daß er aus seiner Sprachlosigkeit herausfindet. Er soll ja nicht nur angesprochen werden, sondern er soll sich auch aussprechen können. Und die Sprachhilfe dazu kommt aus der Bibel. Die mit den Propheten oder Hiob oder den Psalmen vertrauten Seelsorger wissen um diese unverwechselbare und unvertretbare Sprachhilfe zugunsten Adams, des homo incurvatus.

Meine These heißt: Dem homo incurvatus und seiner Seelsorgebedürftigkeit ist nur die biblisch verankerte Glaubenstherapie gewachsen. Darum ist die kirchliche Seelsorge nicht »Psychotherapie im kirchlichen Kontext« (D. Stollberg), sondern etwas ganz anderes, nämlich Glaubenstherapie im eschatologischen Kontext von Verheißung und Erfüllung.

2
Das bibelorientierte Seelsorgegespräch*

In zwei zueinander in Spannung stehenden Sätzen hat Joachim Scharfenberg das hier anzugehende Problem treffend zur Sprache gebracht: »Autoritär muß jede Gesprächsführung genannt werden, die das Gespräch nur dazu benutzen will, um etwas Vorgegebenes, an der Vergangenheit Orientiertes, Bekanntes und Verfügbares ›auszurichten‹« (Seelsorge als Gespräch, Göttingen 1972, S. 19). Dazu der scheinbar gegensätzliche Hinweis, daß »das Problem des Einbringens der biblischen Überlieferung in das Seelsorgegespräch ... als eine dringliche Aufgabe für Theorie und Praxis der Seelsorge« anstehe (Die biblische Überlieferung im seelsorgerlichen Gespräch, Evang. Theologie 38, 1978, S. 126).

Ich bin nicht der Meinung, daß diese beiden gewichtigen Äußerungen sich widersprechen. Der erste Satz gilt der Zerbrechlichkeit des Gesprächs als solchem. Das Gespräch erträgt es nicht, wenn es nur formal als Träger für eine monologische Botschaft in Anspruch genommen wird; es will nicht zu einem Scheingespräch degradiert werden. Der zweite Satz läßt erkennen, daß »Gespräch« aber auch nicht das Produkt von zufälligen Einfällen sein kann, sondern daß es themenbedürftig ist. Gilt das im Grunde für jedes ernsthafte Gespräch, so für das seelsorgerliche erst recht. Es lebt nicht aus sich selbst, sondern es bedarf der miteinander kommunizierenden Inhalte. Weil es um den gelebten Glauben geht, hat unter diesem Aspekt die Bibel von Haus aus eine erstrangige Funktion. Aber wie soll und kann sie im Seelsorgegespräch mitsprechen, ohne dessen freie Entfaltung zu hindern oder gar zu

---

* Vortrag, gehalten im Jahr 1981 in Villigst.

verhindern? Der Bibel haftet der Verdacht an, sie sei wenig
gesprächsfähig, weil ihr Inhalt proklamatorischen Charakter habe. Wenn Scharfenberg vom »Einbringen der biblischen Überlieferung« in das Seelsorgegespräch als einer
dringlichen Aufgabe spricht, so beleuchtet er damit eher
ein Problem als eine bewährte Praxis. Im allgemeinen Bewußtsein zielt die biblische Überlieferung stärker auf »Verkündigung« als auf »Gespräch«. Darum scheint ihr unmittelbarer Gebrauch dem Gottesdienst näherzustehen als
der Seelsorgepraxis.

Um so sorgfältiger müssen wir zwischen dem »Ausrichten
einer Botschaft« und dem »Einbringen der biblischen
Überlieferung« unterscheiden. »Einbringen« ist fast das
Gegenteil von »Ausrichten«. Auch die Differenz von
»Überlieferung« und »Botschaft« ist sehr markant. In das
Gespräch miteingebrachte Inhalte sind legitime Bestand-
teile des Gespräches selbst. Demgegenüber ist eine »Botschaft« mehr oder weniger gesprächsfeindlich, wie Scharfenberg mit Recht betont. »Botschaften« ergehen zumeist
in thetischer Kürze und apodiktischer Strenge. Sie können sich vielleicht des Gesprächs in formaler Hinsicht bedienen, können aber nicht selbst die Qualität von »Gespräch« annehmen.

Das »Einbringen der biblischen Überlieferung« kann demnach nicht durch die kerygmatischen Türen der Bibel verwirklicht werden, sondern setzt ein kontextreicheres und
in gewissem Sinne unbefangeneres, »naiveres« Verhältnis
zur Bibel voraus. Diese Voraussetzung ist aber zumeist
nicht gegeben. Denn die Bibel ist längst zu einem »heiligen Buch« geworden. Im orthodoxen Gottesdienst wird
sie feierlich durch die versammelte Gemeinde getragen.
Der Sache nach wird in unseren Gemeinden die Bibel
ähnlich eingeschätzt. Sie ist »Heilige Schrift« und gehört in
die Hände der Theologen.

Die Gemeinden sind der Bibel nicht nähergekommen, obwohl die fundamentale Bedeutung der Bibel für den christlichen Glauben ständig betont worden ist. Wohl auch aus
diesem Grunde hat Karl Barth in Korrektur seiner Dogma-

tik mehrfach zum Ausdruck gebracht, daß er die Bibel
nicht mehr die »zweite Gestalt der Offenbarung« nennen
würde, sondern den Begriff der Offenbarung nur für das
Wort und Werk Jesu Christi gelten lassen wolle. Dieses
Herauslösen der Bibel aus den Zusammenhängen der Of-
fenbarungstheologie scheint heute notwendig geworden
zu sein, denn eine verabsolutierte »Heilige Schrift« verliert
zusehends den Zusammenhang mit den Menschen, zu
denen sie reden soll. So gibt es entsprechend einer »Christologie von oben« auch eine »Biblische Hermeneutik von
oben«. Joachim Jeremias pflegte seinen Studenten im
Blick auf die Schriftauslegung in der Gemeinde zu empfehlen: »Hoch anstimmen!« Vielleicht aber ist zu lange
hoch angestimmt worden, zu hoch. So thronen auch viele
Kanzeln als Symbole der ergehenden Verkündigung viel
zu hoch über der Gemeinde. Das wissenschaftliche Pathos der »historisch-kritischen« Interpretation der Bibel
hat ihren Entrückungs- und Isolierungsprozeß offenbar
nur noch verstärkt. Eine seltsame Allianz von Liturgen
und Schriftgelehrten ist dafür verantwortlich, daß die biblische Geschichte und die biblischen Geschichten weithin unbekannt geworden sind. Die Theologen selber haben das Vorurteil verstärkt, daß die Bibel ein museales Dokument sei und wenig Kraft zur Zeitgenossenschaft be-
weise. Die »Lebensfragen« haben sich in den Vordergrund
gedrängt, leider unter dem gefährlichen Aspekt, daß die
Bibel zu ihrer Bewältigung nicht mitwirken könne. Aus
diesem Grunde verzichten die Berater und Seelsorger auf
eine Erfahrungsquelle, die sie offenbar durch eigene Erfahrung ersetzen wollen. Darüber hinaus ist festzustellen,
daß ein verschwommenes »religiöses Bewußtsein« genau
in dem Maße wächst, als die Bibelkunde abnimmt. Mit
»religiösem Bewußtsein« meine ich das erstaunlich selbst-
bewußte Phänomen einer unmittelbaren Gottesgewiß-
heit, die sich auf das biblische Zeugnis nicht mehr angewiesen fühlt. Und gerade diese bibelentfremdete Frömmigkeit wirkt sich auf die Praxis der kirchlichen Seelsorge
spürbar aus. Es kommt zu einer bibellosen »Seelsorge der

Unmittelbarkeit«, die eine allgemeinere Gottesbeziehung
zu vermitteln und methodisch zu verwirklichen sucht.
Das Schema heißt: über die Selbstfindung zur Gottesfin-
dung!

Die Bibel aber verbindet den seelsorgebedürftigen Menschen mit dem Gott Abrahams, Isaaks und Jakobs, den
Pascal so deutlich und so aggressiv vom »Gott der Philo-
sophen« unterschieden hat. Der Gott Israels und der in
Christus offenbare Gott widerspricht der allgemeinen
Auffassung von Gott und dem gängigen religiösen Empfinden.

Darum ist es schade und schädlich, daß die Bibel nicht
mehr gelesen und vor allem nicht mehr erzählt wird.
Denn weder die Verdrängung der Bibel zugunsten psychologischer Thematik noch die kultische oder homiletische Vereinnahmung der Bibel führen aus dem Defizit an
seelsorgerlicher Hilfe heraus.

Ich bin auf der Suche nach einer »poimenischen Hermeneutik« der Bibel: daß wir – zugunsten einer besseren
Seelsorgequelle – die ungeheure Differenz der biblischen
Stimmen zu allen anderen religiösen Phänomenen wieder – mit Freude – zur Kenntnis nehmen, daß wir die
»fremde Nähe« biblischer Grundsituationen zu unserem
eigenen Leben in Anspruch nehmen. Wahrscheinlich
kann die Formgeschichte uns die biblischen Inhalte in ihrer seelsorgerlichen Kraft am ehesten erschließen. »Das
Dogma von der Bibel als dem Wort Gottes, das seit Jahr-
hunderten zu versteinern droht, kann gerade von formge-
schichtlichen Erwägungen her wieder Blut und Leben erhalten« (Klaus Koch, Was ist Formgeschichte?, Neukirchen-Vluyn ⁵1989, S. 16). Die Beachtung der Ursprünge
der biblischen Texte, also dessen, was Gunkel den »Sitz
im Leben« genannt hat, ist für das »Einbringen der biblischen Überlieferung« in das Seelsorgegespräch von großer
Hilfe. Es eröffnet die Möglichkeit, die »Vorgeschichte« des
Textes als das in diesem Zusammenhang Interessante
aufzunehmen und auf seine Aktualität hin zu befragen,
anstatt sofort nach dem kerygmatischen Kern zu suchen,

der zumeist tatsächlich gesprächsfeindliche Wirkungen hat.

Zur Sache der biblisch orientierten Seelsorge

Der erste Aspekt: *Rechtfertigung*
Es geht um die »Rechtfertigung des Gottlosen« (Röm 4,5). Mit dieser paulinischen und reformatorischen Formel ist das Spezifische der evangelischen Seelsorge getroffen. Der entscheidende Beitrag der Seelsorge muß im Bedeutungs- und Ausstrahlungsbereich der Rechtfertigungsthematik liegen. Wir stehen hier vor der paradoxen Spannung: Gott und der Gott-lose. Was haben sie miteinander zu tun? Der common sense sagt: nichts! Die Religion, mit der ihr eigenen Logik, sagt: nichts! Auch psychologisch ist keine Spur vorhanden, um zu der Qualität der Rechtfertigungsgewiß- heit vorzudringen. Um so stärker ist die kirchliche Seel- sorge herausgefordert. Dies ist ihr originales und originä- res Thema.

Die paradoxe Struktur der Rechtfertigungslehre bedarf in der Seelsorge einer Veranschaulichung, die nur mit den Mitteln biblischen Materials zu leisten ist. Das rechtferti- gende Handeln Gottes hat in der Erfahrung und Selbster- fahrung des Menschen keinen Rückhalt. Es ist auch nicht induktiv abzuleiten. Mit keiner »natürlichen Theologie« ist diese Hauptsache der kirchlichen Seelsorge zu entdek- ken. Daß Gott dem Gottlosen gerecht wird, ist unableit- bar und hat keine anderen Analogien als die der bibli- schen Geschichte.

Daß der Gottlose gerechtfertigt wird, ist »unerhört« in dem Sinne, daß diese Nachricht dem gewohnten Hörver- mögen kaum eingeht. Und es reizt mich zu sagen: Wir ha- ben eigentlich gar keine Gottlosen! Auch nicht in unseren Gemeinden. Vielmehr haben wir es durchgängig mit »Menschen guten Willens« und ehrbarer religiöser Gesin- nung zu tun. Der Gottlose müßte erst unter dem über- wachsenen Schutt seiner Selbstgerechtigkeit gesucht

und gefunden werden. Seelsorge muß sich damit befassen, diesen auch sich selbst verborgenen gottlosen Menschen zu entdecken und ihm das Recht zu geben, existent
zu sein. Das volkskirchliche Normalbewußtsein scheint
eher in religiösen Hochgefühlen verankert zu sein als in
der Erkenntnis der faktischen Gottesferne.

Ohne biblische Hilfestellung wird dieser Zustand nicht zu
verändern sein. Auch die eigene private Lebenserfahrung,
mag sie noch so gründlich und ehrlich sein, vermag aus
sich selbst nicht in die Erkentnnis von der Rechtfertigung
des Gottlosen hineinzuführen. Denn diese ist contra na-
turam. Sie hat ein paradoxales Wert- und Erscheinungsbild.

Ich habe die Erfahrung gemacht, daß der zunächst schil-
lernde Bedeutungsgehalt der Worte »gottlos« und »Gottlosigkeit« dem Gespräch sehr dienlich sein kann. Das nahe-
liegende moralische Verständnis kann der Einstieg sein.
Die »gottlose Zeit«, in der wir leben, kann den Weg eröffnen bis hin zur Einsicht, daß wir selbst im Verständnis der
Bibel gottlose, gottentfremdete Menschen sind, in Solidarität mit den biblischen Gestalten. Von Abraham führt die
Linie dann bis hin zu uns, die wir leben, »als ob es Gott
nicht gäbe« (Bonhoeffer).

Überwindet man das enge moralistische Verständnis von
»Gottlosigkeit«, wird begreiflich, daß dieser Begriff etwas
Schicksalhaftes zum Ausdruck bringt: nicht nur Schuld,
sondern auch adamitisches Verhängnis. Und in der Seelsorge kommt ganz unverhüllt die »Gottesfinsternis« (Buber) zur Sprache, wenn sie ihre Sprachlosigkeit durchbricht. Das wiederum kann nur gelingen im Befreiungs-
raum der Rechtfertigung: daß Gott dem Gottlosen gerecht
wird und daß der Gottlose Gott recht ist.

Das Evangelium ist eine paradoxe Nachricht. Sie kommt
in den Seligpreisungen und in den Gleichnissen Jesu zur
Sprache, auch auf jeder Seite der paulinischen Briefe. Das
Seelsorgegespräch braucht die Nähe dieser evangelischen
Paradoxien. Sie sorgen dafür, daß die Seelsorge nicht
sprachlos ist, daß sie aber auch nicht auf Allgemeinplät-

zen stehenbleibt. Die Mitsprache des paradoxalen Evangeliums von der Rechtfertigung des Gottlosen bringt etwas Neues in die gewohnten Zusammenhänge. Dieses
Neue zu vermitteln ist die spezielle Möglichkeit und Zumutung, die mit der evangelischen Seelsorge verbunden
und zugleich als Gabe und Aufgabe in Blick zu nehmen
ist. Die Gabe ist größer als die Aufgabe. Aber die Aufgabe
ist der Gabe angemessen. Das heißt: Wo die Gabe von uns
erkannt wird als die volle Leidenschaft Gottes für uns
Menschen, da müssen auch wir für die Vermittlung dieser
Leidenschaft Gottes unsere eigene volle Leidenschaft ein-
setzen.

Die evangelische Seelsorge muß die »fremde Gerechtigkeit«, wie Luther formuliert, mit der Tendenz zur »eigenen
Gerechtigkeit« so eng zusammensprechen, daß es zu einer wirklichen Begegnung kommt. *Diese fremde Gerechtigkeit erreicht den um sich selbst besorgten Menschen
nur dann, wenn sie ihn nicht befremdet, sondern fasziniert.* Mein in Christus verborgenes Leben muß mit meinem »alten« Leben der Selbstbewahrung und Selbsterfahrung kommunizieren. Trotz der Diskontinuität im biographischen Zusammenhang muß die Kontinuität von meinem Selbst durchgehalten und plausibel werden: Sowohl
»hier bei mir« und »dort bei Christus« bin ich bei mir selbst.
Bin ich bei Christus angenommen, bin ich auch bei mir
selbst »annehmbar«. Die fremde Gerechtigkeit ist nicht
meine eigene, aber sie wird mir zugeeignet, sie wird mir zu
eigen.

Ich suche nach *Rechtfertigungsgeschichten.* Im Alten Testament finden sich Streiflichter dieser »fremden« eigenen
Gerechtigkeit. Bei Abraham fängt es damit an, daß er Gott
recht gibt – trotz des ungeheuren Widerspruchs in der Erfahrung und Selbsterfahrung. Abraham »verläßt sich«
selbst auf Gott hin. Aber ein »neuer Abraham« kommt
nicht in Sicht und steht auch nicht im Interesse der Be-
richterstatter. Jakob hält noch stärker an sich selbst fest als
Abraham. Er wird gerechtfertigt, weil er den Segen hat.
Wieviel Festhalten am Eigenen! Wieviel Narzißmus ver-

birgt sich in der Traumgeschichte von der Himmelsleiter!
Dann aber der Kampf am Pniel. Da geschieht so etwas wie
der Abbau des »alten Menschen« – ein Prozeß, von dem
Paulus dann viel zu sagen hat. Aber schon Jakob bekommt
einen neuen, einen fremden Namen. So wird die Geschichte Jakobs zu einer alttestamentlichen Rechtferti-
gungsgeschichte. Sie hat ihren Platz in Gesprächen über
radikal durchkreuzte Pläne. Die Jakobsgeschichte ist ein-
bringungsfähig in heutige Lebensgeschichte. Hans Walter
Wolff zitiert das Wort Jakobs: »Ich lasse dich nicht, du seg-
nest mich denn!« Und er sagt: »Das Wort ist uns gegeben
für die Stunde, da alles in Frage gestellt wird, da alles dü-
ster und verwirrt ist, da uns die Sache Gottes einmal wie
eine Tücke menschlicher Geschicke und dann wieder wie
ein bald erledigter Fall aussieht. Daß wir ihn nicht loslas-
sen! Daß wir die Gelegenheit festhalten, in gerade dieser
Stunde seinen Segen zu erhalten« (Wie eine Fackel. Predigten aus drei Jahrzehnten, Neukirchen-Vluyn 1980, S. 31).
In diesem Sinn und mit dieser Anwendung könnte die Jakobsgeschichte in der Seelsorge mitsprechen.
Es ist reizvoll, alttestamentliche Rechtfertigungsgeschichten aufzuspüren und in Anspruch zu nehmen. Ein
weites Feld zum Entdecken steht bereit. Die fruchtbare
homiletische Arbeit mit alttestamentlichen Texten sollte
auch für das Seelsorgegespräch ausgenutzt werden.
Neutestamentliche Rechtfertigungstexte zeigen die größere Prägnanz in der theologischen Komposition, können
aber dazu verführen, mit konfessorischen Kernsätzen die
Freiheit des Gesprächs zu gefährden. Nicht das dogmatische Fazit der Rechtfertigung, sondern ihr sozusagen
»flüssiger« Zustand, ihr vorliterarisches Auftreten im An-
fechtungshorizont der Gemeinde müßte aufgespürt und
»in statu nascendi« zur Wirkung kommen. Der theologie-
geschichtliche Hintergrund des Philipperbriefes mit den
Spannungszonen zwischen eigener und »fremder« Gerechtigkeit bietet viel Anlaß, nicht die Formel, wohl aber
die Sache der Rechtfertigung zur Sprache zu bringen.

Der zweite Aspekt: *Verheißung*

Eine Seelsorge unter der Verheißung ist hilfreicher als eine »Seelsorge im Bewußtsein der Erfüllung«. Erfüllungsthematik neigt zu perfektischer Rede. Erfüllungsseelsorge kann in einem geistlichen Kapitalismus zu Hause sein, der die Fragenden und Wartenden im Stich läßt und verletzt. Ein dogmatisches »est« in der Seelsorge hat meistens erdrückende Wirkung. Die Erfüllungsseelsorge neigt dazu, die Gestalt des »Priesters« heraufzubeschwören (es gibt auch protestantische Priester). Das priesterliche Pathos der Erfüllung hat mehr zerstört als aufgebaut; man denke nur an die unerträgliche Tonart, in der die Ekklesia mit der Synagoge zu reden pflegte.

In dem Buch »Biblisches ABC« von Kornelis Heiko Miskotte heißt es: »Die Verheißungen sind erfüllt und – nein, es ist doch noch ein Teil zu erfüllen übrig! *Der* Friede nahm noch keinen Einzug, weder in die Welt noch in unser Herz. Was wir an Frieden empfingen, ist vielmehr ein Unterpfand des Kommenden, das sich nähert. Versöhnung ist vollbracht, die Erlösung steht noch aus« (Neukirchen-Vluyn 1976, S. 154). Und dann folgt eine Interpretation von Röm 8,19ff. Das ist ein Text, der in seinen prägnanten Formulierungen, weit abseits der dogmatischen Begriffssprache, dem seelsorgerlichen Gespräch zu Hilfe kommt. Es geht um das »ängstliche Harren der Kreatur« (V. 19) und das »Offenbarwerden der Söhne Gottes« in einer dissonanten und doch von Gewißheit erfüllten Beziehung. Im Zusammenhang mit diesem Text aus dem Römerbrief ergeben sich wertvolle Hilfen für das heutige Gespräch der Seelsorge. Zugleich werden die Seelsorgepartner davor bewahrt, sich selbst geistlich zu übernehmen.

Dies ist einer der biblischen Schutztexte gegenüber den Ansprüchen eines präsentischen Christentums, das darin den Gnostikern ähnelt, daß die Zwangsvorstellung vorherrscht, die Fülle des Heils könne schon ins Heute des Glaubens eingebracht werden. Aber die Bibel ruft unter die Verheißung. Sie proklamiert nicht ontisch-sakrale Gegenwart des Göttlichen. »Fülle des Heils« ist ein Attribut

des Baal. Die Differenz von Versöhnung und Erlösung ist
eine für die Seelsorge entscheidende Differeenz. Seelsorge
geht um mit dem »geknickten Rohr« und dem »glimmenden Docht« (Jes 42,3). Evangelische Seelsorge ist nicht der
religiöse Service sicher dahinfahrender Passagiere im Kir-
chenschiff, sondern ist eine Art von Küstenstation zur
Rettung Schiffbrüchiger. Das in diesem Jahr fällige Gedenken an den 100. Todestag Dostojewskis ist zugleich die Erinnerung an eine im Zentrum evangelische Kenntnis und
Erkenntnis vom Menschen. Immer dann, wenn Dostojewski den Menschen »in das Licht des Evangeliums
stellt«, wie Thurneysen zu sagen pflegte, ist die bibelspezi-
fische Kategorie der Verheißung mit im Spiel. Was Sonja
dem Mörder Raskolnikow in dunkler Stunde mitzuteilen
hat, nämlich die Geschichte von Lazarus, der aus dem Tode ins Leben gerufen wird, ist eine echte Verheißungsgeschichte, und das, was der Starez Sossima dem Volk zu sagen hat, ist darum Seelsorge, weil es voller Verheißung ist,
ebenso die Gespräche zwischen Iwan und Aljoscha Kara-
masow.
Ich wurde angerufen von einer Frau, die der römisch-ka-
tholischen Kirche angehört. Ihr Bruder sei krebskrank,
und zwar schon im letzten Stadium. Sie wisse nicht, wie
sie sich verhalten solle. Nach mehreren Besuchen ergaben
sich zwei Problemkreise. Der erste bezog sich auf die innere Situation des Bruders. Er sei total in sich selbst verschlossen, oder er rede nur oberflächliche Dinge. Frau D.
meint, daß sie doch unbedingt versuchen müsse, ihren
Bruder auf die Sinnfrage zu stoßen und religiöse Empfin-
dungen in ihm wachzurufen. Denn, so sagt sie, unvorbe-
reitet könne er doch nicht sterben. Ich versuche zu erklären, was Barth mit der »sakramentalen Voraussetzung«
meint: daß wir, bevor wir an Gottes Treue glauben, immer
schon von ihr erreicht, gesucht und gefunden sind. Sie versteht das gut. Aber ihr Gewissen kann sich nicht damit zu-
friedengeben. Sie meint, der Glaube sei aber doch die einzige Bedingung, um von Gott angenommen zu werden.
Ich sage: Aber wenn Ihr Bruder jetzt nicht glauben kann,

vielleicht wegen der Schmerzen oder weil er in einer depressiven Phase ist? Und dann erinnere ich sie an den Gichtbrüchigen. Dieser Hilflose, von seinen Freunden getragene Gichtbrüchige sei tatsächlich eine Gestalt, sagt sie, die ihrem Bruder ähnlich sei. Dann sprechen wir über die interessante Bemerkung des Evangelisten, daß Jesus sich dem Gichtbrüchigen zugewendet habe, »als er *ihren* Glauben sah« (Lk 5,20). Es gibt also einen stellvertretenden Glauben. Dies wurde der Ausgangspunkt für ein langes Gespräch. Sie konnte ihren Bruder innerlich nicht mehr erreichen, aber sie konnte für ihn glauben.

Ein zweiter Problemkreis betraf den Schmerz von Frau D., daß ihr Bruder so früh sterben müsse. Er habe so große Begabungen. Er sei vor lauter Arbeit noch nicht einmal zu sich selbst gekommen. Wir empfinden beide, daß dieses frühe Sterben geradezu ein Element des Absurden in sich hat, das auch durch den Glauben nicht verdeckt werden kann. Wir sprechen über das »Leben nach dem Tode« und stellen fest, daß dieser Aspekt eigenartig wenig mit dem brennenden Problem des Abschieds zu tun hat. Auch der Tod, so finden wir, kann eine letzte Kontinuität nicht auflösen. Nicht die grundsätzliche Frage eines Lebens nach dem Tode ist unser Thema, sondern die Vollendung des unvollendeten Lebens des sterbenden Bruders. Ob es das gibt? Und wie man es sich vorstellen könnte? Ich spreche von dem antiken Spiegel, der in 1 Kor 13 erwähnt wird. Er gibt nur ein undeutliches Bild. Aber dieses Spiegelgleichnis bezieht sich nicht auf Ungewißheit, sondern auf das Verheißene: »dann aber von Angesicht zu Angesicht«. Das Geheimnis des jetzt noch zerbrechlichen Lebens ist nur »im Spiegel« zu erkennen, im Prozeß von der Verheißung zur Erfüllung. Wir finden gemeinsam darin ein Aufleuchten von Trost; keine Auflösung des uns bedrängenden Absurden, aber eine Perspektive, die den Blick ausweitet.

Der dritte Aspekt: *Ermutigung*
Vielleicht ist das Wort »Ermutigung« am besten geeignet, das Ziel der seelsorgerlichen Gespräche und Begegnun-

gen treffend anzugeben, ohne zuviel zu sagen. Kommt solche Ermutigung zustande, so ist das ein der evangelischen
Seelsorge angemessenes Ergebnis. Mit anderen Zielvor-
stellungen sollten wir vorsichtig umgehen. Der Begriff
»Therapie« ist ein seelsorgerliches Fremdwort und auch zu
großartig klingend, um sinnvoll eingesetzt werden zu
können. »Verkündigung« ist im Grunde auch ein ungeeig-
netes Wort. Selbst das Wort »Trost« hat sehr anspruchsvol-
le Obertöne, wenn es für das mögliche Ziel seelsorgerlicher Gespräche vollverantwortlich eintreten soll. Wird jemand tatsächlich getröstet, so ist das eine Sternstunde der
Seelsorge.
Von »Ermutigung« zu reden finde ich am angemessensten.
Jes 50,4 heißt es: »Gott der Herr hat mir eines Jüngern
Zunge verliehen, daß ich wisse, mit dem Müden zur rechten Zeit zu reden«. Es geht zumeist gar nicht um die ganz
großen Themen, aber fast immer geht es um diese spezifische Müdigkeit mit ihrem Mangel an Mut. Theologisch
finde ich es wichtig, daß der christliche Glaube diese Müdigkeit nicht ausschließt, sondern miteinschließt. Am Ende von Jes 40 ist die Klage festgehalten: »Mein Weg ist dem
Herrn verborgen. Mein Recht geht an meinem Gott vorüber« (V. 27). Ich stelle mir vor, daß diese Klagen in der ba-
bylonischen Gefangenschaft wahrscheinlich leise Klagen
waren, ein innerer Ton. Die Israeliten dort waren keine
Rebellen, wohl auch keine Gottesankläger wie Hiob. Der
Text läßt vielmehr erkennen, daß die Müdigkeit vorherrscht und die Tonart der Resignation. Damit ergibt sich
eine breite Berührungslinie zu entsprechenden Erfahrungen heute. Die Texte Deuterojesajas beweisen eine starke
Mitsprachefähigkeit. Denn die prophetischen Antworten
lassen sich auf diese Müdigkeit ein und beginnen ein Gespräch mit ihr. Und der Gott Israels wird als Seelsorger
vorgestellt: »Er gibt dem Müden Kraft« (Jes 40,29). Mit den
Müden ist er im Bund. Die biblische Affinität zu den Müden wird in der Seelsorge heute zur Ermutigung.
Mir fiel ein etwa dreißigjähriger Mann auf, der oft zum
Gottesdienst kam, aber immer, wenn ich ihn an der Kir-

chentür ansprach, kein Wort herausbekam. Ich lud ihn ein,
und seitdem kommt er zu mir ins Haus in ziemlich regelmäßigen Abständen. Ich freue mich, daß Herr B. in seinem
Verhalten immer freier wird und als Gesprächspartner geradezu munter. Aber die Lebenskonzeption, die er sich gegeben hat, ist anstrengend. Sie zielt ab – sehr radikal – auf
Disziplin und Selbstüberwindung. Er kann sich nicht erlauben, schwach zu sein. Aber in den letzten Wochen hat es
ihn stark erwischt. Er ist zusammengebrochen, und seine
Freunde haben mir das mitgeteilt. Er hat einen obskuren
Beruf. Wenn ich ihn richtig verstanden habe, ist er eine Art
Ausbilder für Angehörige einer politischen Befreiungsbe-
wegung. Das soldatische Härteideal stößt nun mit der Realität seines zermürbenden Lebens zusammen. Mit vielen
Plänen ist er gescheitert. Er kann sich nun selbst nicht mehr
gut ertragen. Er sagt: »Alle Menschen, die etwas erreicht
und bedeutet haben, sind innerlich stark gewesen.« Ich bin
da anderer Meinung, versuche zumindest, auf eine Stärke
hinzuweisen, die sich mit der Erfahrung eigener Schwachheit verbindet und verbündet. Ich erzähle von Pascal und
Kierkegaard, die er beide kennt. Aber wichtiger ist mir, daß
ich ihn an die Menschen der Bibel erinnere. Die Bibel hat
für Herrn B. einen hohen Wert, obwohl er sie wenig kennt.
Es ist ihm genug, wenn ich darauf hinweise, daß ein so
wichtiger Prophet wie Jeremia sich selbst als schwach empfunden hat. Er sieht die Propheten vor allem repräsentiert
durch Elia, dessen Mut er bewundert und die Konsequenz
seines Handelns. Ich zeige ihm aber auch den schwachen
Elia. Die Bibel ist für ihn eine Sammlung von Heldensagen,
der Bericht von Glaubenshelden, die uns zum Vorbild gegeben sind. Diese Thematik berührt wie von selbst seine eigene Krise. Der Glaube ist etwas für die Starken. Er aber fühlt
sich schwach.
Für mich sind diese Gespräche wichtig, weil ich es bei ihm
mit einer »Bibelkunde« zu tun bekomme, die mir unheimlich ist. Und das genauere Erfassen der biblischen Gestalten wirkt klärend auf die Leitbildproblematik, die es anzusprechen und »aufzusprechen« gilt.

Zum Schluß noch einmal die Frage: Was bedeutet und was
erbringt es, wenn Biblisches mit ins Gespräch genommen
wird? Nicht so sehr konfessorische Konzentration im Sinne des missionarischen Auftrags; denn ich fühle mich
nicht verpflichtet, im Seelsorgegespräch ein Soll an biblischer Thematik abzuleisten. Für mich ist die Bibel in erster Linie darum wichtig, weil ich merke, daß ohne sie
meine Gespräche schmalspurig werden, verarmen und an
Atemnot leiden. Ich kann und will nicht das »Material«
dieser Gespräche aus mir selbst oder aus dem Partner hervorholen. Ich habe also im Blick auf die Seelsorge ein ähnliches Interesse an der Bibel wie die TZI-Praxis am »Thema«. Beide, das »Ich« und das »Wir«, müssen verkümmern,
wenn das »Thema« nicht auch vorhanden ist, allerdings in-
tegrativ und nicht additiv. Der »Themenhunger« wird
nicht befriedigt durch die Hereinnahme von Dichtung,
Zeitung oder anderer Quellen, obwohl sie mir willkom-
men sind. Aber die Bibel sorgt dafür, daß ich mit der biblischen Thematik zugleich die biblische Orientierungshilfe
erfahre. Die Gesprächspartner werden nach »Jerusalem«
orientiert wie der betende Moslem nach Mekka. Die
heilsgeschichtliche Orientierung im Rahmen der Bundes-
partnerschaft Gottes ist die gewichtige Mitgift der biblischen Gesprächshilfen.
Außerdem ist die Bibel in sich selbst ein fruchtbares
Quellgebiet. Ich brauche ihre Anregung und ihre An-
schaulichkeit. Ich lerne, mit den biblischen Stimmen meiner eigenen Stimme und der meines Gesprächspartners
zu Hilfe zu kommen. Ist die Bibel für meine Predigt nicht
nur wichtig, sondern entscheidend wichtig als homiletische Nahrungsquelle, so ist sie es nicht weniger bei der
seelsorgerlichen Aufgabe.
Darüber hinaus kenne ich kein »religiöses« Buch, das dem
Geist nach so wenig religiös, aber dafür so menschlich ist
wie die Bibel. Ich stelle fest, daß auch meine Gesprächspartner zumeist ein sehr unbefangenes Verhältnis zur Bibel haben und sich freuen, wenn biblische Thematik unser Gespräch bereichert und profiliert. Hüten möchte ich

mich vor jedem kerygmatischen Lautsprecherton und vor
der pädagogischen Belehrung.

Das »Einbringen der biblischen Überlieferung« braucht eine offene Situation. Darum sind vor allem solche biblischen Texte hilfreich, die nicht zu einfach aufgehen, sondern Fragen übrig lassen. Das wichtigste ist: Die Bibel bietet Geschichten, die die Partner des Seelsorgegesprächs
miteinbeziehen. Denn es sind Rechtfertigungs-, Verhei-
ßungs- und Ermutigungsgeschichten, deren Ende noch
aussteht.

3

Zur missionarischen Situation der Seelsorge[*]

Dem seelsorgerlichen Gespräch ist in den letzten Jahren eine enorme Aufmerksamkeit zugewendet worden. Mit vollem Recht. Die Konzentration richtet sich vor allem auf das Methodische. Gesprächsgerechtes Verhalten in der Seelsorge wird nicht nur gefordert, sondern auch gelehrt und praktiziert. Entsprechende Ausbildungsmodelle haben dafür gesorgt, daß Theorie und Praxis aufeinander bezogen werden. Die Einübung in das Gespräch am Krankenbett und in der psychiatrischen Klinik hat der kirchlichen Seelsorge eine Art »Intensivstation« angeboten und damit eine Ebene zu besonderer Erfahrung. Es geht um die Empfindlichkeit und die Zerbrechlichkeit nicht nur des Gesprächs mit Kranken, sondern des Gesprächs überhaupt. Das Gespräch in der Seelsorge verlangt das höchste Maß an Respekt, Aufmerksamkeit und Schulung.

Wenn heute die »Stunde der Seelsorge« angesagt wird, so bedeutet das, daß die Begegnung mit dem Evangelium immer weniger unter der volkskirchlichen oder freikirchlichen Kanzel geschieht als vielmehr unter den Bedingungen des offenen Gesprächs. Daraus ergibt sich der missionarische Impuls, daß die Kirche zu den Menschen kommen muß, wenn die Menschen nicht mehr zur Kirche kommen.

Die Gestalt einer »missionarischen Seelsorge« ist allerdings von viel theologischem Mißtrauen umlagert. Es wird befürchtet, daß sich das Element des Missionarischen mit dem Medium des Gesprächs nur schwer vereinbaren läßt. Denn zum Gespräch gehört die Basis einer

[*] Vortrag auf der Tagung des Pfarrerarbeitskreises für evangelistische Verkündigung in Köttingen (Rheinland) am 25./26. April 1983.

grundsätzlichen Freiheit, die nicht durch Auftragspflichten eingeschränkt werden darf. Das Gespräch muß Improvisation sein und bleiben und darf nicht, um es musikalisch auszudrücken, durch vorgeschriebene Noten zum »Konzert« verändert werden.

Die Sensibilisierung für das echte Gespräch und seine Entstehungsbedingungen ist durch die Seelsorgebewegung unserer Zeit eindrücklich gefördert worden und gehört zu ihrer wichtigsten Leistung. Um so notwendiger und auch aufregender wird die Frage, wie sich die Elemente des Dialogischen und des Missionarischen zusammenreimen. Es ist meine tiefe Überzeugung, daß diese Komposition in der Tat möglich und geboten ist. Das setzt voraus, daß die missionarische Aufgabe sich als gesprächsfähig erweist und das Gespräch aufnahmefähig ist für das Missionarische.

In der »therapeutischen Seelsorge« richtet sich das Vertrauen auf die therapeutische Kraft des Gesprächs selbst und nicht etwa auf Inhalte, die diesem Gespräch vorzugeben oder mitzugeben wären. Jede missionarische Absicht oder Zielsetzung müsse, so ist die Meinung weithin, die therapeutische Verheißung, die dem Gespräch zugehört, an ihrer Erfüllung hindern. Demgemäß sei das seelsorgerliche Gespräch eben keine missionarische Gelegenheit, sondern ein in sich selbst fruchtbarer Modus der mitmenschlichen Zuwendung und Begegnung unter empathischen Voraussetzungen und mit dem Ziel, Hilfe zur Selbsthilfe zu geben. Das Gespräch ist nach diesem Verständnis in keiner Weise Mittel zum Zweck, ist nicht Vermittlungsträger einer »Botschaft«. Sondern das Gespräch leistet aus sich selbst heraus »Botschaft« und »Mission«. Aufgrund seines therapeutischen Potentials steht dieses Gespräch nicht nur im *Dienste* der Seelsorge, sondern ist die Seelsorge selbst. Es ist begreiflich, daß sich in solcher Sicht keine Möglichkeit, aber auch keine Notwendigkeit ergibt, biblische Inhalte »ins Gespräch zu nehmen«. Das heute zur Norm gewordene gesprächstherapeutische Modell ist so eng gebaut, daß die aus dem »extra nos« herkom-

mende Information aus der biblischen Gottesgeschichte
dort keinen Platz hat.

Die Konsequenzen werden erkennbar. Die Seelsorge der
Selbsterfahrung verweigert sich der Seelsorge der biblischen Gotteserfahrung. So wohnt die kirchliche Seelsorge
weithin in einer Zwei-Reiche-Struktur, die das »fremde«
biblische Evangelium der Kanzel überläßt und das »Evangelium der interpersonalen Beziehung« dem Gespräch als
solchem entnimmt, das seine heilende Kraft aus sich
selbst beweist. Es steht aber zur Debatte, ob die kirchliche
Seelsorge, wenn sie bei ihrer eigenen Sache ist, auf die
Dauer unter der Regie eines solchen doppelten Evangeliums verbleiben kann. Und es ist eine leidenschaftliche
Anstrengung wert, den zur Gewohnheit gewordenen Hiatus von »Verkündigung« und »Gespräch« zu überwinden.
Die gängige Formel lautet: »Verkündigung als Gespräch«.
Der theologische Wert dieser Formel reduziert sich erheblich, wenn sie sich im Grunde versteht im Sinne von »Gespräch als Verkündigung«. Die gegenwärtige Seelsorge
weigert sich offenbar, die polare Beziehung beider Größen
anzuerkennen und bestehen zu lassen. Sie zeigt eine gefährliche Neigung zur Vereinfachung. Sie identifiziert in
ihrer Praxis Gespräch mit Verkündigung.

Demgegenüber kommt alles darauf an, die Bibel mit ins
Gespräch zu ziehen. Daß dies unmöglich sei, wird oft behauptet, ob es nicht doch möglich ist, wird wenig erprobt.
Es könnte sich erweisen, daß die Bibel gesprächswilliger
und gesprächsfähiger ist als der Ruf, der ihr vorangeht.
Und auf der anderen Seite könnte der ernsthafte Versuch
ergeben, daß das in sich selbst tatsächlich empfindliche
und zerbrechliche Gespräch durchaus bereit und fähig ist,
das biblische Evangelium in sich aufzunehmen. Dazu
aber bedarf es wichtiger Korrekturen sowohl am Konzept
des therapeutischen Gesprächs als auch an Theorie und
Praxis der »kerygmatischen Seelsorge«.

Wenn das Kerygma tatsächlich gesprächsfeindlich in Erscheinung tritt und als »Verkündigung an den einzelnen«
zur missionarischen Ansprache wird, muß die heutige

Seelsorgebewegung aus sachlichen Gründen die Intention einer Gegenbewegung haben. Wenn unter dem »Zuspruch und Anspruch« das Gespräch zerbricht, wird ein seelsorgerlicher Notstand geschaffen. Es ist dabei aber zu bedenken, daß die hohe Einschätzung der nur vom Gespräch zu vermittelnden Kommunikation bereits als erstrangiges innerbiblisches Element zu entdecken ist. Man müßte einmal zusammenstellen, wieviel Bibeltext dem »Gespräch« zugehört. Das Wort Gottes selbst ist kein »Donnerwort« und auch kein überirdischer Gottesmonolog, sondern ist die Sprache des Bundes und der Gemeinschaft. Mit Abraham und Mose, mit den Propheten und Aposteln ist Gott im Gespräch. Israel und die Kirche empfangen das Wort Gottes nicht in kerygmatischer Diastase, sondern im Bundesverhältnis der von diesem Wort Getrösteten und Ermutigten.

Also auch das biblisch-missionarische Wort bedient sich der kommunikativen Kraft des Gesprächs. Gottes geduldiges Reden und Zureden im Gespräch mit Jona bildet dafür die exemplarische Szene. Man sollte einmal dieses Gespräch des Gottes Israels mit seinem widerspenstigen Propheten in eine »kerygmatische Sprache« transponieren, um die Verwandlung des Jona-Buches aus seiner seelsorgerlichen Tonart in ein erschreckendes Dokument autoritärer Dienstanweisung vor Augen zu haben. Gespräch gelingt nur in partnerschaftlicher Verbundenheit. So sagt der Psalmist: »Ich rede mit meinem Gott auf meinem Lager« (vgl. Ps 4 u. 63). Gespräch setzt Nähe voraus. Jeremia wagt es in seinen »Konfessionen«, Gott in ein heißes Gespräch zu ziehen, weil auch Gott selbst nahe und werbend seinen Propheten ins Gespräch genommen hat: »Du hast mich überredet, und ich habe mich überreden lassen« (Jer 20,7). Es gibt kaum ein Kapitel in den paulinischen Briefen ohne Gesprächston. Sogar bei scharfer und ironischer Kritik an seinen Gegnern bleibt der Apostel doch mit ihnen im Gespräch. Und die Evangelien geben zu erkennen, daß auch Jesus nicht belehrende Monologe, sondern das Gespräch bevorzugt hat.

So liegt schon in der innerbiblischen Hochschätzung des
Gesprächs die Ermutigung, nun auch die Bibel selbst mit
ihrer ureigensten Intention in das seelsorgerliche Gespräch mithineinzunehmen. Der Seelsorger wird versuchen, die Frage oder die Krise seines Gesprächspartners
hineinzustellen in den größeren Rahmen eines korre-
spondierenden biblischen Zusammenhangs. Dieser Versuch ist es wert, erheblich größere Anstrengungen der Be-
ziehungsvermittlung aufzubieten, als es unsere gewohnte
Bibelschwäche und Bibelmüdigkeit bisher erlaubt. Beim
Mitsprechen der Bibel im Seelsorgegespräch ist mehr und
anderes gemeint als das erbauliche Zitieren biblischer
Kernsprüche. Das Mitspracherecht der Bibel zielt auf das
sachliche, problemorientierte Sich-Miteinmischen biblischer Stimmen, Perspektiven und Zusammenhänge, um
auf diese Weise das Gespräch zu erweitern und zu intensi-
vieren. Nicht als evangelistische Fanfare, sondern als mit-
tragender Begleit- und Kommunikationschor sind die biblischen Stimmen mitaufzunehmen. Es darf von ihnen erwartet werden, daß sie eine unersetzbare Hilfe bieten zum
Ansprechen und Aussprechen der Seelsorgebedürftigkeit
wie auch zur Erkenntnis neuer Lebensmöglichkeit. Würde die kirchliche Seelsorge die Bibel exkommunizieren,
verlöre sie das Zentrum der ihr eigenen Kommunika-
tionskraft.

Die formgeschichtliche Forschung kann uns die seelsorgerliche Qualität der meisten biblischen Texte erschließen. Ist die Literarkritik an der schriftlichen Gestalt der Bibel interessiert, so die Formgeschichte an der Freiheit und
Vielfalt ihrer vorliterarischen Entstehungsgeschichte.
Hier sind vor allem die mündlichen Stadien und Überlie-
ferungsprozesse der Bibel relevant. Daraus ergibt sich eine
Art von biblischer Ermutigung zu einem freieren, nicht
auf den Buchstaben fixierten Umgang mit den biblischen
Inhalten, der wiederum dem Gespräch in der Seelsorge
angemessen ist. Weil die Bibel selbst als Ursache ihrer eigenen Entstehung vielfach seelsorgerliche Situationen
zur Voraussetzung hat, kann sie zu uns und zu unserer

Seelsorgebedürftigkeit in eine analogische Beziehung treten. Die Bibel als Schrift und Buch weist zurück auf ihre ursprüngliche Kraft als lebendige Sprache, zu Worte gekommen im Dialog angefochtener und getrösteter Menschen. Nicht die Schriftrolle ist ihr gültiges Symbol, sondern das Gespräch zwischen Sohn und Vater, die Klage der Elenden und die brüderliche Tröstung. Das Kernelement der Bibel ist nicht Buchstabe, sondern Beziehung.

Darum führt uns die Frage nach dem »Sitz im Leben« der biblischen Texte nicht in die Schreibstube der Schriftgelehrten, sondern in die unmittelbare Erfahrung von Liebe und Haß, Geborgenheit und Einsamkeit. Die Geschichte und Wirkungsgeschichte dieser elementaren biblischen Seelsorge kommt heutiger Seelsorge zu Hilfe.

Die Freunde Hiobs waren vorbildliche Seelsorger, solange sie schweigend zu erkennen gaben, wie schwer das Leid Hiobs auf ihrer Seele lastete. Dann aber fingen sie an, nach dem Sinn seines Leides zu fragen und unermüdlich Antworten zu geben. Doch nicht dieser Versuch einer Sinnfindung ist zu tadeln, erst recht nicht das Bemühen, aus der Sprachlosigkeit herauszukommen. Zu tadeln ist, daß die Freunde Hiobs ihre eigene Frömmigkeit zum Maßstab ihres seelsorgerlichen Zuspruchs machten. Sie sahen hinter dem jammervollen Zustand verborgene Schuld. Sie wollten Hiob zur Buße nötigen, darum haben sie so viel geredet. Heutige Seelsorger möchten diese Rolle der Freunde Hiobs vermeiden. Sie halten es für notwendig, das Zuhören dem Zureden vorzuziehen. Es zeigt sich nun aber die andere Gefahr: Ein sprachloses Zuhören läßt den seelsorgebedürftigen Menschen mit sich selbst allein und mutet ihm zu, Hilfe in und aus sich selbst zu finden. Immerhin: Die Zurückhaltung des eher schweigenden als redenden Seelsorgers könnte anzeigen, daß er um seinen Mangel weiß und daß ihm das seelsorgerliche Wort nicht einfach zur Verfügung steht. Und diese wichtige Erkenntnis kann zu der anderen führen, daß Trost und Ermutigung nicht aus uns selbst kommen. Damit stehen wir vor der Aufgabe, in der Seelsorge den *Glauben* zur Sprache zu bringen.

Der Seelsorger wird sich bemühen, den Anlaß zur Seelsorge in das Licht biblischer Erkenntnis zu stellen. Das bewahrt ihn vor der Gefahr, in allgemeine religiöse Deutungen miteinzustimmen oder bei einem blassen und zeitlosen Gottesgedanken stehenzubleiben. Denn der biblisch verankerte Glaube verbindet mit dem Gott Abrahams, Isaaks und Jakobs und darum auch mit der Geschichte Jesu Christi, in der sich Gott zu erkennen gibt. Dieser Glaube ist kein frommes Trachten nach irgendeinem höheren Sinn, sondern er ist Vertrauen und Kampf, Klage und Gebet.

Die biblischen Texte bieten dem Zwiegespräch eine »dritte Ebene«: Parallele Situationen oder plötzlich entdeckte Verwandtschaft mit dem Geschick biblischer Gestalten geben den eigenen Gedanken Auftrieb und Anschauung. Mit der persönlichen Lebenserfahrung verbindet sich die biblische Gottes- und Menschenerfahrung.

Die Bibel bietet den Sprachlosen Sprachhilfe, weil sie selbst die Stimmen der Angst und des Scheiterns in sich aufgenommen hat. Sie bringt den Glauben, um den es in der Seelsorge geht, nicht als Sammlung goldener Weisheitssprüche, sondern in menschlich bewegenden Zusammenhängen zur Sprache. Darum hat die Bibel ein »magnetisches Feld«, das die Menschen der Sorge an sich zieht.

Es sind vor allem die offenen, in ihrer Aussage nicht ganz festgelegten biblischen Texte, die der Seelsorge am meisten zu Hilfe kommen. Sie bieten Denkanstöße und »Modelle« für glaubensgemäßes Verhalten, die geeignet sind, der Vielschichtigkeit der eigenen Probleme gerecht zu werden. Mangelnde Bibelkenntnis auf seiten des Gesprächspartners muß keine Feindlichkeit bedeuten, sondern gibt dem Seelsorger das Bewußtsein, etwas wirklich Neues und dem Leben Nahes mitteilen zu können. Natürlich kann er und soll er es weder vorausplanen noch gar erzwingen, daß in jedem Gespräch unbedingt auch der Glaube zur Sprache kommt. Es gibt kein pflichtgemäß abzuleistendes Soll an seelsorgerlicher Bibelkunde. Aber das

Mitsprechen biblischer Stimmen sollte insgesamt unbefangener zugelassen werden, als es zumeist geschieht. Es
gibt eine Scheu vor dem Bibelwort, die nicht Ehrfurcht,
sondern Unkenntnis beweist. Weil die Bibel nicht nur das
Wort Gottes, sondern auch das Wort des Menschen in sich
aufgenommen hat, gerade auch das verzweifelte, klagen-
de und anklagende Wort, ist sie befähigt, das seelsorgerliche Gespräch in seinem ganzen Verlauf zu begleiten. Heutiger Glaube wird möglich in der Nachbarschaft der biblischen Wege und Gestalten, die sich nicht auf sich selbst,
auch nicht auf die Kräfte ihres Unbewußten, sondern auf
die Treue Gottes verlassen. Denn nicht der gottsuchende
Mensch, wie das religiöse Denken meint, sondern der
menschensuchende Gott ist Anlaß und Grund zum Glauben.

Was immer an biblischer Thematik aufgenommen wird,
kann dem seelsorgerlichen Gespräch dienlich sein. Je vielschichtiger ein biblischer Beitrag ist, desto anregender
kann seine Wirkung sein. Auch Mißverständnisse sind
nicht peinlich; sie können dem Gespräch eine überra-
schende Wendung geben. Unter diesem Gesichtspunkt
sei aus einem Gesprächsprotokoll anläßlich des Besuchs
bei einem sehr alten Gemeindeglied der folgende Abschnitt mitgeteilt.

Der vom Pfarrer besuchte Dr. E. hat früher viel musiziert.
Der Pfarrer sieht auf die vielen Noten in den Schränken
und fragt:

»Wieviel von der Musik, die uns hier umgibt, kennen Sie
wohl?«

E.: »Ach du liebe Zeit! Ich glaube, ziemlich wenig. Mein
langes Leben hat dafür nicht ausgereicht. (Pause) Ich weiß
überhaupt nicht mehr so richtig, wie Musik eigentlich
klingt.«

P.: »Hören Sie wohl mal Radio oder eine Schallplatte?«

E.: »Nein. Wissen Sie, mein Gehör ist sehr schlecht geworden. Ich bin eben zu alt. (Pause) Wissen Sie, jeden Abend
sage ich zu dem da oben: Laß mich morgen doch nicht
wieder aufwachen.«

(P. empfindet die Schwierigkeit einer Antwort oder einer Reaktion. Einfach schweigen – das ist nicht möglich, denn der Signalcharakter der letzten Äußerung war nicht zu überhören. Aber was sagen? »Immerhin ist Ihr Geist noch völlig klar«? – »Sie haben viel Grund zur Dankbarkeit«? – P. kann auch nichts aus seiner eigenen Erfahrung sagen. Er ist gerade halb so alt wie sein Gegenüber. Er denkt an biblische Gestalten, die ihm helfen könnten, aus diesem Engpaß herauszukommen.)

P.: »Mir fällt gerade Abraham ein. Abraham ist ja auch sehr alt geworden. Von ihm wird gesagt, er sei alt und lebenssatt gestorben.«

E. (sehr lebhaft): »Ja, das ist es. Lebenssatt. So ist das auch bei mir. Wenn ich das mal so sagen darf: Ich habe das Leben satt.«

P. (verblüfft über diese Auslegung): »Mich beeindruckt das, was Sie sagen. Aber ich habe das mit Abraham immer ganz anders verstanden. Nämlich daß er vom Leben satt geworden war.«

E.: »Wie meinen Sie das?«

P.: »Daß Abraham auf sein langes Leben zurückgesehen hat. Und daß er dann dachte: Es hat sich gelohnt.«

E. (etwas lächelnd): »Na, so lohnend, wie Sie sagen, ist das ja nicht gewesen. Er war und er blieb ein Nomade und ist eigentlich zu nichts gekommen.«

P.: »Aber Gott hat ihn auch gesegnet. Auch äußerlich. Er hatte viele Knechte und große Herden.«

E.: »Weil er so fest an Gott geglaubt hat?«

P.: »Ich weiß nicht. Manchmal hat er Gott auch vergessen und ist seine eigenen Wege gegangen.«

E.: »Was war denn so gut an seinem Leben?«

P.: »Ich glaube, daß Gott ihn nie verlassen hat.«

E.: »Das ist ein großes Wort. Das könnte ich nicht sagen. (Pause). Aber wenn man so zurückdenkt – geholfen hat er mir auch. (Pause) Eigentlich habe ich mir abgewöhnt zurückzudenken. Am liebsten möchte ich mich an nichts mehr erinnern. Aber das ist wohl nicht gut.«

Zur »dritten Ebene« dieses Gesprächs verhilft die Gestalt

des Abraham. Das eigenwillige Verständnis von »lebenssatt« wird zu einem schöpferischen Denkanstoß. Das
»Gute« am Leben Abrahams wird zu einer Frage an den eigenen Lebenswert. Unverkrampft und unfeierlich kommt
ein Stück biblischer Geschichte mit ins Gespräch.
Wenn der Glaube zur Sprache kommt, bringt er die Bibel
zur Sprache. Sie vermittelt dem Gespräch nicht nur Anstöße, Verknüpfungen und thematische Erweiterungen,
sondern sie spricht auch von der *Seelsorge Gottes,* die unserer eigenen Seelsorge immer schon vorangegangen ist.
Würde diese Voraussetzung vergessen, so wäre das Entscheidende vergessen. Nur im biblischen Zusammenhang läßt sich die sonst verborgene Spur dieser Seelsorge
Gottes aufzeigen und erkennen.
Das Defizit an biblischer Mitsprache im Rahmen heutiger
Seelsorge hat seinen Grund nicht zuletzt in der von vielen
empfundenen Entfernung und Entfremdung der Bibel
vom gelebten Leben. Sie ist zu einem feierlichen Offenba-
rungsdokument hochstilisiert worden, das sich dem ein-
fachen Gespräch entzieht. Es hat sich so etwas wie eine
»Koranisierung« der Bibel vollzogen. Sie ist in die Hände
der ›Schriftgelehrten‹ geraten, die den Buchstaben zum
Feind des Geistes werden lassen. Die biblischen Gestalten, die Menschen der Bibel, die Gemüt und Phantasie
ganzer Generationen bewegt und ergriffen haben, sind zur
Ikonostase erstarrt.
Zwischen den Größen »Bibel« und »Gespräch« besteht
deshalb nicht nur eine berechtigte Spannung, die anzuerkennen ist und bestehen bleiben sollte, sondern es besteht oft eine echte Abneigung, die zu gegenseitiger Ex-
kommunikation geführt hat. Das biblische Wort scheint
unauflösbar mit einem autoritären Anspruch verkoppelt
zu sein, der in die Struktur von Hören und Gehorchen
hineinführt, nicht aber in die Freiheit des Gesprächs. Die
der Bibel beigelegte dogmatische Würde hat ihren »Hausgebrauch« verunsichert, wenn nicht sogar verhindert. Die
exegetischen Künste der theologischen Fakultäten haben
in den volkskirchlichen Gemeinden kein Hinterland. Die

biblische Leidenschaft zum seelsorgerlichen Dialog hat
sich auf dem Weg über die Kanzeln abgekühlt. Der histo-
risch-kritische Umgang mit den biblischen Texten ist eine
Geheimwissenschaft geblieben. Abstrakte schrifttheolo-
gische Meisterschaft hat darüber hinaus die Mündigkeit
der noch verbliebenen Bibelleser weniger gestärkt als ge-
lähmt. Die Lebensnähe der Bibel wird zuwenig erfahren.
Ihre Relevanz für die politischen, wirtschaftlichen und
wissenschaftlichen Themen und Fragen scheint gering zu
sein. Insbesondere hat sie sich dem Spezialgebiet der psychologischen Erkenntnisse kaum imponiert. In den kirchlichen Seelsorgezentren und Beratungsstellen ist nicht
das biblische Menschenverständnis bestimmend oder
mitbestimmend, sondern zumeist ein sehr bibelfremdes
Deutesystem menschlicher Existenz aus dem Angebot
moderner psychologischer Konzeptionen.
Eine ehrliche Bestandsaufnahme der verbliebenen geistlichen Kraft im kirchlichen Feld und Umfeld muß zu dem
Ergebnis kommen, daß ihr defizitäres Erscheinungsbild in
erster Linie Folge der allgemeinen Bibelschwäche und Bibelmüdigkeit ist, von der die Kirche befallen ist. Die heutigen landeskirchlichen Verhältnisse leiden an evangelischer Bewußtlosigkeit. Die Paradoxien des Evangeliums,
die Tragweite der Rechtfertigung, die ethische Verankerung christlichen Verhaltens und Handelns im Zentrum
der Rechtfertigung – das alles hat seine klaren Konturen
verloren. Nicht die Säkularisierung als solche ist daran
schuld, sondern zuerst und vor allem der Verlust an biblischer Gewißheit im Lebensvollzug. Der Glaube hat weithin seine Quellen eingebüßt.
So muß sich alle Hoffnung auf Besserung und Wiederbele-
bung auf die erneute Begegnung mit der »biblischen Botschaft« konzentrieren, und zwar intensiver im groß gewordenen Raum seelsorgerlicher Aufgaben als im ge-
schrumpften Raum des offiziellen Gottesdienstes. Das
Pathos der Bibel ist leiser als das der kerygmatischen Laut-
sprecher. Sie ist weder »Heilige Schrift« noch heiliger Ruf,
sondern ihr Wort ist vermischungsfähig und vermi-

schungswillig mit unserem Wort. Das seelsorgerliche Potential biblischer Geschichte und Geschichten liegt in
den Verheißungen Gottes, die sich noch nicht erfüllt haben. Diese Geschichten sind noch nicht zu Ende. Sie haben offene Ränder. Darum tragen sie Seelsorge auch in unser Leben.

In meiner Londoner Gemeinde habe ich erfahren, daß ein
unbestimmtes und verschwommenes religiöses Bewußtsein in dem Maße zu wachsen beginnt, als die Bibelkunde
abhanden kommt. Es gibt das erstaunliche Phänomen einer Gottesbeziehung, die sich auf eine biblische Vermittlung nicht mehr angewiesen weiß. »Gott« als offenbar be-
kannte Größe und Wirklichkeit wird allgemein vorausgesetzt. Seine Allgegenwart scheint jedermann begreiflich
zu sein. Es gibt heute eine gottesunmittelbare Frömmigkeit, die sich selbst plausibel ist und der biblischen Mitsprache nicht mehr bedarf, ein zeitloses und geschichtslo-
ses Gottesbewußtsein, das sich dem Denken wie von
selbst imponiert. Der Gott Abrahams, Isaaks und Jakobs
ist unbekannt. Die ganze Bibel ist unbekannt. Sie scheint
nichts anderes zu sein als ein unnötiger Umweg zu Gott,
der doch im eigenen Leben ganz unmittelbar zu erfahren
ist. Offenbarung, Selbstoffenbarung Gottes ist nicht gefragt, weil offensichtlich nicht erforderlich.

Die Beobachtung ist interessant, daß der Verlust an Bibel-
nähe, wie es scheint, keineswegs einen entsprechenden
Verlust an Gottesnähe signalisiert. Im Gegenteil: Die
nicht auf biblischem, sondern auf eigenem Boden gewachsene Frömmigkeit blüht in einer seltsamen Selbstgewißheit. Es ist versuchlich, mit diesem an Gottesunmit-
telbarkeit reichen Menschen tolerant umzugehen und
ihn in seinem Frieden zu lassen. Die Bibel könnte da nur
stören. Aber die Bibel ist das Gewissen einer Seelsorge, die
den Menschen nicht sich selbst und seinen selbstgemach-
ten Gottesbildern überläßt. Die Mitsprache der Bibel im
Seelsorgegespräch hat nach wie vor die entscheidende
Funktion, die Kontingenz der Offenbarung gegen die Neigung zur »Nostrifikation Gottes« (Barth) zu bezeugen. Das

aber verlangt ein gesprächsgerechtes Einbeziehen bibli-
scher Gottes- und Menschenerkenntnis. In der Praxis erweist es sich, daß zur Seelsorge notwendigerweise auch
»Material« gehört. Das Seelsorgegespräch ist themenbedürftig. Es geht weniger um Begriffe als um Anschauung.
Aus der biographischen Erfahrungsquelle allein kann das
Gespräch nicht gespeist werden. Das Übergewicht des
Methodischen, das mit der amerikanischen Inspiration
die deutsche Seelsorgeszene beherrscht, hat faszinierende
Anregungen gebracht, hat aber auch ans Licht gestellt, daß
methodische Schulung die inhaltliche Verarmung nicht
kompensieren kann.
Der humanistische, aber nicht evangelische Glaube an
das therapeutische Reservoir im Wurzelgrund psychischer Tiefenschichten zwängt die Praxis der Seelsorge in
das enge Tal frontaler interpersonaler Beziehungen. Natürlich ist der Seelsorger methodisch seinem Partner überlegen, aber sein methodisches Instrumentarium veranlaßt ihn zugleich zu einer festgelegten »partnerschaftli-
chen« Ausrichtung seines Hörens und Redens, bei der sich
die eigene dialogische Kraft verbraucht. Es entfaltet sich
ein kunstvoller, aber zumeist auch künstlicher Gesprächsprozeß, der im Grunde nichts anderes sein kann
als ein verdeckter Monolog, der den seelsorgebedürftigen
Mitmenschen mit sich selbst allein läßt. Die intendierte
»Hilfe zur Selbsthilfe« mag bei gewissen therapeutischen
Projekten die gebotene Losung sein, ist aber insgesamt innerhalb der evangelischen Seelsorge fehl am Platz. Die
ganze Bibel widerstreitet diesem zur Ideologie gewordenen Schlagwort und seiner Illusion.
Ausgangspunkt aller Überlegungen zur biblischen Mitsprache im seelsorgerlichen Gespräch ist die Beobachtung der geradezu verzweifelten Beziehungslosigkeit, die
zwischen Glauben und Leben zu erkennen ist. Was Walter
Dirks 1959 geschrieben hat, ist auch heute in seiner Aktualität unverändert in Geltung: »Wir leben in einem Klima gefälliger und gleichgültiger Toleranz. Bequemes Christentum und bequemer Unglaube nebst ihren tausend be-

quemen Zwischenstufen stören einander nicht. Es stören
einander ferner weder jene außerordentlichen Überzeug-
ten, die um ihres Glaubens und um ihres Unglaubens willen nichts miteinander zu tun haben wollen, noch die Ei-
ferer und Kämpfer, die das Weiße im Auge des Feindes er-
spähen, einander aber nicht ins Herz schauen.«
Das beleuchtet die an Wahrhaftigkeit verarmte Stituation,
mit der die Seelsorge zurechtkommen muß. Mit Nachdruck sagt Miskotte im Blick auf die Bewältigung dieser
Situation, daß nichts so verheißungsvoll sei wie eine
»Konfrontation mit der Bibel«, namentlich dem Alten Testament (vgl. insbesondere sein Buch »Wenn die Götter
schweigen. Vom Sinn des Alten Testaments«, München
1963). »Konfrontation« klingt etwas kriegerisch. Wenn
aber Miskotte dieses Wort gebraucht, so entnehme ich
dem eine Anspielung auf die originale Struktur der Bibel
und auf ihre elementare Intention. Sie liegt nicht im Bestätigen des Gewohnten, sondern im Anreiz zu neuer Aufmerksamkeit. In ihren Texten wohnt die Gegenwart des
Namens.
Die Gefahr ist groß, daß wir den Glauben ohne die ihn er-
möglichende Sprache des Glaubens ergreifen möchten. Es
gibt Glaubensgespräche, die den Glauben zwar themati-
sieren, die aber nicht an die Quelle des Glaubens selbst
heranführen. Um das zu erreichen, bedarf es der biblischen Mitsprache. Ohne Bibel wird die Sprache der Seelsorge arm und abstrakt, weil sie entweder in psychologischen Engführungen gefangen bleibt oder die eigene
Glaubenserfahrung an die Stelle der biblischen Gotteserfahrung setzt. Aber der Seelsorger kann die Bibel nicht
durch sich selbst ersetzen. Sie hat einen unschätzbaren
Mehrwert gegenüber seinem noch so glaubwürdigen
Glaubenszeugnis. Das ist auch gut so, denn die Bibel entlastet den Seelsorger von der Zumutung, selber ein »aufgeschlagenes Buch« sein zu müssen. Im Sinne von Miskotte
ist »Konfrontation mit der Bibel« ein reformatorischer Prozeß: der »Rückschritt« auf biblisches Gelände, auf dem der
Glaube verankert ist. Der seelsorgesuchende Partner soll-

te nicht mit dem Seelsorger, sondern tatsächlich mit der
Bibel »konfrontiert« werden. Es ist wichtig, diese Differenz
zu beachten. Und die biblische Konfrontation sollte nicht
in einem formalen Biblizismus bestehen, sondern in dem
aktuellen Mitsprechen zuständiger biblischer Stimmen.
Sogar in den biblisch inspirierten Seelsorgebüchern
Thurneysens fällt auf, daß im Grunde weniger biblische
Zusammenhänge das Gespräch bestreiten als vielmehr
biblische Kernsätze von Gnade und Vergebung, worin
eher ein biblisches Konzentrat als die Bibel selbst zu Wort
kommt (in der Seelsorgepraxis Thurneysens selbst wird es
»biblischer« zugegangen sein, als diese literarischen Refle-
xe seiner Praxis es erkennen lassen).
Es ist gut, daß der Seelsorger seine Seelsorge nicht mit eigener konfessorischer Glaubwürdigkeit zu leisten hat,
sondern frei ist, sich selbst in die biblische Geschichte und
in den Kontext ihrer Tragfähigkeit und Verläßlichkeit mit-
einzufügen. Es ist nicht sein Amt, eigene religionspsycho-
logische Gottesbeweise oder göttliche Geistesgegenwart
produzieren zu müssen. Bei biblischer Assistenz wird er
sich selbst und seine eigene Glaubensgeschichte zurück-
treten lassen, weil sie nicht Träger seelsorgerlicher Gewißheit sein kann. Er wird sich nicht selbst als glaubens-
kompetente Autorität empfehlen. Er wird aber auch das
Wort »Gott« nicht unnützlich führen, als handelte es sich
um einen selbstevidenten Begriff. Um so mehr wird er
sich auf die Geschichte beziehen, in der Gott sich selbst zu
erkennen gegeben hat und die nachzuerzählen eine nie
endende seelsorgerliche Aufgabe ist. Der »Allerweltsgott«
einer bürgerlichen Normalfrömmigkeit kann seelsorgerlich keine starke Rolle spielen und wird die seelsorgebedürftige Situation eher verwirren als klären. Demgegenüber ist das Modell evangelischer Seelsorge das Vater-
Sohn-Gespräch in Israel, bei dem die Frage nach Gott
nicht mit abstrakten Definitionen oder religiösen Ahnungen beantwortet wird, sondern mit der Geschichte vom
Auszug Israels aus Ägypten, aus der Trost und Ermutigung zu gewinnen ist (Dtn 6,20ff). Aus der ganzen bibli-

schen Geschichte und ihren einzelnen Geschichten
kommt uns eine unverzichtbare seelsorgerliche Kraft entgegen, die darauf wartet, von uns in Anspruch genommen
zu werden.

Seelsorge der Rechtfertigung*

Die biblisch inspirierte Seelsorge ist immer Rechtfertigungsseelsorge. Sie wendet sich nicht dieser oder jener menschlichen Eigenschaft, sondern dem Menschen selbst zu. Und sie hat es immer mit einem Menschen zu tun, der sich selbst nicht genügen kann. Daß der Mensch gerechtfertigt werden muß, ist der Hauptsatz der reformatorischen Anthropologie. Er ist sozusagen die Definition des Menschen überhaupt: ein Wesen, das der Rechtfertigung bedarf. Eben nicht autonom im Sinne der Selbstgenügsamkeit. Nicht Selbstversorger, sondern bleibend darauf angewiesen, umsorgt zu werden. Diese Rechtfertigungsbedürftigkeit Adams ist keineswegs sein Unglück, sondern ist im Gegenteil das Humane an ihm. »Gottes bedürfen ist des Menschen höchste Vollkommenheit« (Kierkegaard).

Das biblische Wissen um den hilfsbedürftigen Menschen veranlaßt die Seelsorge, in, mit und unter ihrer problemorientierten und partnerzentrierten Ausrichtung nicht zu vergessen, daß sich unter den Lasten und Sorgen, unter oft vordergründig erscheinenden Krisen wie unter der großen Anstrengung der Lebensmeisterung die entscheidende Schwäche und die entscheidende Stärke des Menschen verbirgt. Er ist schwach in seiner Eigenständigkeit, aber stark in seiner Bündnisfähigkeit. Und die wichtigste und biblisch beglaubigte Rahmenbedingung menschlichen Lebens ist die ihm zukommende Bundeswirklichkeit. In dem Gottesbund – und nicht bei sich selbst – ist der Mensch geborgen, weil gerechtfertigt. In diesem Bündnis kommt der angefochtene Mensch zu seinem Recht. Von

---

* Vortrag, gehalten bei der Pfarrbruderschaft Bremen am 9. März 1988.

dieser Bundesgeschichte wird seine Lebensgeschichte getragen. Beide »Geschichten« müssen in der Seelsorge zur
Sprache kommen.

In einem erhellenden Aufsatz von Gunda Schneider-Flu-
me mit der Überschrift »Narzißmus und Gewissen« (un-
veröffentlicht) wird der pathologische Narzißmus beschrieben und gesagt, daß die Pathologie des Narzißmus
zugleich »das Bild der Pathologie des Normalen« darstellt.
Die »Psychologie des Selbst« lehrt, daß es bei diesem pathologischen und doch zugleich auch »normalen« Narzißmus nicht eigentlich um Egoismus geht, sondern um das
»brüchige Selbst, das um seinen Bestand ringt in der
Angst, nicht leben zu können« (ebd.).

Ich halte das Licht, das dieses »brüchige Selbst« des Menschen beleuchtet, für ein notwendiges Licht am Portal zu
aller ernsthaften Seelsorge. Das Selbst ist »brüchig«, beim
Partner des Seelsorgers wie bei ihm selbst. Die Angst,
nicht leben zu können, ist als Urangst bei beiden in Funktion. Diese Urangst ist stärker als das »Urvertrauen«, von
dem man nie weiß, ob es hält, was es verspricht.

Das »brüchige Selbst« darf nicht, wie es im psychologischen Angebot zur Selbsthilfe geschieht, unter den Aufruf
zur »Selbstliebe« geraten. Dann ist es verloren. Es muß
vielmehr den Anschluß an die Bundesgeschichte Gottes
finden, die mit Abraham begonnen hat und die uns bewegend vor Augen stellt und ins Herz schreibt, daß dieses
»brüchige Selbst« in der Treue Gottes gerechtfertigt, festgehalten und zusammengehalten wird und so zu Ehren
kommt. Die Angst, nicht leben zu können und darum
auch nicht sterben zu können, wird auf diesem Bundesge-
lände zwar nicht zu nichts (da bin ich sehr vorsichtig), aber
sie verliert ihre erdrückende Grenzenlosigkeit, weil sie ihre Grenze findet an der Verläßlichkeit des Bundespart-
ners.

Rechtfertigung bedeutet auch: Aufwertung. Der Mensch,
der bei sich selbst immer nur verliert, wird in diesem
Bündnis aufgewertet. Die biblischen Metaphern von der
»Krone der Gerechtigkeit« (2Tim 4,8) und den »Kleidern

des Heils« (Jes 61,10) zielen auf die Aufhebung des existentiellen Defizits der menschlichen Selbsterfahrung genauso wie die Geschichte vom Verlorenen Sohn, der nicht etwa nur angenommen und geduldet, sondern der eingesetzt wird in alle Ehren und Rechte.

Die bundesgeschichtlich ausgerichtete Seelsorge bleibt
davor bewahrt, den Menschen »abstrakt« als Sünder anzusprechen. Innerhalb des Bundes ist er ein »gerechtfertigter
Sünder«. Das bedeutet Freiheit und Zukunft. Rechtfertigung meint, daß der Mensch *mehr* ist als die Summe seiner Erfahrungen mit sich selbst. Dem narzißtischen Menschen, dem »homo incurvatus in se ipsum«, der die Angst
hat, nicht leben zu können – ihm muß dieser Mehrwert
seiner selbst aufgeschlossen werden. Darum Rechtfertigungsseelsorge.

Aus diesem Grunde möchte ich ein treuer Schüler Eduard
Thurneysens bleiben. In seinem fundamentalen Aufsatz
»Rechtfertigung und Seelsorge« (in »Zwischen den Zeiten«, 1928) sagt er, Seelsorge habe sich nicht zu kümmern
»um die Pflege der Frömmigkeit, nicht um religiöse Be-
leuchtung des Lebens und der Zeitlage, nicht um Mittei-
lungen darüber, was der Mensch zu tun oder zu lassen habe, nicht um religiös-sittliche Aufklärung und Belehrung
zwecks Pflanzung einer Gesinnung«, sondern um die
Rechtfertigung des Menschen, der sich selbst nicht gründen und leisten kann (ebd., S. 198).

Das Thema »Rechtfertigung und Seelsorge« macht Thurneysen nun selbst erheblich zu schaffen. Denn eigentlich
sind es für ihn Begriffe, die zueinander in Spannung stehen. Das Wort »Seelsorge« wird zumeist verstanden als eine um den Menschen kreisende Bemühung, seine inner-
psychischen Prozesse zu erkennen und abzuklären. Demgegenüber hat »Rechtfertigung« die Intention, das »extra
nos« ins Spiel zu bringen, die Realität der Bundesgemein-
schaft mit Gott, die den Menschen unbedingt angeht, aber
nicht aus ihm hervorgeht.

Im Grunde stoßen »Rechtfertigung« und »Seelsorge« einander ab, so empfindet es Thurneysen. Und weil der

Mensch sich nicht selber und selbst rechtfertigen kann, muß ihm die Rechtfertigung zugesprochen werden. »Wie ein Bettler nicht mehr Bettler ist, wenn ihn der König anspricht und aufnimmt, so wird der Mensch etwas, das er nicht ist, er wird Kind Gottes mitten in seinem Unfrieden durch das Wort Gottes, das ihn erreicht« (ebd., S. 209).

Dieses Schlußsätzchen hat es in sich: ». . . durch das Wort Gottes, das ihn erreicht«, den so schwer erreichbaren Menschen. Für Thurneysen ist im Grunde nur ein kerygmatischer Akt dafür zuständig. Die Rechtfertigung kann nur verkündigt werden. Darum beschreibt er Seelsorge als »Verkündigung an den einzelnen«. In seinen Seelsorgebüchern fällt auf, daß immer dann, wenn der angefochtene Mitmensch sich selbst ausgesprochen hat, die Bezeugung des rechtfertigenden Handelns Gottes in einer würdigen kerygmatischen Kürze geschieht, zumeist in der Form einer dogmatischen Formel: Dir sind deine Sünden vergeben!

Die von Thurneysen mit Nachdruck geforderte Rechtfertigungsseelsorge nimmt für mich und für andere insofern eine problematische Gestalt an, als der Primat der Rechtfertigung den seelsorgerlichen Gesprächsprozeß zu erdrücken droht. Es gibt die Gefahr, daß Adam nicht genügend zu Worte kommt und daß die Rechtfertigungsgewißheit ihn nicht erreicht. Diese Schwachstellen kirchlicher Seelsorge bedürfen einer intensiven biblischen Korrektur. Größeres Mitspracherecht der Bibel in der Seelsorge bedeutet erstens, daß dem in sich selbst verstummten Menschen Sprachhilfe gegeben wird, und zweitens, daß die Rechtfertigung nicht in kerygmatischen Formeln, sondern im Medium biblischer Geschichte und biblischer Geschichten vermittelt wird.

Ich möchte, wenn auch nur kurz, aus meiner eigenen »Werkstatt«, wenn ich so sagen darf, berichten, obwohl ich der Meinung bin, daß das kaum gelingen kann. Denn wenn ich mich auch an Gespräche erinnere, in denen etwas so Seltenes und Kostbares vorhanden gewesen ist wie das, was ich »Stimmigkeit« nenne, so empfinde ich zumindest die Relation von jener kairologischen Gesprächszeit zu meiner jetzigen Reflexionszeit schon wieder als so unstimmig, daß ich es für fast unmöglich halte, davon überhaupt zu sprechen. Aber – sozusagen als Ergebnis – kann ich mitteilen, daß mir der Graben zwischen Seelsorge und Rechtfertigung *nicht* unüberbrückbar erscheint. Allerdings halte ich von dem Wert *solcher* Gespräche immer weniger, die in dem spröden Zweitakt verlaufen: zuerst die biographische »Exploration«, dann der kerygmatische »Nachruf«. Es gehört zu meiner Erfahrung, daß ein Gespräch mit der Qualität Seelsorge so nicht entstehen kann. Biographisches wie Kerygmatisches erscheinen dann in verkümmerter Gestalt und verhalten sich zueinander in frostiger Distanzierung. Es bedarf in solchen Gesprächen dringend der »dritten Ebene« des biblischen Stoffes. Erst im Kontext biblischer Erfahrungen wird das zu Verkündigende »annehmbar«. Seelsorge ist das symphonische Musizieren, bei dem die knappen Fugenthemen oder die Leitmotive mit Hilfe des Durchführungsmaterials überhaupt erst »annehmbar« werden.

Kurz vor unserem letzten Weihnachtsfest in London kam eine junge, verheiratete Frau zunächst in den Gottesdienst und dann zu uns ins Pfarrhaus. Sie war magersüchtig und in einem elenden Zustand. Ihr Mann lebte in Deutschland, sie hatte sich ganz auf sich selbst konzentriert. Es gelang mir, mich davor zu hüten, ihr den dringlichen Rat zu geben, mehr Nahrung zu sich zu nehmen oder den Arzt aufzusuchen. Ich begriff, daß es dazu zu spät war. Sie sprach von ihrem Beruf und von dem hohen Anspruch, den sie an sich selbst stellte. Sie hätte aber erkannt, daß sie trotz aller Anstrengung und auch aller Leistung nur ihren Wert *für andere* hätte steigern können. In ihren *eigenen* Augen hätte ihr Leben wenig Wert, und sie könne daraus nicht existieren. Wir sprachen über Gestalten aus dem Werk von Camus und über Lebenswege, wo irgendwie sichtbar wird, daß eine hohe Wertschätzung von seiten anderer der eigenen geringen Einschätzung an »Selbstwert« gegenübersteht. Ich sagte dann ungefähr dies: Bei Paulus war das gerade umgekehrt. Er *galt* nicht nur als tüchtig und untadelig, sondern er schätzte sich auch selber so ein. Er hatte ein ungebrochenes Selbstwertbewußtsein, sagte ich, und nahm dabei Philipper 3 zu Hilfe. Wir kamen auf die Aussage: »Was mir Gewinn war, das habe ich um Christi willen für Schaden geachtet.« Sie wollte wissen, weshalb Paulus so »schnodderig« über seine früheren Pluspunkte hat sprechen können, denn ich hatte ihr gesagt, das Wort »Schaden« bedeute eigentlich »Dreck«. Sie sagte dann selber, daß Paulus im Grunde wohl gar nicht resigniert gewesen sei, vielleicht deshalb nicht, weil er in seinem »Wertesystem« eine Art Ausgleich gefunden hätte. Ohne »Bruch« kamen wir auf die Spur der »Christusgemeinschaft«, in der Paulus keineswegs klein und häßlich wurde, sondern ganz umgekehrt. Ich erinnere mich genau: Wir haben lange über das »In-Christus-Sein« gesprochen und über die Aufwertung des eigenen Selbst, die damit verbunden ist. Es kam bei ihr zu einem großen Aufatmen, denn sie hatte, wenn ich so sagen darf, ein existentielles »Aha-Erlebnis«. Es war der hier gelingende Versuch, eine Analogie zum Wertproblem des Paulus zu erkennen und für sich selbst in Anspruch zu nehmen. In der Sache war es ein Rechtfertigungsgespräch, obwohl der Begriff keine Rolle spielte. Fachtheologisch müßte ich sagen: Wir waren nicht so sehr im Zusammenhang der forensischen Rechtfertigungslehre, sondern wohl mehr in der Dimension der »Christusmystik«. Es ging um Rechtfertigung »im flüssigen Zustand«.

Noch ein anderes Erlebnis unter dem Aspekt von Rechtfertigungsseelsorge sei erwähnt. Ebenfalls am Ende meiner Londoner Zeit war ich Zeuge, wie eine bibelkundige Besucherin sich von einer alten Dame unserer Gemeinde verabschiedete. Letztere war in großer Verworrenheit und Verzweiflung tief in sich selbst versunken. Die durchaus freundliche Besucherin brachte das Anhören der Klagen dieser alten Frau damit zu Ende, daß sie sich erhob, zur Tür ging und ihr von dort aus, sozusagen mit Asmussen und Thurneysen zugleich, »auf den Kopf zusagte«: »Auf je-

den Fall sind Sie in Gottes Hand!« Dann ging sie mit einem
ermunternden Kopfnicken. – Nach einem langen Schweigen sagte die alte Dame zu mir: »Sie weiß ja gar nicht, daß
Gott mich längst verlassen hat.« – Ich hatte den Eindruck,
daß eigentlich beide Sätze richtig sind: der Satz mit der eigenen Erfahrung von der Gottverlassenheit und auch der
Satz mit der biblischen Erfahrung »Sie sind in Gottes
Hand«. Aber es hatte an etwas Wichtigem gefehlt, nämlich
an dem Versuch, beides aufeinander zu beziehen. Die
Stimmigkeit dieser beiden Stimmen, die eine aus der Situation, die andere aus der Tradition, war nicht zustande
gekommen.
Was ich »Stimmigkeit« nenne, soll nicht bedeuten, daß
diese beiden Stimmen in Harmonie sein müßten. Die biblische Stimme ist selten in Harmonie mit uns. Aber sie
müßten miteinander kommunizieren, diese beiden Stimmen. Sie müßten gleichzeitig werden wie Thema und
Kontrapunkt. Hier aber blieb beides unverbunden und un-
vermittelt nebeneinander stehen – der Verzweiflungssatz
und der Glaubenssatz. Gegen den kerygmatischen Zuruf
von der Hand Gottes ist theologisch nichts einzuwenden.
Aber er gerät dem Besucher zu einem »Nachruf«, noch dazu mit einem Element abgeleiteter christlicher Pflichter-
füllung. Der Satz von der Hand Gottes ist biblisch, aber
nicht gesprächsgerecht. An diesem Ort ist er außerdem eine etwas leichte Ware. Ins Gespräch genommen, hätte die
Metapher von der Hand Gottes sich als sehr gesprächsför-
dernd erweisen können. Denn »Hand Gottes« – das ist
nicht nur Geborgenheit, sondern auch Last. Es kann
Angst bedeuten: »Deine Hand liegt schwer auf mir« – so
heißt es in den Psalmen.
Dieser zweite Bedeutungsgehalt wäre der dunklen Verlo-
renheit der alten Frau entgegengekommen. Vielleicht wie
ein klärendes Licht, das die eigene Situation beleuchtet
und der Seele hilft, das Erlittene »zur Sprache zu bringen«.
Das Zielthema »Geborgenheit« hätte nicht anders angesprochen werden dürfen als in kommunizierender Spannung zu der biographischen Erfahrung von Ungeborgen-

heit. Es hätte versucht werden müssen, mit dem Weg biblischer Gestalten und ihrer Schicksale glaubwürdig zu
machen, daß sich unsere Verborgenheit einerseits und
»Hand Gottes« andererseits gegen die eigene Logik zusammenreimen. Und schließlich hätte die Erkenntnis
helfen können, daß die eigene Erfahrung von Gottverlassenheit und die Gewißheit von »Gottesgeborgenheit«
kein unauflöslicher Widerspruch sein und bleiben müssen.

Mit der klassischen Definition Thurneysens, daß Seelsorge »Verkündigung an den einzelnen« sei, habe ich große
Schwierigkeiten. Weder das »Verkündigen« noch der »einzelne« scheint mir das Proprium der Seelsorge zu treffen.
In diesem Zusammenhang will ich mir wichtige Sätze aus
einem Brief meines Kollegen Heinrich Wilkens zitieren:
Das Entscheidende der Seelsorge, so schreibt er, sei im
»Weg« zu finden. »Ob der Verkündiger zu mir kommt oder
ich zu ihm, das ist der große Unterschied. Im ersteren Fall
ist es die Bettlergestalt der Verkündigung, im anderen Fall
zeigt sie sich in ihrer königlichen Gestalt. In der Predigt
hat sie dreißig Minuten Zeit, sich nach Belieben zu expek-
torieren. In der Seelsorge aber bettelt sie und findet oft genug keinen Raum in der Herberge und keine Zeit, sich zu
erklären. Seelsorge ist das Gegenstück der Predigt. Wir tun
in der Seelsorge genau dasselbe, was die Zuhörer bei unseren Predigten tun. Wir hören, wir suchen, wir ziehen und
zerren, ob wir aus den vielen Steinen, die uns da geboten
werden, das wenige Brot herausfinden können, das darunter verstreut ist. Bei ernstlicher Demütigung wird man aus
den Worten der Hausbewohner, die wir so ungerufen wie
die Bettler aufsuchen mit unserem Anliegen und die oft
genug nicht recht wissen, warum wir eigentlich kommen,
immer noch das eine gute Wort heraushören dürfen, von
dem wir leben und das uns aufs Wiederkommen und Grü-
ßen verbindet, auch wenn es dabei womöglich nur um das
Wetter oder die neueste Küchenmaschine oder die Kinder
und die Krankheiten ging, ein für Theologen nicht weniger fremder Stoff als unsere Verkündigung denen fremd

ist, die aus ihrer Häuslichkeit in den Gottesdienst kommen, um auch dort aus all den vielen Wörtern das eine gute Wort herauszuziehen, von dem wir leben.«
Diese Überlegungen enthalten Tiefgründigeres, als es zunächst den Anschein haben könnte. Hier ist die Praxis der Hausbesuche vorausgesetzt, die in reformierter Gemeindetradition einen besonders wichtigen Ort hat. Aber auch dann, wenn seelsorgebedürftige Menschen zum Seelsorger hingehen, also quasi – wie zum Gottesdienst – »kommen«, bleibt der entscheidende und mich überzeugende Unterschied von Königs- und Bettlergestalt.
In der Seelsorge sind wir tatsächlich »Bettler« in dem Sinne, daß wir auf jede Kanzel, auch auf die privateste, verzichten müssen, um den »Griechen ein Grieche« zu werden. Ich muß hören und horchen, ich muß mich affizieren lassen, bevor ich rede. Und wenn ich rede, muß es ein horchendes Reden sein – in einer Zugewendetheit, Ernsthaftigkeit und Unmittelbarkeit, die so vom Prediger nicht gefordert wird.
In der Seelsorge geht es tatsächlich um den »Weg«. Das Moment des Kasualen macht das Seelsorgegespräch kontingent, also zufälligen Bedingungen unterworfen. Zentrale Erkenntnisse der heutigen Seelsorgebewegung sind hier überaus wichtig und des Beachtens und des Erlernens wert. Vor allem die Forderung, daß dieses Gespräch partnerzentriert und nicht verkündigungszentriert verlaufen müsse. Es hat in der Tat Begegnungscharakter. Wirkliche Begegnung ist offen, ungeplant, hoffend auf die Mitarbeit der Phantasie. Es ist ein kairologisches Gespräch der Geistesgegenwart, unter Verzicht auf jedes mitgebrachte Verkündigungskonzept, aber auch ohne ideologisches Methodenkonzept. Es ist ein Gespräch in der Bereitschaft, aufeinander zu warten, sich viel sagen zu lassen, um so auch das Entscheidende und Notwendige zur Sprache zu bringen.
Das Seelsorgegespräch hat eine gewisse Nähe zur musikalischen Improvisation. Solche Improvisation, etwa auf der Orgel, hat durchaus ihre eigene Ordnung und Disziplin.

Sie ist kein ungezügelter Erguß unbewußter Musikalität, sondern bedient sich gewachsener Erfahrung im Umgang mit Tönen, Rhythmen und Harmonien. Es sind Erfahrungsmodelle im Zusammenspiel von Einfall, Sequenz und logischer Durchführung des thematischen Materials, die in der Improvisation ihre Kraft beweisen. Sie gehen einher mit Mut und Freude zum Experiment. Wichtig ist, daß aus einem »Überschuß« heraus musiziert wird, aus einem Potential an gesammelter und nur so wiederum werdender Musik.

Zum entsprechenden »Überschuß« der Seelsorge-Gesprächskunst gehören: eigene, »erworbene« Menschenkenntnis, Welt- und Selbsterfahrungen. Vor allem: herzliche Teilnahme »an dem, was des andern ist« (Phil 2,4). Und Einübung in den Zusammenhang mit der Wirkungsgeschichte biblischer Erfahrungen.

Seelsorge ist und bleibt »Verkündigung in der Bettlergestalt«, ein Modus demütiger Begegnung, ein auf Perfektion verzichtender Versuch, dem beschädigten Leben, dem Leid und der Hoffnung des anderen gerecht zu werden – in Sympathie. Solch ein Bettlergespräch, jenseits aller hochkirchlichen Symbole und befaßt mit zumeist sehr säkular einhergehender Thematik – es hat aber doch seine eigene Schönheit und bewegende Gestalt – vor allem immer dann, wenn sich das Sich-Miteinmischen der dritten Stimme ereignet und den Dialog in den Horizont der Verheißungen führt. Diese dritte, die biblische Stimme, ist nach meiner Überzeugung und Erfahrung kein störendes Element. Wohl manchmal das Gespräch verfremdend, aber nicht befremdend. Nicht immer harmonisch, sondern auch dissonant in Erscheinung tretend. Aber was wäre die Musik ohne ihre Dissonanzen?!

5

Menschengeist und Heiliger Geist*

Wir kennen das berühmte Gespräch bei Nacht, das Gespräch zwischen Jesus und Nikodemus im 3. Kapitel des Johannesevangeliums. Nikodemus bringt die Argumente des menschlichen Geistes, Jesus spricht vom Heiligen Geist. Man hat den Eindruck, sie reden aneinander vorbei. Der Geist, der von Gott kommt, sagt Jesus, schafft eine neue Geburt. Nikodemus kann das nicht verstehen. Er fragt: »Wie kann das zugehen?« Und damit zerbricht das Gespräch. Zwischen diesen Gesprächspartnern gibt es offenbar keine Brücke, keinen Bezugsrahmen. Im Geist des Nikodemus ist es nicht zum Verständnis, geschweige denn zum Einverständnis gekommen. Dieses Resultat entspricht der Überzeugung des Apostels Paulus, daß der natürliche Mensch nichts vom Geist Gottes vernimmt (1 Kor 2,14). Oder doch? Wenn es nicht bei der radikalen Trennung bleiben muß, dann kann es nur der Kontaktwille des *Heiligen* Geistes sein, der die Beziehung leistet. Wenn der Mensch nichts vom Geist Gottes aufzunehmen vermag, dann kann es nur die Kraft eben dieses Geistes Gottes sein, der den in sich selbst verschlossenen Menschen dennoch für Gott vernehmungsfähig macht. Damit ist in der Tat das Kraftfeld aufgezeigt, in dem Heiliger Geist und menschlicher Geist sich begegnen. Es sind nicht zwei gleichwertige, sondern zwei höchst ungleichwertige Partner. Es verhält sich genauso wie bei dem Bund zwischen dem Gott Israels und seinem Volk. *Gott* schließt den Bund. Die Initiative geht allein von ihm aus. So ist es auch im Verhältnis von Gottesgeist und Menschengeist. Alles

* Gemeindevortrag in der Alten Kirche Wuppertal-Elberfeld am 31. 3. 1976.

liegt an dem menschensuchenden Gottesgeist und nicht
etwa an dem gottsuchenden Menschengeist.

Aber was ist mit dem Menschengeist gemeint? Gemeint
ist das Bewußtsein, das der Mensch von sich selbst hat,
wie er sich selbst erfährt und versteht, die innere Gestalt
seines Lebens, das, was sein Fühlen, Denken und Reden
erfüllt, und auch, welche Ziele er anstrebt – das alles ist im
Geist des Menschen gegenwärtig.

Nikodemus muß begreifen, daß sein eigener Geist in die
Krise gerät, wenn Gottes Geist sich mit ihm einläßt. In der
Bibel kommt diese Krise des Menschengeistes, wenn er
dem Geist Gottes begegnet, oft und spannungsvoll zum
Ausdruck. So heißt es in Psalm 139: »Wohin soll ich gehen
vor deinem Geist, und wohin soll ich fliehen vor deinem
Angesicht?« Es ist offenbar ein höchst problematisches
Geschehen, wenn Heiliger Geist und menschlicher Geist
aufeinandertreffen. Es kommt zu einer Situation, in der
sich Fluchtgedanken erheben, wie der Psalm es erkennen
läßt.

Aber die Beziehung zwischen dem Heiligen und dem
menschlichen Geist kann nach dem Zeugnis der Bibel
auch freundlicher aussehen. Nicht Krise, sondern Kommunikation. Nicht Gegnerschaft, sondern Gemeinschaft.
Im Römerbrief heißt es: Der Heilige Geist hilft unserer
Schwachheit auf (8,26). Damit wird ein höchst positives
Verhältnis von Gottesgeist und Menschengeist angesprochen.

Es ist interessant, daß in der heutigen Theologie immer
stärker dieses positive, kommunikative Verhältnis zum
Thema wird. Die Pneumatologie, die Lehre vom Heiligen
Geist, erfährt nicht nur in der theologischen Literatur,
sondern auch in der kirchlichen Praxis eine zunehmende
Beachtung. Es zeigt sich eine Art von Nachholbedarf angesichts der Tatsache, daß die evangelische Kirche dieses
wichtige Thema allzulange vernachlässigt hat.

Die entscheidende Frage heißt: Wie können – trotz ihrer
»von Haus aus« bestehenden Dissonanz – Heiliger und
menschlicher Geist zusammenstimmen? Was läßt sie

miteinander kommunizieren? Wie kommt es, daß der
gottesferne Mensch dennoch aus Gottes Kraft erreicht
und getröstet wird? Wie kommt es zu dem Ereignis einer
wirklichen Begegnung zwischen dem sündigen Menschen und dem heiligen Gott?

Die Frage nach der Kommunikation von Heiligem und
menschlichem Geist bestimmt unsere Predigt und Seelsorge: daß das Evangelium nicht nur gehört, sondern
auch verstanden und geglaubt wird, daß die evangelische ›Betroffenheit‹ zustande kommt, das eigene Betroffensein von dem, was Christus getan und gesagt hat. Wie
wird unsere eigene Lebensgeschichte von der Heilsgeschichte durchdrungen und getragen? Offenbar keineswegs so, daß der menschliche Geist, das menschliche
Bewußtsein vom Wirken des Heiligen Geistes überrun-
det und ausgelöscht wird; sondern das Geistliche geht
mit dem Menschlichen eine Verbindung ein.

Das leidenschaftliche Interesse heutiger Theologie an
dieser Gemeinschafts- und Bündnisfähigkeit von göttli-
chem und menschlichem Geist gründet in der wachsenden Erkenntnis, daß menschlicher Geist ohne Erfahrung und Berührung vom Heiligen Geist verkümmert
und an sich selbst zugrunde geht. Das Humane gelingt
nicht aus sich selbst, sondern durch die Begegnung mit
der Menschlichkeit Gottes, in die uns sein Geist hinein-
zieht.

Das wachsende Interesse an der Pneumatologie eröffnet
zugleich eine neue Phase der Einbeziehung psychologischer Aspekte in das theologische Nachdenken. Als Beispiel für die neue theologische Hinwendung zur Psychologie sei die Predigtlehre von Rudolf Bohren angeführt.
Sein Buch beginnt mit der Frage, was beim Predigtma-
chen und beim Predigen als Wirkung des Heiligen Geistes erwartet werden darf. Bohren sagt: »Im Horizont der
Pneumatologie sollen der Prediger und der Hörer neu zu
Ehren kommen« (Predigtlehre, München 1972, S. 74). Es
ist das Wirken des Heiligen Geistes, daß die eigene, volle
und leidenschaftliche Mitbeteiligung unserer menschli-

chen Erkenntnis und Emotion beim Predigen, Trösten und Hören bejaht und in Anspruch genommen wird.

In diesem Zusammenhang gibt es einen Unterschied zwischen dem, was Jesus Christus getan hat und tut, und dem, was der Heilige Geist tut. Das Werk Christi ist ein Werk *ohne* uns, sein alleiniges Erlösungswerk. Das Werk aber des Heiligen Geistes besteht darin, daß wir miteinbezogen und zur Mitarbeit berufen werden.

Bohren schließt sich den Gedanken des holländischen Theologen van Ruler an, der gelehrt hat, daß wir vom Heiligen Geist anders reden müssen als von Jesus Christus. In Christus ist Gott Mensch geworden. Aber der Geist Gottes ist nicht Mensch geworden. Er sucht den Menschen und möchte im Herzen und im Geist des Menschen wohnen.

Diese Andeutungen sollen zum Ausdruck bringen, daß in der heutigen Theologie das Motiv der Gemeinschaft, der Koalition von Gottesgeist und Menschengeist zum bestimmenden Thema wird. Aus diesem Grunde fragt man nicht nur nach den Inhalten, sondern auch nach den Erfahrungen des Glaubens. Am Glauben und im Glauben sind wir selber und wir selbst zutiefst beteiligt. Der Heilige Geist bewegt uns dazu, zu sagen: *Ich* glaube. Unser Ich, unser Selbst, unser Bewußtsein wird nicht ausgeschaltet, sondern herausgefordert und aktiviert. Es kommt zu einer Arbeitsgemeinschaft zwischen dem Heiligen Geist und unserem eigenen Geist (vgl. Röm 8,16). Van Ruler sagt: »Das Kennzeichnende am Werk des Heiligen Geistes ist, daß er *uns* ans Werk setzt« (s. Bohren, a.a.O., S. 76). Man wird erinnert an zentrale Anliegen des Pietismus, auch an die klassischen Diskussionen um Rechtfertigung und Heiligung. Van Ruler sagt, man müsse, wenn man die Wirklichkeit des Geistes ernst nehme, den Menschen ganz und gar einschalten (ebd.).

Ich muß bekennen, daß mir eine solche Funktionsunterscheidung zwischen dem Werk Jesu Christi und dem Werk des Heiligen Geistes relativ fremd und ungewohnt ist. Aber ich bin beeindruckt von der neuen Fragestellung

und von dem Ziel, um das es geht. Es geht um die Qualität
des Glaubens: ob das Evangelium mich wirklich angeht
und betrifft oder ob ich mich zur Heilsgeschichte in exter-
ritorialer Abständigkeit befinde, ob ich mich auf kirchliche Erfahrung verlasse, aber keine eigene Glaubenserfahrung habe; und ob es Glaubenserfahrung gibt, die mit der
Selbsterfahrung kommuniziert. Ich kann nicht glauben,
wenn ich selbst in diesem Glauben nicht vorkomme,
wenn der Glaube und das Glauben in einer geistlichen
Apartheid vom Leben existiert, ohne sich mit den Affek-
ten meines Lebens zu verbinden.

Martin Luther sagt, »daß ich nicht aus eigener Vernunft
noch Kraft an Jesus Christus, meinen Herrn, glauben oder
zu ihm kommen kann, sondern der Heilige Geist hat mich
durch das Evangelium berufen, mit seinen Gaben erleuchtet, im rechten Glauben geheiligt und erhalten« (Erklärung
zum 3. Artikel im Kleinen Katechismus). Hier steht der
Heilige Geist sozusagen meinem eigenen Geist, meiner
»Vernunft und Kraft« gegenüber. Es läge nahe, dementsprechend die eigene Vernunft und Kraft aus dem Geschehen des Glaubens ganz herauszulassen, als würde der
Geist Gottes stellvertretend den Platz der menschlichen
Vernunft und Kraft einnehmen. Damit wäre der Mensch
im Zentrum seiner existentiellen Lebendigkeit beim Akt
des Glaubens ausgeschaltet. Aber so hat es Luther nicht
gemeint. Er spricht von geistgewirkter Berufung und Er-
leuchtung, und das bedeutet die Berufung und Erleuch-
tung gerade der menschlichen Vernunft und Kraft. Der
Heilige Geist beruft und erleuchtet den *menschlichen*
Geist. So kommt es zu einem lebendigen Glauben.

Wir haben vor Augen, wie selten das in unserer Zeit geschieht. Selbst bibelgebundene Verkündigung genügt offenbar nicht, wenn sie nicht zum Instrument des Geistes
Gottes wird, der mit dem Geist des Menschen zu reden
beginnt. Es könnte sein, daß wir heute im Warten auf das
dialogische Ereignis, das unseren Glauben begründet,
auch tatsächlich und mehr als frühere Generationen das
Angebot eines wirklichen Gesprächs benötigen. Wenn

Heiliger Geist und menschlicher Geist miteinander spre-
chen wollen, reicht möglicherweise die gottesdienstliche
Zeit des monologischen Redens und des entsprechenden
Hörens nicht mehr aus.

Wenn das geschieht, daß Gottes Geist und des Menschen
Geist miteinander kommunizieren, wird der menschliche
Geist weder verwandelt noch entrückt. Der geistgewirkte
Glaube ist kein rauschhafter Zustand, der zu überirdi-
schen Erlebnissen führt, wie nach Paulus offenbar die Ko-
rinther den Glauben verstanden bzw. mißverstanden haben. Sondern der Glaube appelliert an unser Mitdenken
und an unsere Erkenntnis im Sinnzusammenhang unserer realen Lebenserfahrungen. Der Glaube ereignet sich
im menschlichen Bewußtsein. Darum ist es möglich, ihn
auch psychologisch anzusprechen und auszusprechen.

Im Grunde, so haben wir zu Anfang gesagt, stimmen Menschengeist und Gottesgeist nicht zueinander. Die Bibel
rechnet auch unseren Geist zum »Fleisch«, zum Bereich
der gottentfremdeten Wirklichkeit. Aber das ist das Wunder, das der Kommunikationswille des Heiligen Geistes
zu vollbringen vermag, daß er die »fleischlichen« Voraussetzungen und Bindungen unseres Geistes durchbricht.
Es kann durchaus ein »geängsteter Geist« sein, der uns erfüllt, beladen mit schwermütigen Gedanken und von
Trauer bedrückt. Aber die Menschenliebe des Heiligen
Geistes findet hin zur Tiefe und Verstörung des Menschengeistes und beginnt mit ihm das seelsorgerliche Gespräch des Glaubens. Die Bibel bezeugt, daß es gerade
zwischen dem gedemütigten Geist des Angefochtenen
und dem Heiligen Geist eine tröstende Nähe und Entsprechung gibt. Das Großartige an der Seelsorge Gottes ist darin zu erkennen, daß Gott seinen tröstenden Geist denen
zur Erfahrung werden läßt, die in ihrem eigenen Geist ver-
zweifelt und am Ende sind. »Ich sehe den Elenden, spricht
der Herr, und den, der zerbrochenen Geistes ist« (Jes 66,2).
Vielleicht läßt sich aus dieser Geisteskommunikation im
Abgrund menschlicher Verstörung ein wenig das Geheimnis erkennen, das das Verhalten des Heiligen Geistes

zum menschlichen Geist bestimmt. Es kann sein, daß der
Heilige Geist dem Geist des Menschen widersteht und
ihm geradezu zum Gegner wird. Es scheint aber der innersten Intention des Heiligen Geistes zu entsprechen, wenn
er sich trotz der großen qualitativen Differenz mit dem
»zerbrochenen« und angefochtenen Menschen einläßt
und verbündet. Darin wurzelt die Gewißheit des Glaubens, daß die Tiefe unserer eigenen Angst und Verzweiflung uns nicht zu Gefangenen unserer selbst werden läßt,
sondern daß Gottes Geist die Macht und die Liebe hat,
uns dort zu suchen und zu finden und zu Herzen zu sprechen, wo wir sind. Unser Geist braucht die Schuld und
Ohnmacht unseres Lebens nicht zu verdrängen, sondern
erfährt in der Begegnung und Gemeinschaft mit dem
Geist aus Gott den einzigen tragenden Trost im Leben
und im Sterben.

6

Auf der Suche nach der seelsorgerlichen Gemeinde

Bibelarbeit zu Eph 2,11–22*

Der Text:

11 Darum gedenket daran, daß ihr, die ihr vormals nach dem Fleisch Heiden gewesen seid und die Unbeschnittenen genannt wurdet von denen, die genannt sind die Beschneidung am Fleisch, die mit der Hand geschieht –
12 daß ihr zu jener Zeit waret ohne Christus, ausgeschlossen vom Bürgerrecht in Israel und fremd den Testamenten der Verheißung; daher ihr keine Hoffnung hattet und waret ohne Gott in der Welt.
13 In Christus Jesus aber seid ihr jetzt, die ihr vormals ferne gewesen seid, nahe geworden durch das Blut Christi.
14 Denn er ist unser Friede, der aus beiden eines hat gemacht und hat abgebrochen den Zaun, der dazwischen war, nämlich die Feindschaft,
15 indem er in seinem Fleische hat abgetan das Gesetz mit seinen Geboten und Satzungen, auf daß er in sich selber aus den zweien einen neuen Menschen schüfe und Frieden machte
16 und beide versöhnte mit Gott in einem Leibe durch das Kreuz, an dem er die Feindschaft getötet hat.
17 Er ist gekommen und hat verkündigt im Evangelium den Frieden euch, die ihr ferne waret, und Frieden denen, die nahe waren.
18 Denn durch ihn haben wir den Zugang alle beide in einem Geist zum Vater.
19 So seid ihr nun nicht mehr Gäste und Fremdlinge, sondern Mitbürger der Heiligen und Gottes Hausgenossen,
20 erbaut auf den Grund der Apostel und Propheten, da Jesus Christus der Eckstein ist,
21 auf welchem der ganze Bau ineinandergefügt wächst zu einem heiligen Tempel in dem Herrn;

* Gehalten auf der Hauptversammlung des Reformierten Bundes, 21.–23. Oktober 1976.

22 auf welchem auch ihr miterbaut werdet zu einer Behausung Gottes im Geist.

Wir wollen diesen Text nur auf das hin befragen, was unmittelbar ein Beitrag ist zum Thema: Gemeinschaft in Gemeinde. Unser Text ist auf weite Strecken von diesem
Thema bewegt und bringt es entsprechend bewegend zur
Sprache. Viele andere Themen, wie sie von diesen Versen
mitaufgegriffen und mitangeboten werden, müssen zu-
rücktreten.

I Die empirische und die geglaubte Kirche

Der ganze Epheserbrief handelt vom Leben und Glauben
der Kirche. In den hymnischen Schlußversen unseres
Textabschnittes wird uns die Gestalt der Kirche Jesu Christi in einer geradezu majestätischen Beschreibung vor Augen gestellt. Ein geheimnisvolles Bauwerk: »aufgebaut auf
dem Fundament der Apostel und Propheten«, mit dem
»Eckstein« oder auch dem »Schlußstein« Christus Jesus,
emporwachsend zu einem »heiligen Tempel«, der nichts
Geringeres ist als eine »Wohnung Gottes im Geist«. Ich
kenne ein Bauwerk, eine Architektur, die sich ihrer Würde
nach in der Nähe dieser Kirchenbeschreibung befindet.
Ich meine die in ihren Ausmaßen kaum zu erfassende Ha-
gia Sophia in Konstantinopel, die älteste Kirche der Christenheit. Ein gewaltiger Baukörper mit Fundamenten, die
schon vielen Erdbeben standgehalten haben, mit einer
wunderbaren Kuppel, die über dem riesigen Innenraum
zu schweben scheint und ein Licht hereinläßt, das die ganze ungeheure Kirche wie ein Bauwerk erscheinen läßt,
dem die irdische Zeit und Geschichte nichts anhaben
kann.
Unser Text will sagen: Die Kirche, das Haus Gottes, ist un-
zerstörbar. Unser Text zeigt uns, was im Fluge der Zeiten
und selbst in den Zonen innerer Verarmung und Aushöh-
lung des Glaubens das bleibende ist: die Kirche Gottes, der

heilige Tempel, die Wohnung Gottes im Geist. Ein Ausleger des Epheserbriefes, Heinrich Schlier, hat – ganz im Sinne des Epheserbriefes – von der Kirche als dem »himmlischen Geschöpf Gottes« gesprochen.

Kirche und Gemeinschaft in der Gemeinde – realistisch betrachtet

Aber wir wären nicht evangelische Christen, wenn wir nicht wüßten, daß solche oder ähnliche Höhenansichten von der Kirche ihre großen Gefahren haben. Es könnte ja sein, daß eine solche Himmelskirche mit dem, was wir aus eigener Erfahrung von der kirchlich-gemeindlichen Wirklichkeit kennen, nur noch wenig zu tun hat. Das Lied von der Kirche ist oft zu hoch angestimmt worden, nicht nur in Rom. Das wird nicht schon dadurch verhindert, daß wir im Gefälle unserer Tradition anstatt von der Kirche lieber von der Gemeinde reden. Es ist doch wohl so, daß Kirche wie Gemeinde (das Neue Testament nennt beides »ekklesia«!) sich weit von der Lebenswirklichkeit des Menschen entfernen können – oft so weit, daß diese Entfernung schon nicht mehr empfunden wird. Das Wort ›Gemeinde‹ kann als solches nicht verhindern, daß eine Art Gemeindeideologie entsteht. Die unter Gottes Wort versammelte Gemeinde, mag sie noch so sehr schrumpfen oder predigtmüde oder überaltert sein, wird in ihrer geistlichen Unbehaustheit oft überhaupt nicht realistisch zur Kenntnis genommen. Sie ist und bleibt wie eine zeitlose Konstante eben die »unter Gottes Wort versammelte Gemeinde«. Und Gottes Wort wird ebenfalls zu einer unveränderlichen Größe ohne Kraft zur Begegnung, zu einer zeitlosen Wahrheit in der gleichen Abständigkeit und Überlegenheit, in der manche berühmten Kanzeln in berühmten reformierten Kirchen ihre erhabene Position gegenüber der Gemeinde repräsentieren. Auch das synodalpresbyteriale System als solches garantiert noch nicht lebendige Gemeinden.

Wenn wir nach der gemeindlichen Gemeinschaft fragen, so empfinden wir das Defizit, den Mangel an Gemeinschaft. Wir fragen durch alle dogmatischen Konstruktionen nach dem entscheidenden Element, das die Kirche und die Gemeinde in unserer Gegenwart hilfreich und anwesend und glaubwürdig macht. Die Bibel gibt uns dazu ein Recht und Beispiele und Gewißheit. Bei allem, was heute in Gemeindeleitung und Gemeindeleben verwirklicht und geleistet wird, bei allen Strukturveränderungen und Gemeindekonzeptionen mitsamt den Presbyteriumssitzungen und Pfarrkonventen wird sich der Sinn und Wert der gesamten kirchlichen Wirklichkeit daran entscheiden, wieviel Gemeinschaft sich ereignet und wieviel Orientierung von dieser Gemeinschaft ausgeht.

Mit Gemeinschaft ist nicht die in Zahlen sich ausdrückende agile Veranstaltungstätigkeit gemeint, von der manche Gemeinden bewegt sind, in der Überzeugung, sie müßten der heutigen Freizeitgesellschaft ein kirchliches Unterhaltungsprogramm anbieten. ›Gemeinschaft‹ soll auch nicht der Kernbegriff einer sozial ausgerichteten Frömmigkeit sein, die sich zumutet, in jeden Notstand gesellschaftlicher Vereinsamung tatkräftig einzugreifen. Sondern das Wort ›Gemeinschaft‹ soll verstanden werden als logische Konsequenz des Evangeliums.

Zunächst muß uns zu schaffen machen, daß aus dem gepredigten Wort offenbar nur noch wenig gemeinschaftsstiftende Kraft hervorgeht. Das bedeutet zugleich: wenig Anlaß für die gemeindekritische Umwelt, aufmerksam oder auch nur neugierig zu werden.

Die »frohe Botschaft« braucht sicher nicht ihren Ausdruck in einem ekstatischen Überschwang der Gefühle zu finden. Aber sie kann sich auch nicht in eine unbewegte Kirchenstille verflüchtigen, die schon geringste Bemühungen der Kontaktsuche verhindert. Am Weserdeich steht eine schöne Kirche, in der sich Gottesdienstbesucher aus zwei verschiedenen Gemeindebezirken versammeln. Als Hörer derselben Predigt sitzen sie in zwei Blöcken von Bankreihen, weit voneinander getrennt, als hätten sie sich nichts zu sagen. Und vielleicht ist das auch so. Und wir alle kennen den seltsamen gruppendynamischen Pro-

zeß am Sonntagmorgen, wenn die Kirchgänger nicht zu-
sammenkommen, sondern Ausschau halten nach einer
Solobank. Vielleicht wollen sie sich ganz unabgelenkt auf
die Predigt konzentrieren. Es könnte aber sein, daß gerade
die Predigt sie auf den Bruder konzentriert. Jedenfalls si-
gnalisieren einsame Besitzverhältnisse auf den Kirchen-
bänken einen Notstand, der noch viel größer ist, als er im
Gottesdienst sichtbar wird.

Die Gemeinde als geistliche Wohnung Gottes
Der Ephesertext mit seiner hohen Kirchenperspektive ist
auf eine andere Wirklichkeit bezogen. Das Bild vom Tempel, von der geistlichen Wohnstatt Gottes, und das Bild der
irdisch-geschichtlichen Kirche scheinen sich zu widersprechen. Dann aber stünden wir vor einem unüberbrück-
baren Gegensatz: auf der einen Seite eine Art Theologen-
kirche in Gestalt platonischer Überweltlichkeit, auf der
anderen Seite die konkrete, beschreibbare Kirche in Gestalt der versammelten und auch nicht versammelten Gemeinde. Das eine Mal wäre die Kirche eine Sache des
Glaubensbekenntnisses und der theologischen Lehre, das
andere Mal wäre die Kirche eine jedermann zugängliche
Institution und Gegenstand soziologischer Forschungen.
Aber die Bibel widerspricht einer solchen Aufteilung. Es
gibt keine zwei Kirchen, sondern immer nur die eine, die
Kirche Jesu Christi. Bei allen unseren Überlegungen, die
sowohl soziologische als auch theologische Zugänge zur
kirchlich-gemeindlichen Wirklichkeit anzugehen versuchen, werden wir darauf achten müssen, daß und wie beides zusammengehört.
Die Kirche, die im Text der Tempel Gottes genannt wird,
also die geglaubte Kirche, darf nicht von der empirischen
Kirche getrennt werden. Wenn ich bekenne: Ich glaube eine heilige, christliche Kirche, so weiß ich, daß diese Kirche
mir in meiner konkreten Gemeinde begegnet. Was ich von
dieser Kirche glaube und was ich auch nur durch den
Glauben erfassen kann, das ist ihre Gerechtigkeit: daß sie
die Kirche des Bundes und der Treue Gottes ist. Das kann

ich nicht sehen, und das kann mir niemand demonstrieren. Die »Wohnung Gottes im Geist« ist die Wohnung Gottes in seiner Kirche, also in dem schwächlichen Gebilde unserer Gemeinden mit ihren fragwürdigen Aktionen Woche für Woche und Sonntag für Sonntag, mit ihren Glaubenskrisen und mit ihren Finanzkrisen – da wohnt dennoch der Geist Gottes. Das ist gemeint, wenn wir bekennen: Ich glaube die heilige, christliche Kirche. Würde dieser Glaube nicht mehr zählen, nicht mehr mitsprechen, dann wäre die ganze Wirklichkeit der Kirche nicht erfaßt, sowenig wie mein eigenes Leben gültig beschrieben wäre, wenn die mir von Gott geschenkte und zugesprochene Gerechtigkeit verschwiegen würde. Der Aspekt des Glaubens bewahrt uns davor, die Gemeinde aufzufassen wie einen Verein oder wie eine Aktionsgemeinschaft derer, die guten Willens sind. Die Gemeinde ist die geistliche Wohnung Gottes. Diese Erkenntnis macht die kritische Befragung unserer heutigen kirchlichen Situation nicht überflüssig, sondern begründet sie. Der »Streitwert« unserer Gemeinden ist hoch. Daß in der Tat um sie gestritten wird, geht nicht auf Kosten des kirchlichen Friedens, wohl aber zugunsten einer neuen Orientierung der Gemeindearbeit, auf die wir dringend angewiesen sind.

II   Die Qualität der Gemeinschaft

Die Gemeinschaft der Gemeinde ist eine Glaubensgemeinschaft. Diese Gemeinschaft selber ist keineswegs ein Gegenstand des Glaubens, sondern der konkreten Erfahrung. Es ist die Gemeinschaft der Glaubenden und damit ein zentrales Erkennungszeichen der Gemeinde – zumindest der sichtbaren, der versammelten Gemeinde. Wenn es um diese Gemeinschaft geht, handelt es sich nicht um einen Glaubensartikel. Gemeinschaft ist keine Dimension des Glaubens, sondern des Schauens, d.h. erlebbar, gesucht oder gemieden, jedenfalls in unmittelbarer Prä-

senz zu erfahren. Es überrascht nicht, wenn auch unser
Ephesertext das Thema »Gemeinschaft in der Gemeinde«
sehr handfest, sehr empirisch angeht. Der Ansatz liegt bei
dem merkwürdig spannungsvollen Verhältnis von Juden
und Heiden. Es geht im Text um Vorgänge, die fest in der
Welt- und Kirchengeschichte verankert sind. Es geht um
das Ende der Fremdlingsschaft derer, an die dieser Brief
sich zuerst gerichtet hat. Das hat die Struktur der christlichen Gemeinde jener Zeit konkret verändert. Was zwischen Juden und Heiden sich ereignet, ist ein wesentli-
ches Kapitel aus dem umfangreichen Thema, das uns be-
schäftigt.

»Gemeinschaft« – eine romantische Vorstellung?
Bevor wir die entsprechenden Aussagen unseres Textes
aufnehmen, sei darauf hingewiesen, daß es gegenüber der
Sache und dem Begriff ›Gemeinschaft‹ auch viele Vorbe-
halte gegeben hat und gibt. Es ist keineswegs selbstverständlich, den Aspekt der Gemeinschaft zu einem zentralen Maßstab für das Leben der Gemeinde zu machen. Der
römisch-katholische Theologe Greinacher schreibt: »Wir
halten es nicht für angebracht, im Zusammenhang mit
der Gemeindekirche von Gemeinschaft zu sprechen.«
Daß der Mensch nur in der Gemeinschaft zur Entfaltung
seines persönlichen Daseins kommt, das – so sagt Greinacher – sei eine romantische Vorstellung.
Zurückhaltung gegenüber gemeinschaftlicher Verbundenheit zeigt sich heute bei vielen unserer Zeitgenossen,
und es besteht kein Anlaß, solche Zurückhaltung gegenüber einer gemeinschaftsbetonten Frömmigkeit als Zeichen der Verstockung auszulegen. »Gemeinschaft« – das
ist ein vielschichtiger Begriff. Er umfaßt auch Gemein-
schaftsformen und Gemeinschaftspraktiken, die dem
Reich Gottes eher im Wege stehen, als daß sie ihm dienen.
Es könnte sein, daß das insgesamt ziemlich kühle Klima
und die distanzierte Kommunikationspraxis in unseren
volkskirchlichen Verhältnissen nicht immer nur als Not,
sondern auch als Tugend aufzufassen ist, als die Tugend

der Versachlichung vor Beziehungen und als das Streben
nach größtmöglicher Offenheit auf allen Ebenen kirchlicher Begegnungen. Es gibt auch so etwas wie eine Ge-
meinschaftssucht, verbunden mit einem gemeinschaftli-
chen Egoismus, der eher abstoßend als anziehend ist.
Der erwähnte Theologe Greinacher macht den Vorschlag,
»in pastoral-theologischen Überlegungen zunächst einmal auf den Gebrauch des Begriffes Gemeinschaft« zu verzichten, »es sei denn« – so fügt er hinzu –, »man gibt diesem Begriff einen ausgesprochen theologischen Sinn, etwa im Hinblick auf die communio sanctorum – auf die
Gemeinschaft der Heiligen, eine Bedeutung, die dann genau zu definieren wäre.«
Wir sollten tatsächlich sehr gezielt und sehr deutlich von
der Gemeinschaft reden, die unseren Gemeinden mitgegeben und aufgegeben ist. Sie ist weniger ein Gefühl der
Glaubensverbundenheit als vielmehr das Wissen um die
Glaubensverbindlichkeit. Nicht gleichgestimmte Seelen
feiern ihre innere Verwandtschaft, sondern völlig ver-
schiedene Wege und Schicksale werden zusammenge-
führt, weil die Beziehung zum Evangelium das Gemeinsame ist und weil diese Beziehung stärker ist als die voraus-
zusetzende Beziehungslosigkeit.

Gemeinschaft, die Gegensätze überwindet

Der Epheserbrief gibt das deutlich zu erkennen. Es geht
nicht um die Gemeinschaft von Sympathisanten, sondern
von Menschen, die auf den totalen Gegensatz geradezu
eingeübt waren, nämlich als Juden und Heiden. Von Haus
aus haben sie nichts miteinander zu tun. In unserem Text
werden die ehemaligen Heiden an ihre Entfernung vom
Volk der Beschneidung erinnert. Es ist die Rede von der
»Scheidewand des Zaunes«, von einer abgründigen und
prinzipiellen Feindschaft auf beiden Seiten. Gemeinschaft? Es ist ein Kriegszustand gewesen. Der Text erinnert an die Landschaft der zur Menschheit gehörenden
Friedelosigkeit. Zugleich weist er uns hin auf den Ernstfall
von Gemeinschaft, der nicht auf die vorgegebenen Quel-

len menschenfreundlicher Gesinnung zurückgreifen
kann, sondern der sozusagen gegen die menschliche Natur geschaffen werden muß. Verglichen mit der Gemeinschaft von Juden und Heiden ist jede Form von Interessen-
oder Gesinnungsgemeinschaft eine geradezu harmlose
Angelegenheit.

Die biblischen Quellen lehren uns, daß die Gemeinde Jesu
Christi aus einer ungeheuren Anstrengung geschaffen
worden ist, aus dem Widerstand des einen Kreuzes gegen
das Kreuz der verfeindeten Menschheit. Es handelt sich
um die Gemeinschaft derer, die nicht bruderschaftlich or-
ganisiert, sondern die versöhnt werden mußten. Diese Gemeinschaft ist ausgegangen von einem Frieden, der als
Friede kämpfen mußte; ein Friede, der die zwischenmenschliche Feindschaft hat töten müssen – so sagt es unser Text. Das bedeutet: Die Gemeinschaft der Gemeinde
wird aus einer Energie gespeist, die Größeres bewirkt, als
ein paar gesellige oder erbauliche Zirkel einzurichten.

Es ist oft eine seltsame Uniformität des Stils und der Pro-
grammgestaltung zu beobachten, die den kritisch-distan-
zierten Zeitgenossen den Zugang zur versammelten Gemeinde erschwert. Was so schmerzlich ist beim Bedenken
der heutigen Gemeindesituation, das ist die Erstarrung in
den komplexen Beziehungen zwischen Gemeinde und
der sie umgebenden »volkskirchlichen Öffentlichkeit«.
Aus lebendiger Spannung ist ein lähmendes Desinteresse
geworden. Herausforderungen des Evangeliums werden
zu Firmenschildern von abgesicherten kirchlichen Insti-
tutionen. Wenig Dialog, viel Distanz, also Abstand, toter
Abstand zwischen denen, die doch aufgrund gemeinsamer Taufe einander zugewiesen und aufeinander angewiesen sind.

Die unterschiedlichen Bedürfnisse bei den »Nahen« und
bei den »Fernen« können leicht dazu führen, daß die Kommunikation zischen Volkskirche und Gemeindekirche
nur noch durch den einsamen Dienst des Pfarrers verwirklicht wird. Es gibt »gewachsene Einstellungen«, die
vergessen lassen, daß es möglicherweise ein verkümmer-

tes Wachstum ist. Es gibt ein kirchliches Selbstverständnis, das nichts anderes als ein Mißverständnis ist. Die er-
starrten Formationen im Lebensbereich derer, die sich
miteinander Christen nennen, sind zum Problem geworden. Die bestehenden volkskirchlichen Verhältnisse
scheinen festgelegt und unveränderlich zu sein. Es ereignet sich nur noch wenig Tausch der Positionen, wenig liebevolle Begegnung aus der Kraft gegenseitiger Stellvertretung. Ob man »kirchlich« oder »unkirchlich« eingestellt
ist, das scheint so etwas zu sein wie eine angeborene Eigenschaft.
Die Frage nach der Qualität der Gemeinschaft wird sich
zunächst auf die Gestalt der »versammelten Gemeinde«
zu richten haben. Hier ist »Gemeinschaft« ein erstrangiges
Thema und das verbindende und verbindliche Element.
Hier liegt aber vielleicht auch der Grund für die Tatsache,
daß im Raum der »distanzierten Volkskirchlichkeit« so etwas wie Gemeinschaft kaum praktiziert wird. Was die versammelte Gemeinde anbietet, hat für die nicht versammelte Gemeinde, wie es scheint, nur wenig einladende
Kraft. Der Gottesdienst etwa hat den Stellenwert wie ver-
gleichsweise das sonntägliche Promenadenkonzert in einem mittelmäßigen Kurort. Nur ein begrenztes Publikum
kann sich daran erbauen. Die anderen wählen lieber die
Wanderwege. Die meisten Gemeindekreise gelten offenbar als »geschlossene Gesellschaften« mit hohem Ein-
trittspreis, nämlich mit der Forderung nach angepaßtem
Verhalten, wozu die Voraussetzungen zumeist nicht reichen.
So wird die Kontaktschwäche innerhalb der volkskirchlichen Strukturen zu einer bedrückenden Erfahrung. Es
fehlen die Konversionen, die Dialoge und Spannungszonen. Es fehlen die Herausforderungen und die Erleuch-
tungen durch eine Gemeinde, die im Bewußtsein der gemeindefernen Mehrheit präsent und verlockend wäre.
Um die Situation mit den Worten des Ephesertextes zu
umschreiben: Die Nahen sind eben die Nahen und die
Fernen sind die Fernen.

Anläßlich einer Studienfahrt des Predigerseminars Elberfeld in die Grafschaft Bentheim geriet ich in ein Gespräch mit einer jungen Dame, die mir sagte, sie sei der Gemeinde eng verbunden gewesen, aber das habe sich seit längerem geändert. Sie sagte, sie könne verstehen, daß sich eine ganze Gesellschaftsschicht wie die der Arbeiter in die Gemeinschaft der Gemeinde einfach nicht mehr hineinfindet. Und dann sagte sie: In der Bibel steht, die Ersten werden die Letzten sein, und die Letzten werden die Ersten sein. Davon merkt man in der Kirche nichts. Die Plätze der Ersten und der Letzten sind längst festgelegt. Sie verändern sich nicht.

Demgegenüber ist die Gemeinschaft, von der der Epheserbrief redet, nicht das Produkt einer ungestörten Tradition, sondern ist im Gegenteil das Ergebnis ungeheurer Veränderungen. Die Kraft des Kreuzes erzwingt sich eine Gemeinschaft, die völlig ungewohnte und ungewöhnliche Erfahrungen macht. Nicht der Geist der Geselligkeit, sondern der Geist der Versöhnung hat die Regie. In der Energie des Kreuzes liegt ein Überschuß, der die Gemeinschaft der Nahen und der Fernen, der Ersten und der Letzten überraschend verwirklicht. Bisherige Vorteile und Vorurteile haben ihre Geltung verloren. Was Hans Joachim Iwand über die Gemeinde geschrieben hat, mag übertrieben oder schwärmerisch klingen. Es kommt aber in seinen Worten diese Energie, dieser Überschuß zur Sprache, der die Gemeinschaft der Gemeinde qualifiziert. Iwand sagt: »Gemeinde Jesu Christi sein bedeutet, daß hier eine von den Gesetzen und Ordnungen der alten Welt gelöste, eine wahrhaft neue, dem Wunderbaren und Neuen, das mit Jesus Christus seinen Anfang genommen hat, entsprechende Existenz geführt wird.« Das Neue, von dem Iwand spricht, muß also nicht erst geschaffen werden, sondern es ist da. Das Neue der christlichen Existenz hat in Jesus Christus seinen Anfang genommen. Unser Text bezeugt dieses Neue mit Worten der uneingeschränkten Gewißheit. Der Zaun ist abgebrochen. Die Feindschaft ist getötet.

*Die Energie des Kreuzes – und die volkskirchliche Wirk-
lichkeit*

Der Gemeinde wird nicht abverlangt, was nur Jesus Christus tun konnte und getan hat. Von der Gemeinde und ihrer Gemeinschaft sollten wir nicht erwarten, daß sie die
friedensstiftende Tat Jesu Christi wiederholen könnte. Es
geht nicht um Wiederholung, sondern um Entsprechung.
Die Friedensforschung, zu der die Gemeinde berufen ist,
ist die Erforschung der Christuswirklichkeit, denn »er ist
unser Friede«. Er führt uns hinaus über verschlossene
Grenzen, vor allem über die eigenen Grenzen. Er verbindet uns mit denen, mit denen wir uns nicht verbunden
fühlen. Er macht seine Kirche gemeinschaftsfähig, auch
und gerade gegenüber fremder und befremdender Partnerschaft. Der Friede ist in ihm und nicht in uns begründet. Sonst wäre es kein Friede, auf den man sich verlassen
kann. Die Gemeinde wird diesem Frieden entsprechen.
In unserem Text ist von einem Gesetz die Rede, das abgetan ist. Es ist einleuchtend, daß damit das gute Gesetz
Gottes nicht gemeint sein kann, sondern es ist das Gesetz
der Feindschaft, eine negative Kraft, die zu Trennungen
und Zerwürfnissen führt. Es ist die treibende Kraft der
Konflikte und der Kriege. Es ist das Gesetz, das Kain zum
Brudermörder werden ließ. Jesus Christus hat es abgetan.
Wir aber stehen in der Versuchung, noch immer an die
Macht dieses Gesetzes zu glauben. Es geht um das Denken in Gegensätzen, wie unser Text davon redet: Juden
und Heiden, Nahe und Ferne, Bürger und Fremdlinge. Das
Gesetz der Feindschaft verhindert den Ausgleich und fördert die Entfremdung. In solchen Gegensätzen lebt der
Anspruch, daß die eine Seite besser, klüger und auch
frommer sein will als die andere. Gemeinschaft aber ent-
steht nicht auf der Basis gemeinsamer Tugenden, sondern
auf der Basis gemeinsamer Sünde und Vergebung.
Das Gesetz der Feindschaft kann auch das Gesetz der
Apartheid sein. Die anderen werden abgeschrieben. Ihnen gilt weder Sorge noch Fürsorge. Die Stabilität der
Volkskirche kann die Stabilität der Gleichgültigkeit sein.

Was weiß eigentlich die gottesdienstliche Gemeinde von den Enttäuschungen und Hoffnungen der »Distanzierten«, von ihren Bedürfnissen und ihrer Bedürftigkeit? Und umgekehrt: Was wissen die »Protestanten ohne Kirche« von der Erwartung derer, die in der Gemeinschaft der Gemeinde ermutigt werden möchten und die hinter dem Schleier von Worten und Wünschen Gott selber zu erkennen hoffen? Alles spricht dafür, daß im Lebensraum der Volkskirche ein anderes Gesetz zur Wirkung kommt, das Gesetz Christi: »Einer trage des anderen Last.« Eine seelsorgerliche Gemeinde, die über sich selbst hinauswächst, wird zu einer Reichweite ihrer Gemeinschaft vordringen, die die »Nahen« und die »Fernen« zusammenschließt. Voraussetzung ist der wachsende Glaube an den, der unser Friede ist. Er hat das Gesetz der Feindschaft und der tödlichen Gleichgültigkeit abgetan. Wir selbst sind Menschen des Unfriedens, innerhalb und außerhalb der Kirche. Aber er ist unser Friede. Die Dimension der Christuswirklichkeit ist das entscheidende. Sie verbindet die versammelte Gemeinde mit der Gemeinde der einzelnen und Vereinzelten.

Um so brennender wird die Frage nach der Qualität unserer Gemeinschaft. Ist sie wie ein Licht unter dem Scheffel, oder leuchtet sie allen, die im Hause sind? Hans Joachim Iwand sagt: »Die Gemeinde muß mit offenen Türen leben.« Es ist anstrengend, die Türen offenzuhalten. Eine Gemeinschaft, die niemanden erdrückt, sondern die großflächig ist, freiheitlich und einladend. Es ist eine Gemeinschaft, die sich denen zuwendet, die eigentlich allein sein wollen, weil sie normalerweise Gemeinschaft als belastend erleben. Hier, in der Gemeinschaft der Gemeinde, strahlt etwas aus von der Lindigkeit des Philipperbriefs, von der Großzügigkeit derer, die einander annehmen, weil Christus sie angenommen hat. Es müßten die »Fernen« und die »Nahen« gemeinschaftlich leben, fragen und hoffen. Fern oder nah – das müßte seinen distanzierenden Wert verlieren. Die Qualität unserer Gemeinschaft ist ihre Tragkraft. Sie kann darauf verzichten, Leistungen zu for-

dern, und sei es die Leistung des Glaubens. Diese Gemeinschaft kann sich erlauben, Menschen einzuladen, die von
Haus aus nichts miteinander zu tun haben. Was sie dennoch verbindet, ist – wie Barth sagt – die »sakramentale
Voraussetzung« der Christuswirklichkeit. Wir haben ein
starkes Fundament. Es trägt die Gemeinde und die ganze
Kirche. Und es ist kein Zweifel, daß unsere Volkskirche
mit ihren Riesenzahlen und mit ihrer kümmerlichen Praxis an Verbundenheit und Gemeinschaft auch über diesem Christusfundament geborgen ist. Aber es wird Zeit,
ihr das deutlicher und liebevoller und glaubwürdiger als
bisher zu sagen. Unsere konkreten Gemeinden mit ihren
Gottesdiensten und mit ihren anderen Diensten sind ja
auch Bestandteil der Volkskirche. Ihre Funktion wird sich
nicht zuletzt daran entscheiden, ob die versammelte und
die nicht versammelte Gemeinde miteinander kommunizieren. Oft ist es schwer, zu sagen, wo die Nahen und die
Fernen sind. Aber daß die Energie des Kreuzes ihren Ort
verändert, ist Inhalt des Evangeliums.

III   Die Hausgenossen Gottes

Die bleibende Chance der versammelten Gemeinde und
die Verheißung über ihren Gottesdiensten ist ihre immer
wieder gesuchte und auch erfahrene Begegnung mit dem
Evangelium. Es ist das Evangelium von der Christusgemeinschaft, in dem ihr Glaube begründet ist. Haben wir
zuvor nach der Qualität der von uns praktizierten Gemeinschaft in der Gemeinde gefragt, so fragen wir nun gezielt nach der Qualität unserer Christusgemeinschaft.
Der Ephesertext gibt darüber sehr präzise Auskunft.

Christus – Israel – Gott
Die Adressaten des Briefes werden zunächst an ihre heidnische Vergangenheit erinnert. Damals – so heißt es – waret ihr 1. ohne Christus, 2. fern vom Bürgerrecht Israels, also ohne Israel, und das bedeutet 3.: Ihr wart ohne Gott in

der Welt. Diese drei Aussagen hängen eng zusammen und interpretieren sich gegenseitig. Wer ohne Christus ist, der ist auch ohne Israel – und umgekehrt: Wer ohne Israel ist, der ist auch ohne Christus. Beides aber würde bedeuten: ohne Gott sein in der Welt. Es liegt also eine Klammer um diese drei Namen: Christus, Israel, Gott.

Heidnisches Denken will diese Klammer auflösen und will Gott finden und erfahren ohne Christus und ohne Israel. Heidnisches Denken gibt es auch heute, einen Gottesglauben ohne Zusammenhang mit Christus und Israel. Entfernung und Entfremdung von der Spur der Geschichte Gottes, von Israel und vom Messias Israels – das ist nach biblischem Urteil Atheismus. Wenn es so ist, dann sind wir alle mitsamt unseren Gemeinden zumindest phasenweise atheistisch ausgerichtet. Denn wir sind vergeßlich gegenüber dem, was die Bibel predigt und lehrt, nämlich daß Gott ein Gott des Bundes ist und daß die Gemeinschaft des Bundes die Gemeinschaft mit Christus umschließt und daß wir um des Bundes und um Christi willen auch mit Israel zusammengehören. Wenn wir diese Zusammenhänge bedenken, stoßen wir wahrscheinlich auf sehr schwache Stellen unseres Glaubens. Ohne Christus – ohne Israel – ohne Gott in der Welt. Der Epheserbrief ist überzeugt, daß es keine allgemeinen und durch die verschiedensten religiösen Portale führenden Zugänge zur Wirklichkeit Gottes gibt. Aber ohne Gott sein in der Welt – das ist etwas Unheimliches, denn es führt dazu, daß dann der Mensch auch ohne seinen Bruder ist.

Unser Gespräch über die Gemeinschaft in der Gemeinde muß ausgehen von der Frage nach der Gottesgemeinschaft. Unsere Bezogenheit auf den Gott Israels könnte uns gemeindliches Bewußtsein geben und uns bewahren vor dem Streben nach religiöser Unmittelbarkeit zu Gott. Das hat auch Einfluß auf das Klima der Gemeinschaft. Der Gott Israels hindert uns daran, in den Stil einer Jesusfrömmigkeit hineinzugeraten, die vergessen hat, daß Jesus der Christus ist, der Messias Israels. Als solcher ist er kein Seelenheiland, sondern der Heiland der Welt. Es ist

zu vermuten, daß in weiten Bereichen der »Volkskirche«
und auch in der »versammelten Gemeinde« diese Spur der
biblischen Gottesoffenbarung verdeckt und unsichtbar
geworden ist. Ernst Lange unterscheidet zwischen »bür-
gerlicher Religion« und Christusbotschaft. Er macht es
uns zur Aufgabe, an dieser Stelle sehr wachsam zu sein. Er
sagt: »Diese Differenz nicht zu bearbeiten, einfach volkskirchlich weiterzumachen wie bisher, das könnte hinaus-
laufen auf einen ungeheuren Verrat der Kirche an ihrem
Mandat und an ihren Mitgliedern.« Eins ist deutlich: Die
Energie des Kreuzes, die Christuswirklichkeit insgesamt
reicht weiter als der Aktionsbereich auch der lebendig-
sten Kerngemeinde. Das Wort Zinzendorfs: »Ich statuiere
kein Christentum ohne Gemeinschaft« behält sein Recht.
Wir fragen aber nach den Konsequenzen dieser Gemeinschaft. Wir fragen nach ihrer Integrationskraft zwischen
den »Nahen« und den »Fernen«, denn darin liegt ihre Bestimmung.

Das Haus für die Hausgenossen
Der Abschluß, die Verse 19 bis 22, erinnern noch einmal
an das Vorrecht Israels: »So seid ihr nun nicht mehr Gäste und Fremdlinge, sondern Mitbürger mit den Heiligen
und Gottes Hausgenossen.« Noch einmal kommt eindrucksvoll das Element des Sperrigen, des Paradoxen zur
Sprache, das die Gemeinschaft der Christen kennzeichnet und auszeichnet, weil sie das Resultat der Gemeinschaft mit dem Christus ist. Was kein Humanismus verwirklichen kann, das geschieht hier auf diesem Fundament der Propheten und Apostel und dank der Tragkraft
dieses Ecksteins, der von den Bauleuten verworfen wurde und der dennoch das ganze Haus Gottes trägt. Die
Energie des Kreuzes ist stärker als das Gesetz der Feindschaft.
Wir selber sind Christen aus den Heiden. Wir merken zu
unserem Erschrecken, wie nahtlos das Heidnische dem
Christlichen in unserem Leben auf den Fersen bleibt. Wir
haben von Haus aus den Status von Gästen und Fremdlin-

gen. Um Christi willen aber sind wir die Hausgenossen Gottes. Es ist ein Haus, dem eine Praxis großzügiger Gemeinschaft entspricht. Es ist ein Haus, von dem es heißt, daß es noch wächst und immer größer wird.

II
Abgrenzung

1
Lebenshilfe durch Glaubenshilfe[*]

»Lebenshilfe durch Glaubenshilfe« – diese Formulierung bzw. dieses Programm setzt voraus, daß der christliche Glaube eine seelsorgerliche Qualität hat, und zwar so, daß sich diese seelsorgerliche Qualität des Glaubens am Leben und im Leben bewährt.

Es sieht so aus, als wäre schon dieser Sachverhalt nicht unbestritten. Es ist ja doch wohl keine theologische Bescheidenheit und sicher auch nicht eine »nicht-religiöse Interpretation der biblischen Begriffe« im Bonhoefferschen Sinne, wenn die gegenwärtige Fachliteratur im Bereich der kirchlichen Seelsorge vom Glauben weithin überhaupt nicht bestimmt wird. Ich sollte besser sagen: Der Glaube wird jedenfalls selten oder nie erwähnt, und seine seelsorgerliche Qualität wird selten in Anspruch genommen. Es ist viel die Rede von den verschiedensten Therapien, die in der Seelsorge zur Wirkung kommen oder kommen sollten. Aber von der »Therapie des Glaubens« ist kaum etwas zu lesen oder zu hören.

Das ist eine Beobachtung, die zum Nachdenken Anlaß gibt. Es könnte seinen Grund darin haben, daß die biblische Reichweite des Glaubens in unserer Zeit geschrumpft ist, daß Glaube zu einer Vokabel elitärer Frömmigkeit geworden ist. Vielleicht auch, daß der Begriff Glaube aus seiner dogmatischen Gefangenschaft nicht mehr herauskommt. Er lebt noch im Bekenntnis, dem im Gottesdienst mehr oder weniger verstandenen und trotzdem mitgesprochenen Glaubensbekenntnis. Und er lebt

---

[*] Zuerst veröffentlicht in: *H. Reller / A. Sperl* (Hg.), Seelsorge im Spannungsfeld Bibelorientierung – Gruppendynamik? (Zur Sache – Kirchliche Aspekte heute, H. 16), Hamburg 1979, S. 133–150.

sicher auch noch homiletisch, denn welche Predigt über
welchen Text könnte sich schon am Glauben vorbeidrük-
ken? Aber der Begriff und die Sache des Glaubens scheint
poimenisch keine ernsthafte Bedeutung mehr zu haben.
Seelsorge heute – das ist ein weites Feld. Weiter, viel weiter jedenfalls als das Feld der von der Predigt noch erreichten versammelten Gemeinde. Die Seelsorge hat den
schützenden Hafen einer gläubigen Gemeinschaft längst
verlassen und verlassen müssen. Sie ist weder ein Instrument der Kirchenzucht noch der »verlängerte Arm der
Predigt« – wie noch Thurneysen meinte. Sondern die
Seelsorge ist ganz eigenständig geworden, und sie mußte
es auch werden in dem Maße, als unsere Gemeinden zu
Kerngemeinden in Igelstellung wurden und ihre volks-
missionarischen Chancen verpaßten.

Ich persönlich bin sehr froh darüber, daß die kirchliche
Seelsorge mit ihren verschiedenen Arbeitsgebieten sich
der kerngemeindlichen Umklammerung entzogen hat
und weithin im sog. Vorfeld am Werk ist. Wenn das Feld in
der Mitte unfruchtbar geworden ist, dann bekommt das
Vorfeld den ersten Rang. Ich bin auch überzeugt, daß die
Not unserer Zeitgenossen die Seelsorge der Kirche im besten Sinne provoziert und daß die Seelsorge, sei es in ihrem beratenden, diakonischen und auch therapeutischen
Angebot, viel Hoffnung erregt und viel Dankbarkeit gefunden hat. Ich finde auch gut, daß die heutige seelsorgerliche
Begegnung agendarische Formeln und vorfabrizierte Lo-
sungsworte meidet und vermeidet und daß sie im Zusammenspiel von Tradition und Situation vor allem das zweite betont. Ich habe auch keine entscheidenden Einwände
gegen die Übernahme gewisser Techniken und Methoden
aus dem Instrumentarium der Psychologie, denn ich sehe
vom neutestamentlichen Prüfen und Behalten aus keine
Notwendigkeit, einer Methode der Menschenführung
oder der Gesprächsführung nur schon darum den Eintritt
in die Kirche zu verweigern, weil sie nicht in der Kirche,
sondern außerhalb der Kirche entstanden ist. Nein, was
mich tatsächlich betroffen macht, ist diese erwähnte Be-

obachtung: daß vom Glauben an Jesus Christus nicht nur
nicht gesprochen wird, sondern daß mit der therapeu-
tisch-seelsorgerlichen Kraft des Glaubens offenbar kaum
noch gerechnet wird. Sicher, man hat andere Quellen gefunden, die wirkliche Hilfe bieten, ohne Frage. Aber der
Glaube praktiziert seine eigene Sorge um den Menschen,
er ist eine spezifische Hilfe zum Leben, allerdings nur
dann, wenn es der wirkliche Glaube an Gott in Jesus Christus ist – und nicht ein Glaube an das religiöse Potential
im Humanum.

Aber die kirchliche Seelsorge sollte zumindest mit Interesse, vielleicht sogar mit Betroffenheit zur Kenntnis nehmen, daß die Psychologie selber die Sinnfrage so radikal
zu formulieren beginnt, daß notwendigerweise die Grenze einer rein immanentistischen Anthropologie überschritten wird. Joachim Scharfenberg hat in seinem Buch
über Sigmund Freud (Sigmund Freud und seine Religionskritik . . ., Göttingen 1968) dargestellt, daß Freud trotz seiner Religions- und Glaubenskritik den Menschen einbezogen sah in eine Realität höherer Ordnung mit einer spezifischen Tragfähigkeit. Scharfenberg schreibt wörtlich:
»Freud erkennt also durchaus an, daß der Mensch etwas
braucht, wonach er sein Leben einrichten kann, eine
Wirklichkeit außer ihm, die so verläßlich ist, daß sie ihm
Trost zu spenden vermag« (S. 156).

Der Psychotherapeut Balthasar Staehelin unterscheidet
zwischen der ›ersten und zweiten Wirklichkeit‹ und be-
mängelt die Tatsache, daß sich die Psychologie, die Psy-
choanalyse und die Daseinsanalyse immer nur auf die erste Wirklichkeit konzentriert haben. Es käme aber alles
darauf an, den Menschen in seiner zweiten Wirklichkeit
zu erkennen. Wörtlich: »Diese zweite Dimension ist des
Menschen individueller Anteil am Unzerstörbaren, Un-
bedingten.« Staehelin ist der Überzeugung, daß das Vor-
handensein und die Wirksamkeit dieser zweiten Wirklichkeit empirisch festzustellen sei, und er grenzt sich
deutlich ab gegen den Verdacht, daß er sozusagen seine eigene Grenze überschritten habe und in theologische Ge-

filde ausgewichen sei: »Wenn wir von der zweiten Wirklichkeit des Menschen sprechen, von seinem sakralen
Teil gleichsam, so müssen wir, um Mißverständnisse und
vorschnelle Kritik zu vermeiden, nochmals betonen, daß
wir uns nicht in einen theologischen Raum begeben haben, sondern uns ausschließlich in der medizinischen
Empirie bewegen« (Haben und Sein, S. 31).
Solche und ähnliche Stimmen unserer Zeit sind interessant, weil sie eine Ausweitung traditioneller Menschenkenntnis und Menschenerkenntnis andeuten. Es gibt die
Erfahrung einer größeren Wirklichkeit, und der Mensch
lebt entscheidend aus dieser seiner »zweiten Dimension«.
Was für die seelsorgerliche Fragestellung dabei von Bedeutung ist, liegt in der gewissen ›Strukturverwandtschaft‹
zur Wirklichkeit des Glaubens, nämlich in der formalen
Ähnlichkeit, daß der Mensch ›zu sich selbst‹ kommt,
wenn er über sich hinauskommt, wenn er sich selbst transzendiert.
So sagt es auch Viktor E. Frankl, etwa in seinem Vortrag
»Zur Pathologie des Zeitgeistes«: daß menschliches Leben
als ein »Gerichtetsein auf Sinn« beschrieben werden müsse, denn der Mensch ist wesentlich »auf der Suche nach
Sinn«. Das Instrumentarium der Psychologie im allgemeinen könne dem nicht gerecht werden. Darum will Frankl
der Sinnkrise des Menschen mit einer »Logotherapie« ent-
gegentreten. Aber entscheidend ist die anthropologische
Grunderkenntnis: »Das Wesen der menschlichen Existenz liegt in deren Selbsttranszendenz« (Handbuch der
Neurosenlehre und Psychotherapie). Unter dieser Selbsttranszendenz versteht Frankl den Tatbestand: »Mensch-
sein heißt: immer schon über sich selbst hinaus sein auf
etwas, das nicht wieder es selbst ist« (S. 75).
Wieder und noch intensiver zeigt sich eine Strukturverwandtschaft zwischen solchen Erkenntnissen heutiger
Psychologie und dem Menschenverständnis der Theologie, zumindest der biblisch orientierten Theologie. Was
schon Nietzsche sagt in seinem Zarathustra, daß der
Mensch »ein Pfeil der Sehnsucht nach dem andern Ufer«

ist – daß also eine Relation des Menschen zum »andern Ufer« gewissermaßen das Menschliche am Menschen sei –, das wird heute zu einem Grunddatum der Anthropologie. Das könnte also auch die Psychotherapie und die Seelsorge des Glaubens in ein Entsprechungsverhältnis setzen, das so in früheren Zeiten, unter der psychologischen Dogmatik der von Freud, Jung und Adler geprägten Tradition sicher nicht möglich war. Kirchlich-theologischerseits ist auch eine Einstellungsveränderung eingetreten: Es gibt mehr differenzierte Urteile über die Qualität dieser oder jener »psychologischen Seelsorge«. Es gibt ein Wissen um die Notwendigkeit fachkompetenter Behandlung psychisch erkrankter Menschen, die keineswegs in die Zuständigkeit des kirchlichen Seelsorgers gehören bzw. die zumindest Zusammenarbeit nötig machen.

Schon bei E. Thurneysen haben sich die negativen Pauschalurteile über die Psychologie im Laufe seines Lebens immer mehr verändert und verfeinert. Ich bin der Meinung, daß heute eine gewisse Affinität zwischen empirisch-psychologischer Menschenkunde und theologischer Anthropologie festzustellen ist und daß wir das dankbar feststellen sollten. H. Gollwitzer hat mehrfach dargelegt, daß es keineswegs gleichgültig ist, ob das Evangelium zur situationsbedingten Sinnkrise des heutigen Lebens in einer antwortenden Beziehung steht oder nicht. Wir sollten nicht sagen, daß die Welt des Glaubens der Alltagswelt konkreter Probleme weit überlegen wäre und daß die Erlösungsthematik des Evangeliums mit der Lebensthematik sorgender Zeitgenossen wenig zu tun hätte. Das Evangelium hat sehr viel damit zu tun. Es wäre ein Verrat an der Menschwerdung Gottes und eine schlechte Zwei-Reiche-Struktur, wenn das sog. Glaubensleben und das angefochtene Leben im Horizont des 20. Jahrhunderts nicht miteinander korrespondieren würden.

Die kirchliche Seelsorge leidet offenbar unter einem speziellen Hochmut und zugleich unter einem speziellen Minderwertigkeitskomplex. Der Hochmut besteht darin,

daß man den Brotkorb des Glaubens so hoch zieht, daß
nur noch wenige Auserwählte ihn erreichen können. Der
Minderwertigkeitskomplex der Seelsorge ist das Resultat
der erschreckenden Erkenntnis und Erfahrung, daß unsere säkularistischen Zeitgenossen offenbar wenig mit dem
Angebot des Evangeliums anfangen können und daß
Glaubenshilfe im Sinne von »Hilfe zum Glauben« sehr
aussichtslos zu sein scheint. Dementsprechend ist auch
die entlastende seelsorgerliche Funktion, die aus dem
Glauben und durch den Glauben verwirklicht wird, nur
wenig erprobt und wenig in Anspruch genommen. Die be-
kannte Formel, daß Seelsorge »Psychotherapie im kirchlichen Kontext« sei, scheint eher eine Formel der Verlegenheit als der Klärung zu sein. Bleibt die Seelsorge auf den
Einsatz psychologischer Methoden begrenzt, so wird
auch der kirchliche Kontext wenig daran ändern, und die
Seelsorge des Glaubens bleibt ausgeklammert. Vom kirchlichen Kontext im Sinne einer tragenden seelsorgerlichen
Gemeinschaft wird noch zu sprechen sein. Aber auch innerhalb der Gemeinschaft der Gemeinde bleibt kirchliche
Seelsorge daran gebunden, außer diakonischer Hilfe und
in, mit und unter einer »gesprächstherapeutischen« Praxis
das ihr Gemäße und Eigene zu tun, nämlich Hilfe zum
Glauben anzubieten, damit der Glaube zur Hilfe am ge-
fährdeten oder leidenden Leben werden kann.
Es ist sehr bewegend, was im Januar dieses Jahres Joachim
Scharfenberg in einem kurzen Beitrag mit der Überschrift
»Seelsorge zum Wesentlichen« zu unserer Thematik beigetragen hat. Er ist als Professor der Praktischen Theologie zugleich vollausgebildeter Psychotherapeut und ist
darum besonders kompetent, Zusammenhänge und Un-
terschiede zwischen der ›psychologischen‹ und der ›theologischen‹ Seelsorge aufzuzeigen. Er schreibt: »Ich glaube
erkannt zu haben in vielen tausend Stunden geduldiger
Beobachtung ›hinter der Couch‹, daß den Menschen heute zur Bearbeitung ihrer inneren und sozialen Konflikte eine begrenzte Anzahl von Grundmustern zur Verfügung
steht, die abhängig ist vom Symbolvorrat, den ein Mensch

in seinem Inneren gespeichert hat. Der aber steht in einem
engen Zusammenhang zu den Symbolen der Überlieferung, die mehr, als wir es oft wahrhaben wollen, geprägt
sind vom biblischen Grundbestand. Ich möchte nach wie
vor Menschen helfen, die Symbole der Überlieferung und
die Symbole privater und öffentlicher Konfliktbearbeitung
miteinander in Verbindung bringen zu können, allerdings
nicht mehr so sehr in religionskritischer und gesellschafts-
kritischer Absicht, als vielmehr so, daß das unabtauschbare
Eigene der christlichen Botschaft, das berühmte Proprium,
das als Pflichtübung nachweisen zu müssen mich oft zor-
nig gemacht hat, möglichst klar und ohne menschliche Zu-
tat erkennbar werden möchte.« Und dann etwas später:
».. . Was mir unverzichtbar erscheint, . . . ist das persönliche Weitergeben von Erfahrungen mit dem Glauben im
persönlichen Gespräch, unter vier Augen und in der kleinen, überschaubaren Gruppe. Es ist dies wohl das, was man
gemeinhin ›Seelsorge‹ genannt hat und wohl auch noch
weiter nennen wird, weil es eben doch kein besseres Wort
dafür gibt. Jemand hat schon einmal vor fast vierzig Jahren
gesagt: ›Die Kirche der Zukunft wird eine Kirche der Seelsorge sein, oder sie wird nicht sein‹« (WuPKG 1978, 72f).
Ich möchte nun versuchen, das mir aufgegebene Thema
»Lebenshilfe durch Glaubenshilfe« unter einem doppelten
Aspekt anzugehen, der sich aus dem bisher Gesagten wie
von selbst ergibt.
Ich möchte zunächst einige Gesichtspunkte sammeln unter der Frage: Wie kann der Glaube dem Leben helfen?
Dann möchte ich der anderen Frage nachgehen: Wie kann
Glaubenshilfe gegeben werden – im Sinne: Hilfe zum Glau-
ben?

1   Wie kann der Glaube dem Leben helfen?

*These: Die Seelsorge des Glaubens besteht darin, daß der
angefochtene Mensch lernt, sich selbst zu verlassen, um
sich auf die Treue Gottes zu verlassen.*

Ich spreche von einer »Seelsorge des Glaubens«, um damit
zum Ausdruck zu bringen, daß nicht etwa der Seelsorger,
sondern tatsächlich der Glaube die entscheidende Seelsorge ausübt. Der Seelsorger als Gesprächspartner des
hilfsbedürftigen Menschen kann über den Glauben nicht
verfügen, sondern kann ihm nur dienen. Der Seelsorger
hat keine Hauptfunktion, sondern nur eine Hilfsfunktion.
Der Seelsorger kann für das Evangelium Verständnis, aber
kein Einverständnis schaffen. Das ist von vornherein die
»Schwäche« der kirchlichen Seelsorge. Der Glaube ist methodisch nicht zu erwecken oder zu aktivieren. Umgekehrt muß aber gesagt werden, daß eine falsche Gesprächsführung dem Glauben im Wege stehen kann. Aber
diese Überlegung gehört bereits in den Zusammenhang
der späteren Fragestellung: Glaubenshilfe als Hilfe zum
Glauben. Jetzt zunächst geht es um die Frage nach der
seelsorgerlichen Qualität des christlichen Glaubens. Als
wichtigstes nach meiner Erkenntnis muß die transzendie-
rende Kraft des Glaubens genannt werden.

Wenn es wahr ist, daß der Mensch über sich selbst hinaus-
kommen muß, dann entspricht diese Bewegung der
Grundintention des Glaubens. Was die vorhin erwähnten
psychologischen Konzeptionen zum Ausdruck bringen,
steht in großer Nähe zu der reformatorischen Erkenntnis,
daß der Mensch ein »homo incurvatus in se ipsum« ist. Im
Streit Luthers mit dem humanistischen Menschenbild
des Erasmus ist die biblische Sicht des Menschen als eines
Gefangenen in sich selbst, der keinen freien Willen hat,
eindrucksvoll von Luther aufgenommen worden. Vielleicht erleben wir heute eine Art Wiederholung dieser
klassischen reformatorischen Frontstellung, und zwar innerhalb der Kirche und speziell innerhalb der Seelsorge.
Jedenfalls ist der Glaube eine Kraft, die nicht aus dem psychischen Bestand menschlicher Selbstgewißheit erwächst, sondern eine Kraft, die von außen den in sich
selbst gefangenen Menschen angeht. Der biblische Glau-
bensbegriff bringt eine Beziehung zum Ausdruck: die Gottesbeziehung des Menschen und die Menschenbezie-

hung Gottes. Über das alttestamentliche Glaubensver-
ständnis sagt die Wissenschaft, daß der Glaube stets als re-
actio des Menschen auf die primäre actio Gottes erscheint. Und die seelsorgerliche Reichweite dieses Glaubens wird angesprochen, wenn es heißt: Diese Gottesbeziehung umfaßt »den ganzen Menschen in der Gesamt-
heit seines äußeren Verhaltens und seines Innenlebens«
(A. Weiser zu *häämin*, in: ThWNT 6, S. 188). Im Neuen Testament wird *pisteuein* = glauben zu einem persönlichen
Verhältnis zu Christus und wird als ›vertrauen auf Christus‹ oder auch als ›sich verlassen auf Christus‹ gekennzeichnet. Sich verlassen, verstanden als ›sich selbst verlassen‹ auf Christus hin – das scheint die seelsorgerlich wirksame Dynamik des Glaubens besonders gut zu treffen.
Es ist wichtig, den Glauben nicht statisch als einen Zustand von ›Gläubigkeit‹ aufzufassen, sondern dynamisch,
als Tausch zwischen Christus und mir – wie etwa die
Weihnachtslieder den Glauben beschreiben. Oder – dogmatisch ausgedrückt – als ›Menschwerdung des Menschen‹. Oder mit Paulus im Philipperbrief: »Nachdem ich
von Christus ergriffen bin« – das ist der Anfang des Glaubens. Und das ist auch der Anfang der Seelsorge, die der
Glaube wirkt. Der Glaube ist die Christusverbindung und
Christusverbundenheit oder auch, wie A. Schlatter sagt,
der »Anschluß an Jesus«. Demnach kann der Glaube als
Christusrelation bezeichnet werden. Und diese Christusrelation des Glaubens relativiert die Ichverschlossenheit
des homo incurvatus. Das ist die seelsorgerliche Grunderfahrung, in die der glaubende Mensch hineingerät. Mir
liegt an diesem etwas formalen Ausdruck ›relativieren‹.
Mir scheint, daß er bescheiden genug ist, um die seelsorgerliche Wirkung des Glaubens nicht überschwenglich zu
beschreiben. Es wäre auch Größeres vom Glauben zu sagen. Es gibt einen bergeversetzenden Glauben, der aber ja
doch wohl in der Stunde einer seelsorgerlichen Begegnung weder dem Seelsorger noch seinem Partner zur Verfügung steht. Es könnte auch leicht der Verdacht aufkom-
men, als sei die Seelsorge des Glaubens nur einer Elite von

Glaubensheroen zugänglich. Ich finde den Effekt einer
Relativierung menschlicher Not und Verwirrung erfreu-
lich genug und wert, eine solche Lebenshilfe durch den
Glauben in Anspruch zu nehmen.
Sicher sind auch Wunderheilungen und radikale Lebens-
veränderungen dem Glauben möglich. Es könnte aber
sein, daß wir lernen müssen, vom christlichen Glauben
gerade solche Wirkungen zu erwarten, die ganz unauffäl-
lig in normalen Beziehungen ansetzen und keineswegs
mit sensationellen Signalen verbunden sind. Es könnte
die Seelsorge des Glaubens sein, wenn ein Mensch mit
schwindendem Selbstwertgefühl die Erkenntnis der nicht
erreichten Ziele anzunehmen lernt, weil er entdeckt, daß
Gott in Jesus Christus ihn annimmt und liebt, wie er ist.
Oder es könnte ein entscheidender seelsorgerlicher Erfolg
der Glaubenshilfe sein, wenn ein Depressiver in der Relation zu Christus zumindest eine Orientierungshilfe findet
und eine Kontinuität an Treue inmitten seiner Erfahrung
des Scheiterns. Solange noch nicht erschienen ist, was wir
sein werden, ist mit radikalen Veränderungen im Bereich
des seelsorgebedürftigen Menschen und seiner Lebens-
verhältnisse wohl kaum zu rechnen. Seelsorge durch den
Glauben scheint heute den Ernstfall zur Bewährung gerade dann zu finden, wenn jede ›Hilfe zur Selbsthilfe‹ illusorisch geworden ist und wenn mit der Krise und mit der
Krankheit gelebt werden muß.
Die relativierende Kraft des Glaubens könnte sich gegenüber dem zur Tüchtigkeit und zur Leistung verurteilten
Zeitgenossen als entscheidende Hilfe erweisen, die existentielle Grundbefindlichkeit und auch das Angebot,
daß der sorgende oder geängstigte Mensch sich selbst verläßt, indem er sich auf die Treue Gottes verläßt. Aber sobald man einen solchen Satz niederschreibt oder aus-
spricht, merkt man die Gefahr, in die Sprache einer Ideologie hineinzugeraten. Es ist offenbar notwendig, die entscheidende Christusrelation noch etwas genauer anzusprechen.
Theologisch gehört das Verständnis des Glaubens als

Christusrelation in den Bereich der Rechtfertigungslehre. Sie war einmal »Mitte und Grenze« der reformatorischen Theologie, wie Ernst Wolf gesagt hat. Grenze – im Sinn von Maßstab, Kriterium. Aber die reformatorische Recht-fertigungstheologie ist im Laufe der Jahrhunderte bis hin zu uns immer mehr verkannt und vergessen worden. Ernst Wolf sagt: »Der seiner selbst bewußte, der sich selbst fühlende, der auf persönliches Erleben in diesem Sinn hin-drängende Mensch, der mehr und mehr in die Mitte der Fragen und Antworten um sich selbst und um seine Welt rückte, konnte mit dem biblisch-reformatorischen Zeug-nis der Rechtfertigungslehre nicht mehr fertig werden« (EvTh 1949, S. 9). Es ist nicht zu bezweifeln, daß Wolf mit seiner Beschreibung den heutigen Menschen zutreffend kennzeichnet, den Menschen, an dem wir selber Anteil haben. Die in die Mitte gerückten Fragen und Antworten kreisen in der Tat um unser Selbstgefühl und unsere Selbsterfahrung. Wir sind sensibel für unsere eigenen psy-chischen Regungen. Darin liegt auch der Grund, daß die entscheidenden therapeutischen Konzeptionen und auch die gruppendynamischen Ziele intensiv nach den Emp-findungen und Gefühlen fragen. Der emotionale Sektor im Selbstbewußtsein des Menschen und seiner Kommu-nikationserfahrung ist der entscheidende. Wenn Wolf recht hat, daß dieser sich selbst erlebende Mensch mit der Rechtfertigungstheologie nicht mehr viel anfangen kann, so wäre damit das Herzstück der Reformation für uns ge-wissermaßen ausgefallen. Das aber wäre die Generalkrise der reformatorischen Seelsorge. Denn die reformatori-sche Theologie hat die Rechtfertigungsbotschaft gegen die Anfechtung gesetzt, und der Trost der angefochtenen Gewissen liegt für Luther und seine Mitreformatoren im pro nobis und im extra nos der Christuswirklichkeit.

Ich habe den Eindruck, daß eine Seelsorge, die Lebenshilfe durch Glaubenshilfe leisten will, unbedingt der Rechtfer-tigungslehre gerecht werden muß, solange sie den An-spruch erhebt, evangelisch zu sein. Ich habe weiter den Eindruck, daß die heutigen psychologisch ansetzenden kirchlichen Seelsorgekonzeptionen in dem Maße der Immanenz des Psychologischen verhaftet bleiben, als sie von der reformatorischen Anthropologie, die Rechtfertigung heißt, entfernt sind. Wenn es nicht gelingt, den von Wolf beschriebenen Menschen der Selbsterfahrung mit der im extra nos begründeten Christusrelation zusammenzubringen, wird die seelsorgerliche Kraft des Glaubens, dieses Glaubens, nicht mehr erreichbar und in Anspruch zu nehmen sein.

Schon Karl Holl hat 1907 die Brisanz dieses Problems empfunden und hat einen Aufsatz geschrieben mit dem Titel: »Was hat die Rechtfertigungslehre dem modernen Menschen zu sagen?« Holl war der Meinung, sie habe gerade dem modernen Menschen etwas zu sagen, sie sei das ›evangelium aeternum‹, und er sagt, die Lehre von der Rechtfertigung sei »dem modernen Geschlecht in ihrer befreienden Strenge vielleicht nötiger und heilsamer als irgendeiner früheren Generation« (Gesammelte Aufsätze III, S. 567).

Inzwischen hat die Tagung des Lutherischen Weltbundes in Helsinki 1963 erkennen lassen, wie schwer die Aufgabe ist, dieses Kernstück reformatorischer Theologie hermeneutisch dem heutigen Menschen zugänglich zu machen. Trotzdem muß diese Aufgabe in Angriff genommen werden, denn der seelsorgerliche Kern des christlichen Glaubens ist und bleibt die ›Rechtfertigung des Gottlosen‹. Sie gibt der Seelsorge das evangelische Profil. Die hier verankerte Lebenshilfe kann nur den Charakter einer bedingungslosen Offenheit haben. Wird die paradoxe Struktur der Rechtfertigungstheologie aus der Seelsorge verdrängt, so verkümmert sie zu moraltheologischen Weisungen und Anweisungen, die mit Recht das Vertrauen vieler hilfesuchender Menschen verlieren. Herbert Girgensohn hat geschrieben: »Vielleicht ist einer der Gründe, warum der heutige Mensch sich nicht an die kirchliche Seelsorge wendet, daß er dieses bedingungslose Ja zu seiner Person bei den Vertretern der kirchlichen Seelsorge vielfach nicht findet. Er fürchtet vielmehr, dem Sittenrichter zu begeg-

nen, der mit seinem belasteten Leben ins Gericht gehen
wird.« Und dann an späterer Stelle: »Wo noch Reste eines
solchen moralischen Urteilens vorhanden sind, zerbricht
die seelsorgerliche Gemeinschaft. Wer sich noch über die
Sünde des anderen entrüsten kann, der weiß noch nicht,
was Sünde vor Gott ist, und weiß nicht um die Tiefe seiner
eigenen Sünde. Seelsorgerliche Gemeinschaft ist nur
möglich im Bewußtsein der Solidarität in der Sünde.«
Solche Sätze, wie sie hier von Girgensohn gesprochen
worden sind, haben ihre Berechtigung im Horizont der
Rechtfertigungsbotschaft. Gottes Gerechtigkeit und der
Glaube des gerechtfertigten Menschen entsprechen einander. Meines Erachtens wird alles darauf ankommen,
daß wir die Rechtfertigung im Sinne von Angenommen-
werden nicht nur der zwischenmenschlichen Beziehung
überlassen, sondern sie als Interpretament der Christuswirklichkeit verstehen. Das wiederum setzt voraus, daß
die inklusive Qualität der Christuswirklichkeit deutlicher
aussagbar und deutlicher erkennbar werden muß, als unser Zeugnis es zumeist vermag. Die Seelsorge der Glaubensrelation bedarf dringend einer neuen Anstrengung
um Plausibilität. Jesus Christus wird in dem Maße unsere
Seelsorge bestimmen, als unser eigenes Betroffensein
durch ihn erkennbar wird. Hans Joachim Iwand sagt in einer Osterpredigt: »Es geht nie um Jesus, ohne daß es zugleich um uns geht. Das ist das Wunderbare und Besondere an der Geschichte dieses Jesus von Nazareth, daß sie
immer auch uns einschließt, uns sterbliche, uns sündhaf-
te Menschen. Sie ist immer zugleich unsere Geschichte.
Immer sind wir dabei. Bei seinem Sterben sind wir dabei
und bei seinem Auferstehen. Das ist zwar ein Geheimnis
der Gnade Gottes und schwer zu verstehen, aber wir haben ja an unserer Taufe das Zeichen dafür, daß wir dabei
sind.« Ich halte das für eine seelsorgerliche Rede. Es ist
zwar in der Tat »schwer zu verstehen«, aber die Formel ›in
Christo‹ wird hier plausibel entfaltet, nicht zuletzt mit
dem Hinweis auf die Taufe, an die zu erinnern ein Stück
Seelsorge sein kann, wie wir von Luther wissen.

Ich denke, daß in diesen Zusammenhängen die vor uns liegenden Aufgaben stecken, wenn Seelsorge Lebenshilfe durch Glaubenshilfe anbieten will. Es ist nicht anzunehmen, daß die hermeneutischen Probleme im Blick auf die heutige Bezeugung der Rechtfertigung unlösbar sind. Zumindest sollte die kirchliche Seelsorge in Theorie und Praxis um diese Quelle, um dieses Potential an eigenständiger seelsorgerlicher Dynamik wissen und sich darum bemühen. Es ist nicht zu verantworten, den christologischen Ansatz zu umgehen oder zu verdrängen, um vielleicht noch gerade am kirchlichen Kontext festzuhalten, in dem nichts anderes geschieht als analytische oder empathische Psychotherapie. Die Seelsorge der Christusrelation im Glauben ist unvertretbar und unersetzbar. Sie hat ihre Kraft zum Trösten und Ermutigen unzählige Male bewiesen. Daß ich mit Leib und Seele Christi Eigentum bin, ist der seelsorgerliche Ansatz von Frage 1 im Heidelberger Katechismus – und diese Aussage steht in vollem Einklang zu entsprechenden Aussagen im Kleinen und Großen Katechismus Luthers. Die These, daß die paulinische Rechtfertigungslehre nicht mehr zeitgemäß sei, ist zu simpel, als daß man sich ihr anschließen könnte.

2   Glaubenshilfe im Sinne von »Hilfe zum Glauben«

These: Glaubenshilfe als Hilfe zum Glauben ist der Versuch, die Seelsorge Gottes situationsbezogen und gesprächsgerecht zu bezeugen. Die Voraussetzung des seelsorgerlichen Redens ist das seelsorgerliche Hören.
Wenn die seelsorgerliche Kraft des Glaubens in seiner rechtfertigenden Funktion liegt, dann kann die kirchliche Seelsorge nicht darauf verzichten, in, mit und unter den Gesprächen auch Hilfe zum Glauben anzubieten. Mir liegt daran, daß diese Hilfe zum Glauben nicht als ein selbstverständlicher Rückgriff auf das unerschöpfbare geistliche Kapital der Kirche verstanden wird, sondern als ein Versuch zur Glaubenshilfe. Das gilt ja auch von der

Predigt, und wenn das Predigen etwas stabiler zu sein scheint als das seelsorgerliche Reden, so könnte dieser Eindruck darum entstehen, weil die sog. Rückkoppelung im Gottesdienst wesentlich schwächer ist als in der Situation einer seelsorgerlichen Begegnung. ›Versuch‹ möchte ich verstehen als ein Suchen nach Entsprechung zwischen dem rechtfertigenden Evangelium und der Seelsorgebedürftigkeit des Partners. Suchen deutet an, daß es in der Seelsorge um ein Kontaktgeschehen geht, um eine Komposition, zu deren Komponenten z.B. die richtige Zeit gehört. Jedenfalls kann es sich die Seelsorge nicht leisten, daß auch zur »Unzeit« vom Glauben gesprochen wird. In diesem Zusammenhang ist das gesprächsmethodische Angebot der modernen Seelsorgebewegung eine unverzichtbare Hilfe und eine begründete Warnung vor kerygmatischen Monologen im Seelsorgegespräch und zugleich eine Ermutigung zum Dialog, der nur ein Dialog der Liebe und der Geduld sein kann. Dieser Dialog muß außerdem frei sein von allen Zwängen, auch vom Glaubens- und Verkündigungszwang.

Walter Neidhart vermutet (Theologia Practica 12/1977, S. 232ff), daß ich mir wohl nie eine seelsorgerliche Situation vorstellen könnte, in der die Glaubenshilfe darin besteht, »den Namen Gottes zu verschweigen oder in philosophischen, nachtheistischen und psychoanalytischen Symbolen über das letzte Geheimnis zu sprechen, um dem Ratsuchenden in einer religiösen Krise weiterzuhelfen.« Neidhart vermutet also hinter der Formulierung ›Lebenshilfe durch Glaubenshilfe‹ die pflichtgemäße Erfüllung eines Solls an Gottesbotschaft, die dem Seelsorger sozusagen als Dauerauftrag mitgegeben ist und die in orthodoxer Zeitlosigkeit das seelsorgerliche Gespräch bestimmt. Das findet Neidhart sehr unsympathisch, und ich finde das auch.

Ich nehme an, daß er meinen Versuch, die erzählte Gottesgeschichte mit ins Gespräch zu nehmen, nicht anders verstanden hat als die biblizistische Bindung an ein enges und starres Gottesbild. Ich habe es eigentlich umgekehrt

gemeint. Ich wollte sagen, daß sich eine Erstarrung im bi-
belfernen religiösen Bewußtsein unserer Zeit feststellen
läßt und daß die Aufnahme biblischer Glaubenstraditio-
nen vom Gott Israels und vom Vater Jesu Christi das seelsorgerliche Gespräch mit Anschauung füllt und konkreter
werden läßt. Denn die biblischen Traditionen bringen Modelle von den immer neu sich gestaltenden Beziehungen
zwischen dem menschensuchenden Gott und dem gottsuchenden Menschen. Es ist ganz sicher so, daß heute diese
Beziehung besonders kompliziert geworden ist. Aber auch
zur heutigen Sinnkrise und ihrer atheistischen oder religiösen Ausdrucksform gibt es doch eine bleibende aktuelle
Relation.

Die Bibel ist das Buch von der Seelsorge Gottes. Wie die
Formgeschichte erkannt hat, ist die Seelsorge Gottes in die
unterschiedlichsten geschichtlichen und psychologischen
Situationen hinein bezeugt worden. In den Schriften des
Alten und Neuen Testaments liegen überall Berichte von
erfahrener Seelsorge vor, die auch für die heutige Seelsorge
exemplarische Bedeutung haben. Die Verankerung im jeweiligen Heute, der ›Sitz im Leben‹, die zeit- und gemeinde-
spezifische Hinwendung des Evangeliums könnte auf die
Struktur und den Inhalt auch heutiger seelsorgerlicher Situationen einwirken. Es ist jedenfalls nicht einzusehen,
daß die biblischen Texte mit ihrem Potential an Trost und
Ermutigung nur homiletisch und nicht auch poimenisch
ausgenutzt werden sollten. Vielleicht würde sich zeigen,
daß diese Texte auf weiten Strecken sogar eher in das Seelsorgegespräch hineingehören als auf die Kanzel. Sie wollen
vielleicht gar nicht exegesiert oder proklamiert, sondern
meditiert werden. Sie sind nicht Sprache und Geschichte
aus dem theologischen Über-bau, sondern aus dem Zusammenhang des gelebten Lebens. Sie umfassen alle Affek-
te menschlichen Daseins: Liebe und Freude, Haß und Ver-
achtung, Sehnsucht und Klage. Das biblische ›Material‹
enthält Lebenshilfe im Sinne von Begleitung des angefochtenen Menschen und auch heute noch gültige Analysen
von des Menschen Elend und von des Menschen Erlösung.

Unter ›Seelsorge Gottes‹ möchte ich die Geschichte Israels und die messianische Geschichte Jesu von Nazareth verstehen, die auf die Menschwerdung des Menschen ausgerichtet ist aus der Kraft des Humanismus Gottes. Diese Geschichte der Seelsorge Gottes gibt die Möglichkeit, menschlich von Gott zu sprechen. Als Wort vom Kreuz kann sich das Evangelium mit der Situation des Leids verbinden. Die seelsorgerliche Bezeugung der Seelsorge Gottes ist eine Aufgabe, die gesprächsgerecht und problemorientiert geschehen muß. Mir liegt daran, zu betonen, daß es sich nicht um seelsorgerliche Pflichtübungen handeln kann, »theologisch korrekte Trostworte zu verkünden, die keine konstatierbare Veränderung bewirken«, wie Neidhart es aus meinem Buch herausgelesen hat. Bei der Bezeugung der Seelsorge Gottes ist nicht die theologische Korrektheit der Maßstab, sondern – ich zitiere Neidhart mit Zustimmung – »wie den Mühseligen und Beladenen am wirksamsten zu helfen ist«. Von der »konstatierbaren Veränderung« werden doch wohl auch die Psychotherapeuten aller Richtungen nur in einer sehr bescheidenen Tonart reden wollen. Es wäre sehr viel, wenn es gelingt, dem ratsuchenden und leidenden Mitmenschen die Last für eine Strecke seines Weges zu erleichtern. Wenn alle heutigen Bemühungen der Sorge um den Menschen in diesem Ziel einig sind, dann sollte die biblisch orientierte Seelsorge nicht vorschnell karikiert werden als »neoorthodoxe« Verfehlung der menschlichen Wirklichkeit. Allerdings wäre in der Tat das Ziel einer Lebenshilfe durch Glaubenshilfe unter der Voraussetzung illusorisch, daß die Gottesrelation des Glaubens für die seelsorgerliche Inanspruchnahme nicht in Frage käme und daß diese Glaubensrelation nach der psychoanalytischen Religionskritik der bloßen zwischenmenschlichen Beziehung Platz gemacht habe.

Diese religionskritische Veränderung der Theologie nicht zu respektieren und zu honorieren ist der Vorwurf, den mir Neidhart im Zentrum seiner Kritik gemacht hat. Ich beziehe mich deshalb so ausführlich auf die Neidhartsche

Rezension, weil sie mich am meisten beeindruckt hat und
weil sie zugleich die Dissonanz sehr ungeschminkt zum
Klingen bringt, die im Konzert der Seelsorgekonzeptionen
ständig zu hören ist. Z.B. sagt Neidhart von mir: »Das Verhältnis der Theologie zur Psychologie ist bei ihm eindeutig das der Überordnung.« Ich denke, daß ich das bestätigen muß, weil ich es für selbstverständlich halte, wenn eine theologische Anthropologie mein Ausgangspunkt und
eine theologisch verantwortete Seelsorge mein Ziel ist. Es
liegt mir aber wenig oder nichts an einer Rangordnung im
Sinne eines übergeordneten Verhältnisses der Theologie
über die Psychologie. Erstens gibt es jeweils bessere und
schlechtere Theologie bzw. Psychologie, so daß pauschal
sowieso nicht geurteilt werden kann. Zweitens hat eine
rein psychologisch orientierte Sorge um den Menschen
genauso ihr Proprium wie die theologisch verantwortete
Seelsorge. Sie gehören beide auf die Seite einer Anstrengung um Lebenshilfe, die der verunsicherte Mitmensch
dringend braucht – genauso wie doch auch die Psychologen und die Theologen selbst. Ich sehe nicht ein, daß die
Kompetenzfrage dauernd dazu führt bzw. verführt, daß
ein Verhältnis der Über- oder Unterordnung konstruiert
werden muß. Zum Konflikt kommt es immer dann, wenn
die psychologischen Zugänge zum Menschen theologische Qualität für sich beanspruchen und zur Heilslehre
werden. Umgekehrt ist vielleicht zu sagen, daß die theologisch ansetzende Seelsorge dann den Konflikt heraufbeschwört, wenn sie meint, eine Art »getaufte Psychologie«
anbieten zu müssen.

Der Versuch, Lebenshilfe durch Glaubenshilfe zu erreichen, steht und fällt mit der Frage, welch ein Grad von Gewißheit der Glaubensrelation innewohnt. Ich möchte
noch ein letztes Mal Neidhart zitieren, der von mir sagt:
»Er weiß Bescheid über Gott, über dessen Namen, über Inkarnation und Rechtfertigung.« Ich kann nur sagen: Wenn
es doch so wäre! Denn über Gott Bescheid zu wissen
scheint mir die Voraussetzung zu sein für jeden Versuch
der Glaubenshilfe. Denn das Bescheidwissen um den

Gott, der die Gottlosen rechtfertigt, finde ich nicht prädis-
poniert in meiner Religiosität, sondern hier geht es um Erkenntnis aus dem Zeugnis der Schrift. Und Seelsorge als
Glaubenshilfe kann nur auf Gewißheit gegründet sein. Es
ist ja keine ›pharisäische‹ Gewißheit im Sinne einer elitären Gemeinschaft der Besseren, sondern es ist eine Gewißheit für die Gott-losen. Hans Küng hat geschrieben,
daß Jesus Christus eine »Revolution im Gottesverständ-
nis« heraufgeführt habe, und er beschreibt diesen Prozeß
folgendermaßen: »Nicht ein Gott des Jenseits auf Kosten
des Diesseits, auf Kosten der Menschen (Feuerbach).
Nicht ein Gott der Herrschenden, der Vertröstung und des
deformierten Bewußtseins (Marx). Nicht ein Gott, von
Ressentiments erzeugt, das Oberhaupt einer erbärmli-
chen Eckensteher-Moral von Gut und Böse (Nietzsche).
Nicht ein tyrannisches Über-Ich, das Wunschbild illusio-
närer frühkindlicher Bedürfnisse, ein Gott des Zwangsri-
tuals aus einem Schuld- und Vaterkomplex (Freud). An einen ganz anderen Gott und Vater appelliert Jesus zur
Rechtfertigung seines skandalösen Redens und Beneh-
mens: ein wunderlicher, ja gefährlicher, ein im Grunde
unmöglicher Gott. Oder sollte man das wirklich annehm-
men können? Daß Gott selbst die Gesetzesübertretungen
rechtfertigt? Daß Gott selbst sich rücksichtslos über die
Gerechtigkeit des Gesetzes hinwegsetzt und eine ›bessere
Gerechtigkeit‹ proklamieren läßt? Daß er selbst also die
bestehende gesetzliche Ordnung und damit das gesamte
gesellschaftliche System, ja auch den Tempel und den
ganzen Gottesdienst in Frage stellen läßt? Daß er selber
den Menschen zum Maßstab seiner Gebote macht, selber
die natürlichen Grenzen zwischen Genossen und Nicht-
genossen, Fernsten und Nächsten, Freunden und Feinden,
Guten und Bösen durch Vergeben, Dienen, Verzichten,
durch die Liebe aufhebt und sich so auf die Seite der
Schwachen, Kranken, Armen, Unterprivilegierten, Unter-
drückten, ja der Unfrommen, Unmoralischen, Gottlosen
stellt? Das wäre doch ein neuer Gott« (Christ sein, München 1974, S. 303).

So weit Hans Küng. Wenn es so ist, dann heißt doch die Folgerung, daß wir allerdings über diesen ›neuen Gott‹ Bescheid wissen müssen, wenn wir seine Taten zur Freiheit des gebundenen Menschen seelsorgerlich bezeugen wollen. Hier wäre religiöse Verschwommenheit nicht nur nicht hilfreich, sondern geradezu gefährlich.

Die Schwäche einer Seelsorge, die sich als Hilfe zum Glauben versteht, liegt in der Tatsache, daß Glaube, Vertrauen und Gewißheit instabile Größen sind, die sich nicht therapeutisch-methodisch verrechnen lassen. Aber das ist kein Grund für den Generalverzicht auf die Glaubensrelation. Es könnte sein, daß der Glaube gerade darum, weil »von ihm als einer in uns selbst begründeten Wirklichkeit nicht zu sprechen ist« – wie Eichholz als Ergebnis exegetischer Untersuchungen sagt –, es könnte sein, daß gerade dieser im extra nos verankerte Glaube eine Tragkraft beweist, die dem belasteten Menschen innerhalb und außerhalb der Kirche zur Erfahrung einer spezifischen ›Hilfe zum Leben‹ wird.

2
Seelsorge und Nächstenliebe

Prof. Dr. Müller-Suur zum 70. Geburtstag

I

Der unter Häresieverdacht stehende Begriff »Seelsorge«
hat sich mit Erfolg gegenüber allen Versuchen, ihn zu ersetzen oder gar zu beseitigen, behauptet und ist im volkskirchlichen Bewußtsein fest verankert. Entsprechendes
gilt von dem primären Wort »Seele«. Wenn es in der klassischen Lutherbibel heißt: »Was hülfe es dem Menschen,
wenn er die ganze Welt gewönne und nähme doch Schaden an seiner Seele?« (Mt 16,26), so betrifft diese Warnung
den Menschen im Geheimnis seiner Existenz. Demgegenüber riskiert der revidierte Text einen Sinnverlust:
»Was hilft es dem Menschen, wenn er die ganze Welt gewinnt, aber dabei sein Leben einbüßt?« Bei allem Angebot
an »Lebenshilfe« kann doch der »Schaden an der Seele«
größer werden, wenn die »Lebenshilfe« der Seele nicht gerecht wird oder sie übersieht. Unter diesem Aspekt sei ein
kurzer Blick auf Theorie und Praxis der kirchlichen Seelsorge gerichtet. Sie hat es unmittelbar mit dem Problem
zu tun, das sich hinter der Differenz der beiden Überset-
zungen verbirgt.
Immer fühlbarer tritt ein Mangel in Erscheinung, der im
Mißverhältnis von charismatischen und methodischen
Komponenten seine Ursache hat. Die »charismatische
Seelsorge« hat nur noch wenig Lebensrecht und ist dabei,
aus den Gemeinden auszuwandern. Sie scheint sich in
merkwürdigen Metamorphosen neue Ufer zu suchen.
Dem geht der sich noch immer verstärkende Prozeß paral-
lel, das seelsorgerliche Potential unter die Regie von ›Experten‹ zu stellen. Nicht die charismatische Inspiration,
sondern das Regelsystem der Supervision soll die Seelsor-

ge motivieren. Das führt zu ihrer wachsenden Professiona-
lisierung und damit zur Entfremdung vom Leben und
Glauben der Gemeinden. Das Modell der »Evangelischen
Beratungsstellen« wird zur Norm erhoben. Es verankert die
Seelsorge in die der medizinischen Arbeitsweise gemäße
Struktur von Anmeldung, Wartezeit, Sprechstunde, Fach-
beratung und eine sich möglicherweise anschließende Be-
handlungsphase.

Diesem Praxismodell eignet inzwischen ein idealtypischer
Charakter. Darin kann die logische Konsequenz einer Entwicklung gesehen werden, die ihr Ziel mit dem anspruchsvollen Begriff der »Therapie« zu umschreiben pflegt. Er
scheint geeignet, der Seelsorge einen Weg zu erschließen,
auf dem man »vom Glauben zum Schauen« gelangt. Das
»pastorale« Element soll von der Strategie einer ausweisbar
therapeutischen Zielsetzung abgelöst werden. Weniger
dieser Versuch, einen eigenen medizinisch-klinisch rele-
vanten Beitrag zu leisten, ist fragwürdig als vielmehr die
wachsende Tendenz, den gesamten seelsorgerlichen
Dienst der »therapeutischen Seelsorge« als der ihrem
Selbstverständnis nach einzig zeitgemäßen Gestalt der Sorge um den Menschen zu unterstellen. Diesem Anspruch
folgt die weitausgebaute und aufwendige Spezialausbil-
dung für Theologen, die mit einer Art von Ritual die seelsorgerliche Begegnung einzuüben sucht. Es ist aber nicht
möglich, sporadische Erfahrungen aus Kurzkontakten mit
psychiatrischen Kliniken als Berechtigung zu eigener the-
rapeutischer Tätigkeit aufzufassen oder in Mini-Kompe-
tenz als theologischer Hilfsarzt zu fungieren. Das Leitbild
einer Teamarbeit von Arzt und Pfarrer kann Ausdruck der
Erkenntnis sein, daß der »Seele« mehr Zuwendung zu wünschen wäre. Es kann aber auch die Anzeige pastoraler Ver-
unsicherung sein. Es ist ein versuchlicher, aber realitätsfer-
ner Gedanke, daß Theologen ihre berufliche Identität im
Institut des therapeutischen Erfolgs finden könnten. In dieser Spur werden alle Versuche zu einer praktisch-theologi-
schen Neuorientierung, die die archaische Gestalt des Prie-
ster-Arztes heraufbeschwören, scheitern müssen.

Diese nur angedeutete Entwicklung zeigt die wachsende Abständigkeit kirchlicher Seelsorge von ihrem originalen Wirkungsfeld und zugleich ihre »babylonische Gefangenschaft« in, mit und unter den Zwängen einer zum Gesetz gewordenen psychologischen Methodik. Es ist erstaunlich, wie eine junge, traditionslose pastoralpsychologische Zunft trotz interner Spannungen und heftig divergierender Richtungen darin einig zu sein scheint, daß sie das Recht hat, über das ihr vorausgegangene seelsorgerliche Handeln der Kirche harte Urteile zu fällen.

Um so größer sind die Sorgen um das eigene Image. Die »Deutsche Gesellschaft für Pastoralpsychologie« ist leidenschaftlich darum bemüht, die staatliche Anerkennung ihres Tuns und ihrer Ziele zu erlangen. In einer Stellungnahme zum »Psychotherapeutengesetz« wird darauf hingewiesen, daß »Seelsorge als kirchlich verantwortetes Handeln an einzelnen und Gruppen« qualitativ den vergleichbaren Heilberufen außerhalb der Kirche entspricht und entsprechend anerkannt werden müsse. In diesem Zusammenhang findet sich der erstaunliche Satz: »Wird seelsorgerliches Handeln vom Gesetz nicht entsprechend berücksichtigt, so wird damit dieser Tätigkeit die Legitimität entzogen« (Text bei G. Besier, Seelsorge und Klinische Psychologie, 1980, S. 222). Demnach empfängt die kirchliche Seelsorge ihre Legitimität vom staatlichen Gesetzgeber. In dieser Auffassung gibt sich erneut ihr entfremdeter Status zu erkennen. »Das Paradoxe an diesem Gesetzentwurf ist, daß kirchliche Seelsorge gerade da, wo sie qualifiziert geschieht, unter das Verdikt des Heilverbotes fällt« (ebd.).

Das hierarchische System dieser Seelsorgekonzeption tritt unverblümt ans Licht. Seelsorge ohne psychotherapeutische Ambitionen ist per se minderen Ranges. Sie erreicht erst dann ihre angemessene Norm, wenn sie die medizinischen und psychologischen Berufsfelder tangiert und nach Möglichkeit noch übersteigt.

Der Prozeß einer scheinbaren Intensivierung der Seelsorgepraxis hinterläßt erhebliche negative Folgen. An erster

Stelle sei die Abwertung der namenlosen, aber keineswegs bedeutungslosen seelsorgerlichen Beziehungen im
alltäglichen Lebensbereich genannt. Was im Rahmen der
Hausbesuche, der Gespräche, der vielfach kontingenten
Begegnungen und der im Zuhören verbrachten Stunden
stützend, tröstend und ermutigend geschieht, kann und
will sich das Attribut »therapeutisch« nicht zulegen, wehrt
sich aber entschieden gegen die Benotung: »unqualifizier-
te Seelsorge«.
In einer theologiegeschichtlich bewegten Epoche, die in
ökumenischer Weite die Position des »Laien« angehoben
hat und in der das reformatorische Programm vom »allgemeinen Priestertum« wie selten zuvor zu Ehren kommt,
wird von den Architekten einer manchmal ebenso hoch-
mütigen wie gemeindefernen Konzeption der Begriff
›Seelsorge‹ hochstilisiert zum Siegel einer elitären Geheimwissenschaft. Die pastoralpsychologische Selbsteinschätzung kann sich nicht deutlicher äußern als in einem
Beitrag, der in gutmütiger Herabneigung zu den Seelsor-
gern niederer Ränge die Überschrift wählt: »Seelsorge für
den Hausgebrauch« (D. Stollberg, Wahrnehmen und Annehmen, 1978, S. 71). Zunächst wird der offenkundigen
Mehrzahl kirchlicher Seelsorger Entlastung gewährt: »Weder analytische Seelsorge noch psychologisch kompetente Familien- und Lebensberatung sind Sache des durchschnittlichen (!) Gemeindpfarrers heute, und es ist sehr
die Frage, ob sie es werden sollten« (ebd.). Dieses Bedenken
hindert den Verfasser aber nicht, vom durchschnittlichen
Gemeindepfarrer nun doch eine »pastoralpsychologische
Konzeption« zu verlangen, deren Ansprüche erheblich
sind: die »Grunderkenntnisse der Tiefenpsychologie, die
Rogers-Verhaltensvariablen, die uralt-neuen Erkenntnisse
der Lerntheorie von Verstärkungsmechanismen, vom
Konditionieren usw. (Lob und Tadel, Angst- und Lustler-
nen), die Erfahrung aus der Lebensberatung (Counseling)
über die Gestaltung einer Beratungsbeziehung etc. (Kon-
trakt usw.)«. Diesem Katalog wird noch ein Passus ange-
hängt, der »Kenntnisse in der Gruppendynamik« fordert

(S. 73). Der Verdacht verdichtet sich, daß einige Theologen
die Schwäche ihrer eigenen theologischen Position dadurch auszugleichen suchen, daß sie durch additives Verfahren mangelnde Qualität verbergen wollen, um dann
den eigenen Weg als auch für andere verbindlich zu erklären.

Der Konflikt des Seelsorgers entsteht aber gerade dann,
wenn ihm eine Doppelrolle zugemutet wird, die das Proprium kirchlicher Seelsorge vermischt mit dem Proprium
ärztlicher Praxis. Wenn es bezeichnenderweise heißt: »Mit
ein bißchen ungeschultem ›Charisma‹ ist da nichts getan . . .« (S. 72), so ist das nicht nur sprachlich, sondern
auch sachlich mangelhaft. Dem Charisma wird zuwenig
und der Methode wird zuviel zugeschrieben. ›Charismatische Seelsorge‹ ist nicht etwa ein Akt schlechter Improvisation, sondern sie untersteht dem Charisma der Liebe,
die auf ihre Weise verwirklicht, was zu Recht gefordert
wird: Kommunikation und Empathie. Das Charisma der
Liebe muß nicht »geschult« werden, sondern das Charisma schult im Gegenteil den Seelsorger. Es gibt sich nicht
unter die Regie der »Schulenden«, sondern nimmt sie in
die eigene Schule. »Ein bißchen Charisma« kann hilfreicher sein als eine Supervisorenausbildung. Kirchliche
Seelsorge wird sich des inzwischen bewährten Instru-
mentariums in Freiheit bedienen, wird sich aber vor der
hybriden Meinung hüten, daß die Aufgabe »fallgerecht«
durchzuführen sei, wenn nur die seelsorgerliche Einstellung habitualisiert worden und die Summe der Fach-
kenntnisse vorhanden ist.

Es ist an der Zeit, wieder nach der charismatischen Kraft
der Seelsorge zu fragen. Sie ist es, die letztlich entscheidet.
Die lehr- und lernhaften Elemente methodischer Einübung werden damit nicht entwertet, wohl aber ihrer
Funktion entsprechend relativiert.

II

Als größte charismatische Kraft hat der Apostel Paulus die
Liebe bezeichnet (1 Kor 13). Die hymnische Sprache, in der
er Sein und Wirken der Liebe beschreibt, sollte besser
nicht nachgeahmt werden, wenn es darum geht, sie auch
als die entscheidende Motivation der Seelsorge anzusprechen; um nicht in Versuchung zu geraten, das Charisma
der Liebe als überirdisches Phänomen aufzufassen, empfiehlt sich ein anderer Ansatz. Das »Doppelgebot der Liebe«, von den synoptischen Evangelien tradiert, eignet sich
insofern als Text einer der Seelsorge gewidmeten Reflexion, als es das Charisma nicht nur beschreibt, sondern
gebietet und somit als eine dem menschlichen Handeln
und Verhalten durchaus zugängliche Quelle vor Augen
stellt.

Hier sei die Fassung aus dem Matthäus-Evangelium zitiert: »Du sollst lieben Gott, deinen Herrn, mit deinem
ganzen Herzen und mit deiner ganzen Seele und mit deiner ganzen Vernunft. Das ist das größte und erste Gebot.
Ein zweites ist ihm gleich: Du sollst deinen Nächsten lieben wie dich selbst« (Mt 22,37–38).

Das Gebot der Gottesliebe, transitiv verstanden, steht an
erster Stelle, entsprechend seinem Rang als das »größte«
Gebot. Das Gebot der Nächstenliebe wird in Spannung
zur Logik der prinzipiellen Einstufung als »gleichwertig«
bezeichnet. Damit sind beide Gebote so stark einander
angenähert, daß ihre unbedingte Zusammengehörigkeit
dokumentiert ist. Die Liebe zu Gott fordert zugleich die
Liebe zum Nächsten. Das Doppelgebot enthält die
Grundrelation von Theologie und Anthropologie.

Gottes- und Nächstenliebe sind einander zugeordnet im
Verhältnis der nicht ganz gleichwertigen Gleichwertig-
keit. Das führt zu der theologischen Erkenntnis, daß mit
der Liebe zu Gott auch die Nächstenliebe gesetzt ist, daß
aber die Nächstenliebe abhängig ist von der Gottesliebe.
Im Rahmen des Doppelgebots ist die Liebe auf zwei sehr
unterschiedliche »Objekte« gerichtet. Ihre Einheit besteht

darin, daß Gottes- und Nächstenliebe die Komponenten eines Ganzen sind.

Die auf Gott sich richtende Liebe kann nur streng theologisch interpretiert werden. Sie ist auf die biblische Selbstvorstellung Gottes bezogen: »Ich bin der Herr, dein Gott« (Ex 20,2). Ein Moment des Absoluten, der von allen übrigen Interessen abgelösten Konzentration auf das Gegenüber Gottes, begründet diese Liebe. Sie ist nicht in der Bilderwelt psychologischer Deutungen zu Hause. Sie ist auch nicht zu transformieren in die Dimension des Ethischen, wie es jeder »natürlichen Theologie« naheliegt. Die Neigung, Gottesliebe und Nächstenliebe zu identifizieren, hat die Theologiegeschichte ständig begleitet. Ihre faszinierende These heißt: Die Gottesliebe verwirklicht sich in der Nächstenliebe. Voraussetzung dieser höchst aktuell gebliebenen Exegese ist die Behauptung vom Primat der Ethik über die Dogmatik. Dazu im Widerspruch kann eine auf Gott selbst und nicht auf einen »Gott im Nächsten« bezogene Theologie sich niemals ethisch, sondern nur dogmatisch, d.h. im Kontext des Glaubens äußern. Die Liebe zu Gott hat keinen »Zweck«. Sie kann nicht unter ethische Formen verrechnet werden.

Der Protestantismus versteht sich zumeist als »ethische Religion« und möchte die Liebe zu Gott in die Anwendbarkeit und Funktionalität der Nächstenliebe überführen. Dahinter steht die Überzeugung, aufgrund des inkarnatorischen Charakters des christlichen Glaubens sei die Realität Gottes nicht anders zu denken als »aufgehoben« im Humanum.

Es ist zu erwarten, daß eine solche Exegese des Doppelgebots nicht nur das erste, sondern auch das andere Gebot tangiert. Auch die Qualität des »Nächsten« und der Liebe zu ihm verändert sich. Wenn sich die Liebe zu Gott im Sinne gängiger Auslegung von der theologisch-dogmatischen »Abstraktion« befreit und zur »Sache«, d.h. zum Menschen kommt, muß die Nächstenliebe nun zugleich das Gewicht der Gottesliebe tragen, und es wird zu einer erregenden Frage, welche Konsequenzen damit verbun-

den sind. Der Nächstenliebe gilt nun die Aufgabe, im
Nächsten zugleich Gott zu entdecken. Anders als Luther es
gemeint hat, wäre damit das Humanum zur Residenz des
»deus absconditus« geworden. Die Seelsorge müßte dementsprechend auf der Suche sein nach der Gottesgegenwart
im anthropologischen Geheimnis, damit Deutung und Bedeutung des unter der Maske des Menschlichen verborgenen Göttlichen aus der Dämmerung religiöser Ahnungen
ans Licht des Bewußtseins dringen. Seelsorge wäre ein mä-
eutisches Verfahren, um im Unbewußten den göttlichen
Schatz zu suchen. Sie wäre dazu berufen, tiefenpsychologi-
sche Methoden zu übernehmen, was der Theorie und Praxis gewisser Pastoraltheologen durchaus entspricht. Denn
die Tiefenpsychologie würde sich schließlich und endlich
als »Tiefen-Theologie« entlarven und hätte gefunden, was
ihr, wie sie meint, verheißen ist: das Göttliche im Menschlichen und das Menschliche als Maß des Göttlichen.
Jeder Weg einer Identifizierung von Gottes- und Nächstenliebe führt in die Nähe Feuerbachs, dessen Religionskritik –
und zwar zu Recht – dann voll zu Ehren kommt. Theologie
wie Anthropologie werden um ihr legitimes Interesse gebracht, wenn unter dem Dach des Doppelgebots eine Kon-
fusion entsteht, die nicht mehr erlaubt, die Relationen der
Liebe zu Gott und zum Nächsten wenn auch nicht zu
scheiden, so doch zu unterscheiden. Dieser Gefahr vermag
nur eine »Theologie des Namens« zu widerstehen. Daß der
biblische Gott einen Namen hat und seinen Namen offen-
bart (Ex 3,14), bedeutet nicht nur die Möglichkeit der Kommunikation zwischen Gott und Mensch, sondern ist zugleich Abgrenzung des »Einer-Seins« Jahwes (Dtn 6,4) von
Baal, dessen Wesen es ist, überall und nirgends zu sein, ein
»Vielerlei-Gott« mit der Fähigkeit, sich jeweils dem religiösen Bedarf anzupassen. Der sich ständig wandelnde, mit
Mensch und Natur sich vermählende Baal-Gott hat sein
Geheimnis darin, daß er nicht im Gegenüber, sondern
grundsätzlich im Miteinander zu finden ist, nicht nahe
durch das Wort, sondern durch sakrale Präsenz in verschlei-
ernden Symbolen.

Liebe zu einem Gott, der ohne Namen und ohne Treue ist,
muß notwendig ihr Ziel verfehlen und endet in einem religiösen Monolog der Einsamkeit. Die einer solchen unbe-
stimmten Religiosität entspringende Gottesliebe meint gar
nicht Gott, sondern das Göttliche und wird immer im Zwie-
licht des »Göttlich-Menschlichen« zur angestrebten religiösen Ruhe finden. Die Liebe zu Gott, die seinen Namen nicht
kennt, kehrt zum Liebenden zurück und weist ihn an die
Möglichkeit, sich selbst zu lieben. Ist Gott als Gegenüber
nicht mehr erfahrbar, könnte er vielleicht als in mir selbst
verborgen aufzuspüren sein.

Seelsorge, die eine Konzeption dieses Zuschnitts zur Basis
hat, wird sich der Psychologie benachbarter fühlen als der
Theologie. Sie wird ein System von »Lebenshilfe« erschließen, das auf pneumatologische und kairologische An-
schlüsse verzichten kann. Sie wird nicht mehr angewiesen
sein auf Gottes Wort. Sie lebt aus dem Eigenen. Das Doppelgebot der Liebe aber hält fest an den beiden nicht nur nicht
identischen, sondern höchst unterschiedlichen Adressaten.
Die durchzuhaltende Differenz äußert sich in der Differenz
der Formulierungen. Die Liebe zu Gott ist mit nachdrückli-
chen Ganzheitsforderungen versehen: »mit deinem ganzen
Herzen und mit deiner ganzen Seele und mit deiner ganzen
Vernunft«. Das Gebot der Gottesliebe ist offenbar von dem
Bewußtsein geprägt, daß zu seiner Erfüllung eine innere Anstrengung und eine gesammelte Kraft aufgeboten werden
muß. Zur theologischen Würdigung dieser Gottesliebe gehört auch die Erkenntnis, daß Gottes Liebe zum Menschen
bereits der Liebe des Menschen zu Gott vorausgegangen ist
und so das Halten des Gebots überhaupt ermöglicht. Das
aber nimmt nichts von dem Gewicht der Tatsache, daß die
Liebe zu Gott geboten wird. Geboten wird, Herz, Seele und
Vernunft ganzheitlich auf Gottes Wirklichkeit hin auszurichten. Das ist kein Aufbruch, den der Mensch »ohne weiteres« vollbringt. Das Gebot ist nötig, weil es dem Menschen
im besten Sinne zum Anstoß wird. Liebe zu Gott ist nicht
dem Inneren des Menschen eingestiftet, sondern bedarf des
Anrufs an Herz, Seele und Vernunft.

Das Gebot der Nächstenliebe ist kürzer formuliert. Die Ganzheitsforderungen fehlen. Was Gott zusteht, die Hingabe des ganzen Menschen, steht offenbar dem Menschen nicht in gleicher Weise zu. Was Gott gebührt, gebührt dem Menschen nicht. Es ist verboten, den Nächsten wie Gott zu lieben. Gehört zur Gottesliebe der unbedingte Gehorsam, so auf keinen Fall zur Nächstenliebe. Das bedeutet Entlastung. Das erste Gebot entlastet das andere. Nächstenliebe ist von der Zumutung befreit, ganzheitliche Forderungen stellen zu müssen. Liebe zum Nächsten ist ihrer Qualität nach kein Abglanz der Liebe zu Gott. Die entscheidende These heißt: Der Gottesliebe entspricht der Glaube, der Nächstenliebe die Seelsorge.
Je ganzheitlicher sich die Liebe zu Gott verwirklicht, desto unbefangener, sachlicher und von ideologischer Interpretation befreiter kann die Seelsorge in den Dienst des Nächsten treten. In diesem Zusammenhang sei ein Passus aus »Aufbruch und Begegnung« von Victor Gollancz zitiert, der bewegend ist, aber die Möglichkeiten der Nächstenliebe doch wohl überfordert: »Echte Nächstenliebe ist ein Akt vollständiger Selbstaufgabe: Wenn wir dem andern wirklich begegnen wollen, müssen wir unsere letzten Ankertaue kappen und fortwerfen. Wenn wir den andern richten oder mit uns selber vergleichen, wenn wir, mit welchen würdigen Motiven auch immer, den Schulmeister oder sogar den liebenden Vater und Führer spielen, kann es keine geistige Begegnung geben: Wir haben unsere Ankertaue keineswegs gekappt, sondern sind in unserem eigenen Hafen geblieben und haben den anderen zu uns herangewinkt. Er wird nicht kommen« (V. Gollancz, Aufbruch und Begegnung, Gütersloh 1954, S. 410). Das ist ein eindrucksvolles Gleichnis vom Aufbruch zum Nächsten. Aber ist der geforderte »Akt vollständiger Selbstaufgabe« nicht doch in die Nähe eines Pathos geraten, dem auch das bereiteste nächstenliebende Verhalten nicht entsprechen kann? Die hier tatsächlich ganzheitlich gemeinte Zuwendung und Hinwendung zum Mitmenschen wird als eine fast messianisch beladene Aufgabe be-

schrieben. Es fehlt an Gelassenheit und Heiterkeit, die das Gebot der Nächstenliebe zu begleiten berechtigt sind. Vielleicht muß der Nächstenliebe ein »Spielraum« zugestanden werden, eben doch die Möglichkeit und Freiheit, eine Rolle zu spielen wie die des »Schulmeisters« oder des »liebenden Vaters«.

Auf keinen Fall – darin ist Gollancz zuzustimmen – ist Nächstenliebe ein strategisches Mittel oder ein therapeutisches Verfahren. Sie mutet sich auch nicht zu, den Mitmenschen zur »Identitätsfindung« oder zur »Selbstverwirklichung« zu führen, sondern sie bindet sich an Spontaneität und Kontingenz entsprechend der Signale, die sie herausfordern. Nächstenliebe ist darin charismatisch, daß sie das Gewicht der Stunde beachtet und nicht etwa als zeitloses Potential christlicher Tugend zur Verfügung steht, sondern auf Zeit als »intensive Größe« (Müller-Suur) ausgerichtet und angewiesen ist.

Doch bleibt die Frage offen, wer denn im Sinne des Gebots »mein Nächster« ist. Wenn es heißt: »Du sollst deinen Nächsten lieben wie dich selbst«, so werde »ich selbst« als Nächster des Nächsten angesprochen. Was immer das »wie« bedeuten mag – es ist unverkennbar ein Verbindungswort. Es verbindet den Nächsten mit mir selbst. Und so verweist es auf eine vorgegebene Nähe, die zwischen Gott und mir »von Haus aus« nicht besteht.

Zunächst seien Interpretationsversuche mitgeteilt, die erkennen lassen, daß das Gebot der Nächstenliebe ein exegetisches Hindernis darstellt, dem nicht so leicht beizukommen ist. Eine gewisse Einigkeit besteht in der Beobachtung, daß mit der Nächstenliebe zwar auch die Selbstliebe zur Sprache kommt, daß diese aber keineswegs geboten ist. Es wäre absurd und konträr zur Intention des Bibeltextes, wollte man aus dem Doppelgebot etwa noch ein drittes Gebot heraushören des Inhalts: »Du sollst dich selbst lieben!« Selbstliebe ist zwar eine anthropologische Grundbefindlichkeit, die aber in theologischer Sprache als »concupiscentia« angesprochen wird und die unter der reformatorischen Formel vom »homo incurvatus in se ipse«

zu einem zentralen Thema theologischer Reflexion geworden ist. Zu einem Gebot oder auch nur zu einer Emp-
fehlung ist die Selbstliebe damit sicher nicht geworden.
»Denn, sich selbst liebend, ist der Mensch mit sich selbst
allein.« »Zur Liebe gehört ein Gegenüber, ein Gegenstand.
Daß wir uns selber Gegenstand der Liebe sein oder werden könnten, ist aber eine glatte Illusion« (K. Barth, Kirchliche Dogmatik I/2, S. 427). Demnach ist Selbstliebe eine
pervertierte Liebe, denn sie hat kein Gegenüber. Die theologische Schwindsucht, von der viele Seelsorgekonzeptionen befallen sind, beweist sich nicht zuletzt in der Emp-
fehlung ausgerechnet dieses verbotenen Gebots.
Der Neutestamentler E. Käsemann sagt: »Das ›wie dich
selbst‹ fordert weder die Selbstliebe noch bestätigt es sie
noch läßt es sie zu; vielmehr wird jedermann auf sein her-
kömmliches Verhalten hin angesprochen« (Matthäus-
Evangelium, Nachschrift, S. 272). Soll die Selbstliebe zur
gebotenen Nächstenliebe etwas Sinnvolles beitragen, so
muß sie die »Für-sich-selbst-Sorge« als Maß der Sorge für
den anderen erkennen und anerkennen. Das eigene Sorgen wird eine Brücke zum Nächsten. Das »herkömmliche
Verhalten« beweist seine kommunizierende Kraft aufgrund der Entdeckung, daß auch der Nächste daran teil-
hat und zumindest das gleiche Maß an Zuwendung verdient, als ich mir selber zugewendet bin. Die vielbeschworene »Selbsterfahrung« dient unter solchen Voraussetzungen nicht der Innenschau narzißtischer Spiegelungen,
sondern wird zur Hermeneutik mitmenschlicher Kommunikation.
Es bleibt aber anzumerken, daß die nun fast positiv be-
schriebene Selbstliebe als seelsorgerliches Maß der Nächstenliebe nicht etwa einen Zustand der Ausgeglichenheit
schaffen kann, bei dem das eigene Selbst und der Nächste
gleichberechtigt nebeneinanderstehen. Es gehört zum
Geheimnis der Nächstenliebe, daß sie die Selbstliebe relativiert. Im Wachsen der Nächstenliebe verringert sich der
Zwang zur Selbstliebe. »Ich kann mich also jetzt nicht
mehr in gleicher Weise lieben, wenn ich mich dem Näch-

sten so gebe, wie ich es vorher gegen mich selber getan habe« (Käsemann, a.a.O.). Aber noch immer scheint das »wie
dich selbst« nicht voll verständlich zu sein. Die Schwierigkeit besteht darin, daß ein negativ qualifizierter Maßstab,
die Selbstliebe, den Hörer des Gebots zur eindeutig positiv bewerteten Nächstenliebe motivieren soll. Im Alten
Testament, der ursprünglichen Heimat des Gebots (Ex
19,18), kann sein Kontext vielleicht zum besseren Verständnis beitragen. Es heißt dort: »Du sollst deinen Bruder
in deinem Herzen nicht hassen. Du kannst deinen Mitbürger sorgfältig zurechtweisen, aber eine Verfehlung
sollst du ihm nicht zur Last legen. Räche dich nicht und
trage deinen Volksgenossen nichts nach, sondern liebe
deinen Nächsten wie dich selbst! Ich bin Jahwe.« Unmittelbar dazugehörig ist V. 34: »Wie ein Einheimischer von
euresgleichen soll euch der Fremde gelten, der bei euch
Gastrecht genießt, und du sollst ihn lieben wie dich selbst,
denn Fremde seid ihr gewesen im Lande Ägypten. Ich bin
Jahwe, euer Gott.«
Hier wird der Weisung »wie dich selbst« offenbar eine veränderte Richtung gegeben. Als wichtigste Motivation zur
Nächstenliebe erscheint hier weniger die Selbstliebe, sondern das Affiziertwerden von der Situation des fremden
Nächsten. Sein Schicksal imponiert sich selbst dem Herzen des Mitmenschen und provoziert zur Nähe und zur
Liebe. Sehr konkret wird der Nächste auf seinem Weg und
in seiner sozialen Rolle angesprochen. Was ihn auszeichnet, ist seine gefährdete Existenz. Haß, Anklage und Ra-
che bedrohen ihn, ebenso Fremdlingschaft und Rechtlo-
sigkeit. Diesen Nächsten »lieben wie dich selbst« impli-
ziert offenbar noch etwas anderes als die erwähnte Inanspruchnahme der Selbstliebe für die Nächstenliebe. Vielmehr ruft der Nächste in der exemplarischen Gestalt eines gesellschaftlichen Außenseiters den anderen Nächsten wie von selbst an seine Seite. So verstanden müßte
das »wie dich selbst« entschiedener als bisher als Appell an
die Erfahrung vom eigenen Defizit ausgelegt werden.
»Selbstliebe« wäre demnach als Wissen um die eigene Ge-

fährdung und damit als Schutzbedürfnis und Suche nach
Geborgenheit aufzufassen, als die Entdeckung vom eigenen Anteil am Wesen der Fremdlingschaft. Was Mensch
und Mitmensch zu Nächsten macht, ist die Konstellation
ihrer gemeinsamen Schwäche. Das Maß an Nächstenliebe entspricht dem Augenmaß für die eigene Bedürftigkeit.
Der Hinweis »Ich bin Jahwe, euer Gott« im alttestamentlichen Text korrespondiert mit der neutestamentlichen
Fassung des Doppelgebots. Das Gebot der Nächstenliebe
wird dem Anspruch der »zweckfreien« Liebe zu Gott un-
terstellt. Die Gottesrelation entlastet, schützt und über-
wacht die Relation zum Nächsten und befreit sie zum
sachgemäßen Tun dessen, was die Not wendet. Nicht die
Projektion einer Gottesidee, sondern der biblische Gott in
seinem konkreten Handeln und Erwählen verbindet das
Doppelgebot mit der Gewißheit der Verheißung. Im alttestamentlichen Credo wird er der Gott des Exodus genannt, dessen wesentlicher Wille in der Befreiung der Gefangenen erkennbar wird (Dtn 6). Im Neuen Testament
wird er der »Gott alles Trostes« genannt (2Kor 1). Hinter
beiden Bekenntnissen steht die Erfahrung, daß kein Gott
»an und für sich«, sondern ein Gott des Menschen auf die
Bühne dieser Welt getreten ist. Die »Herausführung aus
Ägypten« als Urszene der biblischen Geschichte vergegenwärtigt sich in typologischen Entsprechungen und immer neuen Durchführungen der entscheidenden Erfahrung, die im Magnificat ihren revolutionären Ausdruck
findet: »Er stößt die Gewaltigen vom Thron und erhebt die
Niedrigen« (Lk 1,52).
Aus der Liebe zu diesem Gott gewinnt die Liebe zum
Nächsten ihr Profil.

3

Für und wider die Gruppendynamik*

Das Thema soll unter drei Aspekten in den Blick genommen werden:

A   Die »elementare« Gruppendynamik
B   Die »instrumentale« Gruppendynamik
C   Gruppendynamik im Kontext der Kirche

A   Die »elementare« Gruppendynamik

Der Begriff »Gruppendynamik« ist erstmalig von Kurt Lewin 1939 angewendet worden, und zwar in seinem Aufsatz »Experimente über den sozialen Raum«. Das mit diesem Begriff gesetzte Ziel sei, »Einblicke zu gewinnen in die der Gruppe zugrunde liegende Gruppendynamik«. Gemeint ist das elementare Geschehen, die Bewegung von Kräften, die in jeder wie auch immer gearteten Gruppe zur Wirkung kommt. Solche gruppendynamischen Vorgänge sind für alle Gruppenprozesse konstitutiv, können weder geleugnet noch vermieden werden und ergeben deswegen auch keinen Ansatz zur Diskussion im Sinne eines Für und Wider.

Angesichts des heftigen Streits um die Gruppendynamik muß zunächst daran erinnert werden, daß mit diesem Wort ursprünglich nichts anderes benannt werden sollte als elementare Vollzüge eines Kräftespiels, die zum Phänomen der Gruppe dazugehören. Familie, Klassengemeinschaft, Konfirmanden- und Jugendgruppe – überall sind die Wirkungen einer solchen elementaren Gruppen-

---

* Referat auf der Superintendenten-Konferenz der Westfälischen Kirche (Usseln, Juni 1977).

dynamik festzustellen. Überall geht es um Spannungen und Machtkämpfe im Streben nach den Führungsrollen, aber auch um gruppendynamische Schutzfunktionen zugunsten einzelner Gruppenmitglieder, wenn sie zu stark angegriffen werden. Diese Zusammenhänge innerhalb der Gruppe aufzuklären und ihre inneren Gesetze zu erforschen ist die originale und grundlegende Funktion der Gruppendynamik.

Die Gruppe beweist in sozialpsychologischer Hinsicht ein imponierendes Eigenleben und stellt sich dar als eine Größe sui generis. Man hat sogar von einer »Gruppenseele« und von einem »Gruppen-Ich« gesprochen und wollte so auf die unbestreitbare Tatsache hinweisen, daß jede Gruppe ein eigenständiges Gebilde ist und mehr als die Summe ihrer Mitglieder. Lewin hat eine Entdeckung gemacht, keine Erfindung. Er hat erkannt, daß die einzelnen in der Gruppe durchaus nicht unter der Tendenz zu sehen sind, sie müßten Ähnlichkeiten aneinander suchen oder darauf bedacht sein, sich einander anzugleichen.

Träfe der gelegentlich zu hörende Vorwurf zu, daß die Gruppendynamik ein Mittel sei, das Individuelle und Eigene zugunsten einer Gruppennorm abzuschleifen, dann würde sich eine solche Zielsetzung in direktem Widerspruch befinden zu der gruppenimmanenten Dynamik, die Lewin als »dynamische Interdependenz« der Gruppenangehörigen beschreibt. Diese gruppendynamische Einwirkung und Auswirkung wird auch als ›Interaktion‹ bezeichnet. Jedes Glied der Gruppe soll möglichst mit jedem anderen in einem unmittelbaren Austausch stehen, in einem ›face-to-face-Verhältnis‹. ›Uniformierte‹ oder uniforme Verhältnisse bilden keine Gruppe, sondern führen bestenfalls zu einer ›Einheit‹.

Das Gruppengeschehen führt zu einem komplizierten Kräftespiel, das in seinem Geheimnis nie ganz aufzudecken ist. Ist es eine gute Gruppe im Sinne engagierter und zugleich differenzierter Zusammenarbeit, werden einzelne Interessen und Begabungen um so auffälliger bemerkbar, aber nicht in solistischer Funktion, sondern integriert in die Gruppe. Die Wechselwirkung zwischen dem Ich des einzelen und dem Wir der Gruppe zeigt sich als schöpferischer Impuls und inspirierende Anregung. Bestimmte Rahmenbedingungen, wie die numerischen Verhältnisse, spielen eine entscheidende Rolle. Was in der Kleingruppe an Eigeninitiative zum Zuge kommt, tritt im Plenum völlig anders in Erscheinung. Gruppendynamische Empfindlichkeit führt nicht selten an die Grenzen der Kommunikation. Es wächst aber auch das Vermögen, ein längeres Schweigen zu ertragen oder dem Leistungsdruck eines allzu perfekten Programms zu widerstehen. Die Bereitschaft wird stärker, das eigene Reden unter die Regie des eigenen Zuhörens zu stellen. Es gibt eine beglückende Erfahrung von der Verläßlichkeit der Gruppe, die den Möglichkeiten des einzelnen zugute kommt und sie verstärkt.

B Die »instrumentale« Gruppendynamik

Von der bisher beschriebenen »elementaren« Gruppendynamik und ihrer sozialen Funktion muß die als methodische Beeinflussung in Dienst genommene Gruppendynamik unterschieden werden. Ich nenne sie »instrumentale« Gruppendynamik, um anzudeuten, daß sie als ein Instrument zur Auslösung und Beschleunigung von Gruppenprozessen in Anspruch genommen wird. Es handelt sich um ein kompliziertes und auch gefährliches Instrument, mit dem nur der Fachmann umgehen kann. Aber bis heute ist ungeklärt, wer in dieser Kunst ein Fachmann ist. Instrumentale Gruppendynamik umfaßt weit mehr als Kenntnis der internen Abhängigkeiten in Gruppenbeziehungen und auch mehr als ein gruppengerechtes Verhalten. Darüber hinaus geht es nun um spezifische Techniken und Praktiken, die im ›Laboratorium‹ von Trainingsgruppen verschiedener Zusammensetzung und Zielsetzung angewendet und getestet werden.
Zunächst ist die Überlegung notwendig, wie dieser erhebliche Schritt von der elementaren zur instrumentalen

Gruppendynamik zu werten ist. Unbestreitbar ist die primäre Wirkung der Gruppenkonstellation, von der C. Reid
sagt: »Das wesentliche einer Gruppe ist nicht die Ähnlichkeit oder Unähnlichkeit ihrer Mitglieder, sondern deren
wechselseitige Abhängigkeit. Eine Gruppe läßt sich als
›dynamische Ganzheit‹ charakterisieren; das bedeutet,
daß eine Veränderung im Zustand eines Teils den Zustand jedes anderen Teils verändert« (zit. bei Arnd Hollweg, Theologie und Empirie, Stuttgart 1971, S. 31). Und
Kurt Lewin vergleicht die Gruppenkonstellation mit einem »Flußbett«, das den Verlauf und die Richtung eines
Flusses bestimmt. Ähnlich bestimme auch die Gruppe
das Verhalten des Individuums.
Aber strittig ist die Frage: Wie und warum kommen die
gruppendynamischen Experten dazu, sozusagen am Flußbett Korrekturen anzubringen und den Lauf des Flusses zu
verändern und zu beschleunigen? Lewin war offenbar der
Meinung, daß in der Gruppe eine Art von Selbststeue-
rungssystem zum Einsatz kommt, daß alles, was noch zu
tun wäre, in dem Bemühen besteht, die jeweilige Gruppe
zu ihrer eigenen, gruppenimmanenten Dynamik hinfin-
den zu lassen. Demgegenüber hat die instrumentale
Gruppendynamik ein weitergehendes Ziel. Die Gruppen
werden bewußt methodisch beeinflußt und mit mehr
oder weniger verdeckten Techniken gesteuert. Einen Son-
derbereich bildet der gruppentherapeutische Anwen-
dungsmodus der Gruppendynamik, der dem fachkompe-
tenten Psychotherapeuten untersteht und entsprechende
Anerkennung findet. Im übrigen aber stoßen die vielfälti-
gen Angebote gruppendynamischer Trainings auf heftigen Widerspruch, werden aber von anderer Seite genauso
leidenschaftlich eingesetzt und empfohlen.
Die Kritik richtet sich vor allem auf das gruppendynamische Nahziel der »Selbsterfahrung«, worunter der Gewinn
an Selbsterkenntnis zu verstehen ist, die dem Menschen
zukommt, wenn er von den übrigen Gruppenmitgliedern
unmittelbar »erlebt« und beurteilt wird. Begriff und Sache
der »Selbsterfahrung« treten mit größtem provokativen

Reiz in Erscheinung. Hierauf zentriert sich die Sorge und Angst derer, die gruppendynamischen Übungen mit innerer Abwehr entgegensehen und die doch zugleich magisch davon angezogen werden. Im Grunde ist solche Selbsterfahrung im Kontext der Gruppendynamik eine Art Selbstwahrnehmung durch »Feedback«. Die Gruppe wird zum Spiegel, in der sich der einzelne genauer erkennt: sein Bild in den Augen der anderen. Die Differenz von Innenbild oder auch Wunschbild des einzelnen und dem »Fremdbild« der Gruppenteilnehmer tritt ans Licht. Es sei hinzugefügt, daß normalerweise das »Gruppenbild« positiv-freundlich ausfällt, weil die Gruppe fair reagiert.

Solche gruppenvermittelte »Selbsterfahrung« kann ermutigen, kann aber auch verwirren und belasten. In jedem Fall ist die Möglichkeit gegeben, sich selbst in einer nicht eigenen Perspektive zu sehen und der Innenerfahrung eine Außenerfahrung hinzuzufügen. Bei einfühlender Beurteilung und Ausschaltung destruktiver Tendenzen kann der instrumentalen Gruppendynamik eine spezifische Erkenntnisvermittlung gelingen, die anderweitig nicht zu vermitteln ist. In diesem Sinne sei die Anmerkung erlaubt, daß es zu begrüßen wäre, wenn etwa ein Pfarrer zu solcher Selbsterfahrung durch seine Gemeinde käme oder Mitglieder der Kirchenleitung durch eine Superintendentenkonferenz.

Doch die Gefahr radikalisierender Verwendung des gruppendynamischen Instruments ist groß. Vermeintliche Wahrhaftigkeit geht oft als menschenfeindliche Verkleinerung daher. Unter der Disziplin des Evangeliums gilt deshalb: Alle Selbsterfahrung untersteht der Gotteserfahrung. »Herr, du erforschest mich und kennest mich« (Ps 39). So wie Gott mich kennt und erkennt, kann die Gruppe es nicht. Darum müssen Bedenken angemeldet werden, wenn die Gruppendynamik ihre relative Funktion überschätzt und ihre Methoden und Ziele verabsolutiert, d.h. den Menschen außerhalb des Treuebundes Gottes sieht und ihn nur auf sich selbst verweist und festlegt. Unter dem theologisch-anthropologischen Aspekt der Sün-

de ist nicht zu erwarten, daß der Mensch »an und für sich«
zu einer leuchtenden und erleuchtenden Selbsterfahrung
gelangen könnte, denn der »homo incurvatus in se ipse«
ist in jedem Fall ein beschädigter Mensch, der darauf angewiesen ist, daß ihm sein Selbstwert durch die Rechtfertigung Gottes zukommt.
Im gruppendynamischen Konzept steht die Selbsterfahrung zumeist im Dienst der Veränderung des Menschen.
Es geht nicht nur um Verhaltensänderung, sondern um
noch anspruchsvollere Ziele. Der einzelne soll zu seiner
›Identität‹ gelangen. Er soll geweckt und befähigt werden
zur ›Selbstverwirklichung‹. Dahinter steht die Hoffnung,
der Mensch könne das Fragmentarische und das Wider-
sprüchliche seiner Lebensgestalt überwinden und bei sich
selbst einkehren, um sich dort als geborgen zu erkennen.
Die evangelische Theologie darf auf dem Kampfplatz um
die »Menschwerdung des Menschen« nicht fehlen und
wird alle Zielsetzungen und methodischen Wege, die in
der Gefahr sind, ideologisch zu werden, vom Evangelium
her kritisieren müssen – um des Menschen willen, der gerade durch die Radikalisierung dessen, »quod in se est«,
überfordert und zerbrochen würde.
Es sieht so aus, als käme die instrumentale Gruppendynamik dort am ehesten zu Ehren, wo sie sich in den Dienst
einer Sache, eines Themas begibt und nicht nur abstrakte
Selbsterfahrungsprozesse intendiert. Sie muß sich sich
selbst gegenüber relativieren und sich mit einem auch der
Gruppe übergeordneten Lernprozeß verbinden, wenn sie
ihr Potential konstruktiv zum Zuge bringen will.
Kurt Lewin hat sein gruppendynamisches Interesse ursprünglich auf das Unterrichtsverhalten von Schülern
und Lehrern gerichtet. Gruppendynamik, verstanden als
Kommunikation und Interaktion im Beziehungsfeld einer Gruppe, kommt dadurch dem Lernprozeß zu Hilfe,
daß das Netz emotionaler und affizierender Kräfte durch-
sichtig wird und um so hilfreicher in Anspruch genommen werden kann.
Die Gruppendynamik ist für die Pädagogik wahrschein-

lich am lohnendsten. Tobias Brocher schreibt: »Man
könnte die einfache Regel aufstellen: Kommunikation ist
die Anfangsbedingung jedes Lernprozesses. Es ist die Aufgabe jeder Lerngruppe, die Kommunikation der Mitglieder untereinander optimal zu entwickeln, wobei der Leh-
rende bei richtiger Anwendung *ein* Gruppenmitglied mit
speziellen Kenntnissen ist und nicht mehr. Vorbedingung
hierfür ist die Verminderung von Angst« (Gruppendynamik und Erwachsenenbildung, Braunschweig 1967, S.
120). Der letzte Satz hat einen bewegenden Ton und verdeutlicht die besten Möglichkeiten, die der Gruppendynamik mitgegeben sind. Wo gelehrt und gelernt wird, ist
immer auch Angst. Trägt die Gruppendynamik dazu bei,
durch Einblicke in die Probleme und durch liebevolle
Steuerung der Gruppenbewegungen solche Angst abzu-
bauen, dann hat sie sich eindeutig als seelsorgerliche Kraft
ausgewiesen und verdient als solche allen Respekt. Zunächst aber verbleiben wir bei einem ambivalenten Tatbestand: Auf der einen Seite verbreitet das Phänomen Gruppendynamik selber Angst; andererseits arbeitet die Gruppendynamik auch gegen die Angst. Wo ihr das letztere gelingt, hat sie ihre legitime Funktion und ihren Ruhm.

C Gruppendynamik im Kontext der Kirche

Daß sich die Gruppendynamik sozusagen von Haus aus
mit der kirchlich-gemeindlichen Wirklichkeit in einem
Freundschaftsverhältnis befindet, steht für die »interpersonalen Theologen« in Amerika offenbar außer Frage. Sie
sprechen von einer besonderen Affinität zwischen der
Gruppendynamik und der gemeindlichen Praxis. Nach
ihrer Überzeugung bildet die Gruppe das Kernelement
christlicher Gemeinschaft. »Die Kirche ist in ihrem Zentrum ein Gruppenprozeß«, sagt der amerikanische Theologe Ross (zit. in Hollweg, a.a.O., S. 73). Es gibt historisch-
kritische Untersuchungen zur Stützung für die These, daß
Gruppe und Gemeinde aufeinander bezogen und ange-

wiesen sind. »Es ist die lebendige Kirche des Neuen Testaments, der wir nachstreben, wenn wir in unserer Zeit an der Gruppendynamik Interesse bekommen. Wir versuchen, die Christenheit von der individualistischen Vorstellung des Christseins zu befreien und die Kirche davor zu bewahren, eine bürokratische Institution zu werden« (ebd.).

Wir sollten diese kirchenreformerische Zielsetzung der kirchenintegrierten Gruppendynamik mit Aufmerksamkeit zur Kenntnis nehmen. Die innere Gefährdung zumindst der protestantischen Kirche ist klar erkannt. Die Gruppendynamik soll als kirchenerneuernde Kraft zum Zuge kommen. Denn sie führt uns an die Anfänge der Kirchengeschichte zurück und hat ein reformatorisches Pathos.

Offensichtlich empfindet ein bedeutsamer Bereich der heutigen amerikanischen Theologie nicht die geringsten Hemmungen, die Größen ›Gruppe‹ und ›Gemeinde‹ und dementsprechend Gruppendynamik und Gemeindepraxis eng aufeinander zu beziehen. Nach ihrer Überzeugung vermittelt die Gruppendynamik einen direkten Zugang zur biblischen Gemeindeerfahrung. Mich fasziniert diese unbefangene Zusammenschau, zumal auf dem Hintergrund unserer eigenen Skrupel und Reflexionen um das Für und Wider einer Bewegung, die ebenso anziehend wie unheimlich zu sein scheint. Fragt man nach den Gründen für die unbefangene Einschätzung der Gruppendynamik in Amerika, so entdeckt man das »Social Gospel« als Vorstufe und findet in dieser Richtung zu einigen erhellenden Antworten.

Die wichtigste ist wohl der Hinweis auf jene Wurzel der gruppendynamischen Bewegung, die aus dem Boden der Kirchengeschichte gewachsen ist. Arnd Hollweg hat in seiner umfangreichen Untersuchung diesen kirchengeschichtlichen Mutterboden der Gruppendynamik aufgezeigt (Theologie und Empirie, s.o.). Er schreibt: »Fragestellung und Zielbestimmung der gruppendynamischen Bewegung weisen unseres Erachtens über den Zusammen-

hang mit der amerikanischen Gesellschaft zurück auf die
Tradition des ›linken Flügels‹ des amerikanischen Protestantismus in seiner Verbindung von Täufertum und cal-
vinistischem Bundesgedanken« (ebd., S. 23). Hollweg kann
sich auf William Sweet berufen, der darauf hinweist, daß
dieser linke Flügel die Kirche radikal als Gemeinschaft
verstanden hat und im gesamten amerikanischen Protestantismus zu großer Wirkung gekommen ist (ebd.). So
kann man die Gruppendynamik als säkularisierte Er-
scheinungsform der christlichen Gruppenbewegung verstehen.
Bei uns sind solche oder ähnliche historische Ableitungen
der Gruppendynamik nicht möglich. Aber auch bei uns ist
das Phänomen der ›Gruppe‹ als einer Intensivform christlicher Gemeinschaft längst etabliert und hat eine lange
Wirkungsgeschichte. Die reformatorischen Absetzbewe-
gungen von der institutionellen Kirche haben mit Leidenschaft »lebendige Gemeinschaft« gefordert und auch for-
miert. Der Weg zu solcher Gemeinschaft ist immer das
Wirkungsfeld der ›Gruppe‹ gewesen – und ist es bis heute.
Kein Zweifel, daß sich in den christlichen Gemeinschafts-
verbindungen mit erwecklicher oder meditativer Zielsetzung immer auch Gruppendynamik ereignet, nicht nur,
was selbstverständlich ist, die elementare, sondern bewußt auch die instrumentale Gruppendynamik.
Es gibt Jugendgruppen im Rahmen landeskirchlicher oder
freikirchlicher Verbände, die das Instrument einer verhal-
tensändernden Gruppendynamik ähnlich effektiv an-
wenden wie die säkulare Gruppendynamik mit ihren ›La-
boratorien‹. Es gibt Gebetsgemeinschaften, die gruppendynamische Prozesse intendieren, verstärken und steu-
ern, um ein möglichst dichtes Klima an Kommunikation
zu erreichen. Es ist zu vermuten, daß die erbitterte Kampf-
ansage an die Gruppendynamik, die auf evangelikaler Seite zu hören ist, nicht nur aus dem Wächteramt des Glaubens resultiert, sondern auch auf einer heimlichen Strukturverwandtschaft mit der bekämpften Gegenseite beruht; darin ist die Schärfe der Auseinandersetzung be-

gründet. Und es ist nicht zu erkennen, daß die ›christlich‹ praktizierte Gruppendynamik unproblematischer verliefe oder ungefährlicher wäre als ihre säkulare Opposition. Auf beiden Seiten gibt es die Neigung, dem Phänomen der Gruppe einen überhöhten Rang und einen geradezu religiösen Glanz beizulegen. Das gilt auch von der ›weltlichen‹ Gruppendynamik. Man spricht davon, daß im Raum solcher Gruppen eine »transpersonale Qualität« erfahrbar werde, eine Qualität, die – je nach Sensibilisierung des einzelnen – als »numinose Qualität« wahrgenommen werden kann. Auf diese Weise wird aus der Gruppe als einem wichtigen sozialen »Raum der Begegnung« ein religiöses Phänomen mit sinnspendenden Funktionen und ›erlösenden‹ Wirkungen. Es kommt zu einer Ideologisierung und Hypostasierung der Gruppe.

Dietrich Stollberg ist zuzustimmen: »In der Seelsorgegruppe ist weder Gott noch der Teufel zu erkennen, es ist auch nicht der Auferstandene zu sehen, sondern hier begegnen sich Menschen, die einander die Hoffnung stärken, den ›Mut zum Sein‹, das Sinngefühl« (in: J.W. Knowles, Gruppenberatung als Seelsorge und Lebenshilfe, München/Mainz 1971, S. 190). Wird dies zur Grunderfahrung der spezifischen Gruppen, die der Seelsorgeausbildung dienen sollen, bekommt im Rahmen ihres Arbeitsprogramms auch die Gruppendynamik ihr relatives Recht. Es kann aber nicht verschwiegen werden, daß auch diese insgesamt bewährten Funktionsgruppen bei zu starker Anwendung der instrumentalen Gruppendynamik zuweilen Ängste und Zwänge ausüben, die zum Ausbildungsziel in disfunktionaler Spannung stehen.

Ein wichtiger Aspekt, der noch erwähnt werden sollte, ist die Differenz von Gruppe und Gemeinde. Die ›versammelte Gemeinde‹ ist nicht nur in theologischer, sondern auch in sozialpsychologischer Wertung eine andere Wirklichkeit als die ›Gruppe‹. Von der Gruppendynamik muß die ›Gemeindedynamik‹ unterschieden werden. Sie hat es mit ganz anderen Kräften und Erfahrungen zu tun, wenn auch in Gemeindekreisen und Arbeitsgemeinschaften selbstverständlich gruppendynamische Abläufe festzustellen und zu repektieren sind. Gemeinde Jesu Christi ist »Gemeinschaft der Heiligen«, wobei der heiligende Geist trinitarischen und nicht »interpersonalen« Ursprungs ist. Die wesenhafte Dynamik der Gemeinde kann nur pneumatologisch beschrieben werden.

Wenn die Gruppendynamik in der ›Selbsterfahrung‹ ihr Ziel hat, so die ›Gemeindedynamik‹ in der Christuserfahrung. Aber diesen Unterschied anzusprechen bedeutet bereits den Anfang einer neuen Thematik.

III
Begegnung

1

Konsequenzen der Theologie Karl Barths
für die Praxis der Seelsorge*

Einleitung

Mein Referat kann nichts anderes sein als ein sehr unvoll-
kommener Exkurs in den theologischen Kontintent der
Theologie Karl Barths. Mir ist deutlich geworden, daß unter dem mir aufgegebenen Thema noch viele Entdeckungen zu machen sind, zu denen ich selber aber nicht vorsto-
ßen konnte. Ich möchte versuchen, eine Spur dessen aufzuzeigen, was für die Seelsorge im großen Zusammenhang der Kirchlichen Dogmatik von entscheidender Bedeutung ist.
Karl Barth selbst hat offenbar das Wort ›Seelsorge‹ nicht
besonders geschätzt, jedenfalls so gut wie nie verwendet.
Aber die Theorie und die Praxis der Seelsorge werden von
der Theologie Barths unmittelbar betroffen.

I   Christologie als Basis der Anthropologie

Indem Karl Barth die Christologie zur Basis seiner Anthropologie gemacht hat, kommt es zu wichtigen Klärun-
gen in einem Bereich, der in der Seelsorge eine entscheidende Rolle spielt. Ich meine die Spannung von Nähe und
Distanz. Es gibt eine Neigung, diese Spannung in der Gottesbeziehung des Menschen aufzulösen. Unter den Seelsorgekonzeptionen findet sich das mehr oder weniger
konsequent vertretene Modell »Distanz ohne Nähe«. Der
heilige Gott und der sündige Mensch schließen einander
aus. Die Ufer liegen unverbunden einander gegenüber.
Von diesem Modell ist nicht, wie manchmal behauptet

---

* Vortrag, gehalten auf der Karl-Barth-Tagung 1980 auf dem Leuen-
berg bei Basel.

wird, das Seelsorgeverständnis Eduard Thurneysens bestimmt. Was Thurneysen den »Bruch« oder die »Bruchlinie« genannt hat, ist in positiver Formulierung die Stelle
der Berührung und die Möglichkeit zur Begegnung. Schon
eher wird in der Konzeption Asmussens eine Affinität zu
diesem Modell »Distanz ohne Nähe« erkennbar. Es gibt
auch andere und zeitlich uns nähere Seelsorgeauffassun-
gen mit diesem Zuschnitt.

Aber die meisten Konzeptionen, die uns heute zu Recht in
Anspruch nehmen, setzen den gegenteiligen Akzent. Im
Zusammenwirken der theologischen und anthropologischen Faktoren gehören sie eindeutig zu dem Modell:
»Nähe ohne Distanz«. Die hier sofort zuständige Informa-
tionsthematik ist in ihrer verworrenen Durchführung so
unübersehbar angeschwollen wie ein Fluß, der über die
Ufer tritt. Ich fand in dem 1. Heft der Theologischen
Rundschau vom Jahr 1929 in einer ausführlichen Stellungnahme Gogartens zur »Christlichen Dogmatik« Karl
Barths eine Art Gebrauchsanweisung für den Umgang mit
theologischen Begriffen, die mir zitierenswert zu sein
scheint. Gogarten schreibt: »Da heute die theologischen
Begriffe fast alle in religionswissenschaftliche umgebogen
sind, so ist es von unerläßlicher Wichtigkeit, daß die Begriffe, die man in der theologischen Untersuchung gebraucht, losgelöst werden von der mit ihnen herkömmli-
cherweise verbundenen Problemauffassung.«

Mir scheint, dies könne eine aktuelle Anleitung auch zum
Umgang mit dem Begriff der Inkarnation darstellen. Es
wäre sehr zu wünschen, daß dieses Hauptwort der Theologie nicht länger eine Art Zauberwort bliebe, mit dem
man, wie es scheint, alles göttliche Menschliche und alles
menschliche Göttliche bezeichnen kann, sondern daß
wieder sorgfältiger mit diesem Wort umgegangen wird
und auch die Theologiegeschichte als Kontrollstation in
Anspruch genommen wird.

In seiner Anthropologie gelingt es Barth, die angesproche-
ne Spannung von Nähe und Distanz durchzuhalten. Er
sagt zum ersten, daß es »zwischen der Humanität Jesu und

der Humanität des Menschen überhaupt und im allgemeinen ein Gemeinsames und also: eine Entsprechung
und Ähnlichkeit« gibt. Dies wäre eine Aussage über die
Nähe, die zwischen Christologie und Anthropologie besteht. Und andererseits finden sich Aussagen, die der entsprechenden Distanz gelten. Ich will als Beleg dafür einen
Passus zitieren, der für die heutige Diskussion große Bedeutung hat:
»Wir nennen die Humanität ein Zusammensein des Menschen mit dem anderen Menschen. Mit diesem zurück-
haltenden Ausdruck unterscheiden wir die Humanität
überhaupt und im allgemeinen von der Humanität Jesu.
Es gibt auch ein Füreinander im Verhältnis von Mensch zu
Mensch. Aber nur die Humanität Jesu kann schlechthin
erschöpfend und ausschließlich als ein Sein für den Menschen beschrieben werden. Ein totales Sein für den Mitmenschen kann als Bestimmung des Seins eines anderen
Menschen als Jesus nicht in Frage kommen. Und zur Humanität jedes anderen Menschen gehört notwendig die
Reziprozität: daß der Mitmensch für ihn ist wie er für den
Mitmenschen, eine Reziprozität, die in der Humanität Jesu mit ihrem unumkehrbaren ›Für‹ nicht in Frage kommen kann.«
Aus diesem Zitat geht hervor, daß die Dimension der Mit-
menschlichkeit für Barth ein gewisses »Für« miteinschließt, daß aber die in Christus verwirklichte Mit-
menschlichkeit Gottes mit der sogenannten »interpersonalen Relation« nicht deckungsgleich sein kann. Unsere
eigene kleine »Für-Sorge« kann nicht und braucht auch
nicht die »Für-Sorge« Gottes zu imitieren oder zu ersetzen.
Diese Differenz, diese bei aller Nähe bleibende Distanz
bewahrt die Seelsorge und den Seelsorger vor Selbstüberschätzung. Es ist gut, daß keiner dem anderen zum Heiland werden muß. Es ist gut, daß wir einander glauben
dürfen, aber keiner an den andern glauben muß.
Weil Barth die Anthropologie aus der Christologie begründet, ist die den Menschen auszeichnende Mit-
menschlichkeit von vornherein an eine positive Voraus-

setzung gebunden. Was Barth in seinem Vortrag »Die Ge-
meindemäßigkeit der Predigt« fast thesenartig über die
Predigt gesagt hat, gilt auch für die Seelsorge: »Der Prediger kann unmöglich seinen Mund legitim auch nur auftun
als christlicher Prediger, ohne zum Vornherein den Bogen
des Bundes geschlagen zu sehen über die, mit denen er es
zu tun hat, ohne bei jedem Wort, das er sagt, zu bedenken,
daß Christus für diese Menschen gestorben und aufer-
standen ist, daß Gott sich dieser Menschen schon erbarmt
hat und daß er darum, weil er sich ihrer erbarmt hat, sich
ihrer auch annehmen wird in Zeit und Ewigkeit. Das ist
sozusagen die objektive, die ›sakramentale‹, die ›metaphy-
sische‹ Voraussetzung der Predigt, ohne welche sie nicht
bestehen kann.«
Barth hat die Wörter sakramental und metaphysisch in
Anführungsstriche gesetzt. Es ist ja auch wirklich nicht
die sonst ihm eigene Begrifflichkeit. Aber ihr Reiz besteht
darin, daß auf diese Weise die Setzung, die Voraus-Setzung
der Gnade Gottes verdeutlicht wird, und zwar in ihrer Un-
abhängigkeit von aller homiletischen und nun also auch
poimenischen Anstrengung. Die Seelsorge-Qualität dieser »sakramentalen« Voraussetzung wird innerhalb der
Kirchlichen Dogmatik (KD) vor allem bei der Behandlung
der Rechtfertigungsthematik erkennbar. Um dafür ein
Beispiel zu geben, zitiere ich aus KD IV/1, § 61, Abschnitt
2: »Fallen mag der Mensch wohl – fallen, und zwar ins Bo-
denlose fallen muß er sogar, indem er sich Gott gegenüber
ins Unrecht setzt; er kann aber auch in seinem bodenlo-
sen Fall aus dem Bereich Gottes und also auch des Rechts,
das Gott über und auf ihn hat, nicht herausfallen. Er bleibt
auch in seinen schmählichen Gesinnungen, Worten und
Taten, er bleibt auch in der greulichsten Verleugnung und
Verkehrung seiner guten Natur, er bleibt auch im völligen
Verlust seines Menschenrechtes und seiner Menschenwürde, er bleibt auch im untersten Grund der Hölle – was
das auch für ihn bedeuten möge – der von Gott erwählte
und geschaffene Mensch und als solcher in Gottes Hand,
Gottes Recht über und an ihm nicht entzogen, sondern

unterworfen, und zwar völlig, restlos unterworfen. Er
bleibt im Bereich von Gottes Gerichtsbarkeit.«

Diese bewegenden und an die Reden des Staretz Sossima
erinnernden Worte über das unverlierbare Recht des Menschen bei Gott können dem Seelsorger und seiner Seelsorge helfen, die richtige Einstellung zu finden, die er bei seinen Begegnungen braucht. Weil Gottes Recht auch dem von
ihm entferntesten Menschen gerecht wird, kann eine diesem Recht entsprechende Seelsorge keinerlei Grenzen ihrer Reichweite und Zuständigkeit anerkennen. Das Signum einer »kirchlichen Seelsorge« müßte darin zu erkennen sein, daß diese Seelsorge gerade den »Unkirchlichen«
in allen Schattierungen auf die Spur kommt, nicht um sie
für die Kirche zu gewinnen, sondern um ihnen begreiflich
zu machen, daß Gott sie längst gewonnen hat. Die Barth-
sche Perspektive, die sogar die Hölle noch umfaßt, sollte
die kirchliche Seelsorge davor bewahren, zu einer Seelsorge in der etablierten und regelrecht verfaßten Freikirche
oder Volkskirche oder Standortkirche zu verkümmern.
Wenn das Recht Gottes sogar den Verlust des Menschen-
rechts und der Menschenwürde nicht respektiert, sondern überwindet, dann muß die Seelsorge der Kirche aus
der frommen Provinz heraus, in der sie zumeist beheimatet ist. Nichts gegen die imagepflegende Seelsorge unter
dem Diktat des Kalenders. Die Geburtstagsbesuche und
die Präsenz des Pfarrers bei der Goldenen Hochzeit dürfen
aber doch nicht die Grenzüberschreitungen und Talwan-
derungen verhindern, die uns zu denen bringen, die in einer lebensgefährlichen Einsamkeit zu Menschen der Sorge geworden sind. Es ist eine weithin neue, noch nicht aus-
gelotete Sorge, mit der das, was wir Seelsorge nennen, sich
unter allen Umständen und in allen Umständen einlassen
muß.

Ich möchte diesen ersten Abschnitt mit einer These beeen-
den, die – wie auch spätere Thesen – nicht eine Zusammenfassung bieten will, sondern noch einmal das Stichwort aufgreift und so vielleicht einen Anstoß geben kann
zum Weiterdenken.

Diese These heißt: Christologie als Begründung der Anthropologie besagt, daß die Menschengeschichte von der
Christusgeschichte getragen wird. Die Differenz von
Christologie und Anthropologie besagt, daß die Christusgeschichte der Menschengeschichte voraus ist und daß
diese Differenz die Motivation der Seelsorge ist.

II   Seelsorge der Rechtfertigung

Rechtfertigung, sagt Karl Barth, ist ein Ereignis, eine Geschichte. Und wir sind an dieser Geschichte beteiligt. Unsere Mitbeteiligung an dieser Geschichte der Rechtfertigung plausibel zu machen, das ist die zentrale Aufgabe einer Seelsorge, die den christlichen Glauben und seine
Möglichkeiten miteinbeziehen möchte. Es hat unmittelbar seelsorgerliche Konsequenzen, wenn die Rechtfertigung als Geschichte verstanden wird. Nicht ein statisches
dogmatisches Datum für einen forensischen Akt, den der
Glaube nur noch zu quittieren hätte als das zeitlose und
metaphysich entrückte »Es ist vollbracht!«; sondern Barth
sagt: »Geschichte« – und er ist zutiefst interessiert an der
Verklammerung von Christusgeschichte und Lebensgeschichte des Glaubenden. Der aus sich selbst existierende
Mensch gerät in Bewegung. Der »Mensch zur Linken«, wie
Barth sagen kann, gerät ins Sterben, und der »Mensch zur
Rechten« gerät ins Leben hinein. Sünde und Gerechtigkeit
können es nicht nebeneinander und schon gar nicht miteinander aushalten. Barth wehrt leidenschaftlich den Gedanken einer Koexistenz zwischen dem gerichteten und
dem geretteten Menschen ab. Einen »zuständlichen Dualismus«, ein »statisches Nebeneinander zweier Menschen« läßt er nicht gelten. Sondern Barth spricht von dem
»Drama des messianischen Daseins« in seinem »dynami-
schen Nacheinander und Ineinander«.
Er sagt wörtlich: »Jener war ich und bin ich noch: der
Mensch als Unrechttäter.« »Und dieser bin ich schon und
werde ich sein: der Mensch, den Gott für sich erwählt und

geschaffen hat.« Das alles sind Beschreibungen eines Prozesses, auch eines Kampfes. Aber das Drama, von dem Barth spricht, ist keine Tragödie. Im Gegenteil: Über diesem Prozeß und diesem Kampf liegt das Licht einer Verheißung. Barth sagt: »Der Mensch kommt von seinem eigenen Tod her.« Er geht hinüber »zu seinem neuen Recht und damit zu seinem neuen Leben«.

Es steht gut um diesen gerechtfertigten Menschen. Eine Seelsorge, die sich dieser Verheißung anvertraut, ist in ihrer Grundtonart auf Dur gestimmt. Sie wird sich den Abgründen zuwenden, aber sie wird dort nicht wohnen. Sie wird um Empathie bemüht sein, aber jeder Apathie wird sie den Optimismus des Glaubens entgegensetzen, der offenbar auch die großen charismatischen Seelsorger ausgezeichnet hat. Also keine Orientierung am Unrecht, sondern am Recht des Menschen. Kein Ansatz bei den Spuren fatalistischer Erfahrung, sondern bei dem Heimatrecht des Menschen. Nicht Seelsorge eines im Grunde absurden Katastrophendienstes am hoffnungslosen Fall, wie der Arzt und der Priester von Oran es durchzuhalten versuchen unter der Allmacht der Pest, sondern eine Seelsorge der Hoffnung. Der Dualismus von Tod und Leben ist aufgelöst zugunsten des Lebens.

An dieser Stelle fasziniert mich der Gedanke, daß es zwischen der Theologie Karl Barths und der heutigen Seelsorgebewegung eine geheime und vielleicht beiden Seiten gar nicht so sehr sympathische Gleichgestimmtheit geben könnte – nämlich diese sozusagen von Haus aus positive Einschätzung des Menschen und seiner Möglichkeiten. Das Fundament dieser Position ist jeweils verschieden, aber eine gewisse Vergleichbarkeit scheint gegeben zu sein. Ein optimistischer Ansatz, eine deutliche Hoffnungsperspektive und ein so oder so mit dem Menschen verbundenes therapeutisches Potential wird auf beiden Seiten in Anspruch genommen. Vielleicht, daß dem seiner Christusbezogenheit wegen zur Hoffnung berufenen Menschen bei Barth ein anderer, aus sich selbst sich erneuernder Mensch der Selbstverwirklichung gegenüber-

steht, und zwar so, daß beide, wenn auch nicht miteinander verwandt, so doch miteinander unterwegs sind zu vergleichbaren Zielen. Oder werden sich dann erst recht die
psychologischen und die theologischen Stimmen in Dissonanzen bewegen?

Barth – um die mögliche Dissonanz schon anzudeuten –,
Barth sagt, daß der neue, der gerechtfertigte und also opti-
mistisch zu begrüßende neue Mensch »in keinem Sinne
vorfindlich« sei. Und jetzt kommt ein entscheidender
Satz, der die mangelnde Harmonie zwischen beiden anthropologischen Ansätzen noch hörbarer macht: »Daß da
unsere Geschichte im Gang ist, daß wir also an diesem
Drama allerdings gar sehr beteiligt sind, das muß ganz anders wahr und wirklich sein als in irgendeiner Tiefe unseres Selbst.« Wir sind beteiligt an einer Geschichte, die als
für uns fremde Geschichte zugleich im höchsten Maße
unsere eigene Geschichte ist. Daß wir gerade nicht »in der
Tiefe unseres Selbst« und auch nicht mit Hilfe von Methoden, die diese Tiefe auszuloten versuchen, unserer eigenen Wirklichkeit begegnen, ist die Voraussetzung der
Rechtfertigung des Menschen unter der Voraussetzung
seiner Gottlosigkeit. Ganz anders und ganz woanders als
in uns selbst, sagt Barth, begegnen wir unserer ureigensten
Geschichte. Nicht in uns, sondern in Christus finden wir
uns selbst. Das entspricht dem Neuen Testament, etwa
dem Kolosserbrief, wo es heißt, daß unser Leben in Christus verborgen ist. Also ist auch unsere Identität noch verborgen. Die Selbstfindung ist nicht aus der Kraft meines
Selbst zu realisieren, sondern sie steht im Modus der Verheißung. Wer sich finden will, der muß sich verlassen, auf
einen andern hin verlassen. Es ist Barth zu danken, daß er
von der Rechtfertigung und ihrer integrativen Kraft als
von einem »Rätsel« spricht. Um eine platte Plausibilität ist
es ihm nicht zu tun. Aber auf der anderen Seite läßt er keinen Zweifel an der für die Seelsorge zentralen Erkenntnis,
daß die vielbeschworene Identität nicht in der Deckungs-
gleichheit mit dem Selbst des Menschen im Rahmen der
eigenen Biographie zu finden ist, sondern als »Integral« der

fremden und doch persönlich zugeeigneten Christusgeschichte. Und die so aufgefaßte Identität versperrt sich
dem psychologischen Zugriff immer dann, wenn versucht
wird, das »innere Wachstum« in seiner Qualität und Quan-
tität auszumessen.

Barth stellt die Frage: »Wann und wo können wir uns als
die von Gott Gerechtfertigten vorstellbar werden?« Man
kann diese Frage wie eine Anklage hören, als Kritik an einer mangelhaften Heiligung. Man kann diese Frage aber
auch umgekehrt – und sicher der Meinung Barths entsprechend – als Hinweis auf eine unvergleichliche Tröstung verstehen. Wir können nicht und wir sollen auch
nicht diese Darstellung unserer eigenen Gerechtigkeit in
Szene setzen. Wir können und wir brauchen noch nicht zu
sein, wer wir vor Gott schon sind, oder anders gesagt: Wir
sind mehr, als wir an uns selbst erfahren. Darum können
wir auch mit uns selbst und den anderen geduldig sein.
Vor allem sollen wir uns selbst und die anderen davor bewahren, daß wir einander in die Depressionen schicken.
Seelsorge ist die Kunst, einander gerecht zu werden, was
unter dem Aspekt der Rechtfertigung des Gottlosen am
überzeugendsten möglich und realisierbar erscheint.

Barth umkreist diese entscheidende Wahrheit des Menschen, daß seine Heimat in der Fremde liegt und daß der
Sich-Verlassene sich findet. Er sagt: »Jene Geschichte ist
wahrhaftig unsere eigene Geschichte. Wir müssen sogar
sagen: Sie ist unsere eigenste Geschichte, in unverhältnis-
mäßig viel direkterer, intimerer Weise unsere Geschichte
als alles, was uns in unserem Selbsterlebnis als unsere Geschichte vor Augen stehen mag, was wir in Explikation
unseres Selbstverständnisses als unsere Geschichte darstellen wollen könnten.«

Wie die Realität des gerechtfertigten Menschen nicht demonstriert werden kann, so gibt es auch keine Differen-
zierung unter denen, die aus dieser selben Gerechtigkeit
leben. Darin hat die Rechtfertigung des Gottlosen ihre
starke soziale Funktion. Um Bruce Marshall zu zitieren:
Keiner kommt zu kurz! Sicher – die existentielle Verbin-

dung zu dieser Gerechtigkeit in Christus ist der Glaube.
Aber Barth gibt sich alle Mühe, den Glauben nur ja nicht
mit elitären Bedingungen zu umgeben. Er sagt: »Als ob das
Können, das hier in Frage kommt, nicht jeden Augenblick
jedermanns Können werden könnte.« Also keine Prädispo-
sition, kein Methodismus. Der Glaube als eine Möglichkeit
für jedermann – das ist eine ermutigende Überzeugung, die
die Seelsorge von einer unsachgemäßen Glaubensscheu
befreien sollte. Es sollte sich nicht um eine verschämte
Ausnahme handeln, wenn das Seelsorgegespräch ohne
Krampf zu einem Glaubensgespräch wird und wenn den biblischen Texten ihre seelsorgerliche Funktion zukommt.

Im übrigen kann ich nur darauf hinweisen, daß der ganze
vierte Abschnitt des § 61 über die Rechtfertigung allein
durch den Glauben eine Art »Theologie der Seelsorge« darstellt und für die seelsorgerliche Praxis in Anspruch genommen werden sollte. Es sei zugegeben, daß im Gemeindealltag die von Barth formulierten seelsorgerlichen
Aspekte nicht leichter Hand zur Anwendung zu bringen
sind, weder durch volksmissionarische Aktionen noch
durch gesprächstherapeutisches Geschick. In strenger
christologischer Engführung schreibt Barth, der Mensch
»würde in dem Maß, als er sich auch noch auf sich selbst
und überhaupt auf den Menschen, sein Wollen und Vollbringen verlassen wollte, gerade an sich selbst und am
Menschen verzweifeln müssen. Denn der Mensch, auf den
er sich verlassen kann, ist doch nicht hier, sondern dort: in
jenem, lebt ja in seiner Geschichte, soll also dort, in ihm gesucht und gefunden sein.«

Diese in Christus zu suchende Existentialität des Glaubens
bedarf heute einer großen hermeneutischen Anstrengung.
Es klingt noch immer wie ein theologisches Programm und
weniger wie ein Fazit, wenn es bei Hans Joachim Iwand
heißt: »Der Beziehungspunkt aller biblischen Aussagen
liegt nie in der Existenz des Menschen, sondern die biblischen Aussagen beziehen unsere Existenz auf die Verheißungen Gottes. Von dorther ist menschliche Existenz zu
bemessen.«

Die These, mit der ich diesen zweiten Abschnitt abschlie-
ßen möchte, heißt folgendermaßen:
Rechtfertigung ist keine dogmatische Konstruktion, sondern die logische Konsequenz der Christusgeschichte.
Die seelsorgerliche Qualität der Rechtfertigung erweist
sich darin, daß sie von der Zwangsvorstellung befreit, der
Mensch müsse sich selbst verwirklichen und mit sich
selbst identisch sein. Durch den Glauben an Christus findet der Mensch zu sich selbst.

III   Seelsorge zwischen Adam und Christus

Wenn ich ein weiteres Mal Iwand zitiere (und das auch
später nicht ganz lassen kann), dann darum, weil Iwand als
kongenialer Interpret der Barthschen Theologie in Erscheinung getreten und ihren Intentionen sehr intensiv
nachgegangen ist. Es braucht nur an seine Beiträge zur
Thematik »Evangelium und Gesetz« erinnert zu werden.
Was ich zitieren möchte, stammt aus einer Meditation
über Mt 9, in der Iwand vom menschensuchenden Gott
im Unterschied zum gottsuchenden Menschen spricht.
»Er sucht uns, gerade weil wir nicht mehr nach Gott fragen, nicht Gott suchen, weil wir bei uns selbst zu Hause
sind.« Diese Aussage hat systematische Bedeutung. Der
Mensch ist bei sich selbst zu Hause. Er ist nicht mehr »außer sich«. Iwand sagt, daß Gott den Menschen sucht, weil
er in seinem eigenen Zuhause nicht leben kann. Und nun
kommt ein Satz, der als die Urmotivation aller Seelsorge
verstanden werden kann: »Gott läßt uns nicht in Ruhe, er
überläßt uns nicht uns selbst.« Kürzer und treffender kann
die Theologie der Seelsorge nicht zum Ausdruck kommen: »Gott überläßt uns nicht uns selbst.«
Keine Frage, daß mit diesem Satz auch jede Seite der KD
zum Klingen kommt. Aber dies ist zugleich der richtige
Zusammenhang, auch einige kritische Überlegungen
mitaufzunehmen. Der Mensch, der bei sich selbst zu Hause ist, also in einem Zustand, in dem er nicht bleiben soll –

er muß doch zunächst einmal in seinem Zuhause aufgesucht werden. Man muß sein Zuhause kennen, wenn man ihn dazu bewegen will, auszuziehen und umzuziehen. Die kirchliche Seelsorge scheint Mühe zu haben, sich darauf einzustellen und bei den Menschen zu Hause zu sein. Es gibt eine theologische Wanderschaft, die den Seelsorger daran hindert, einzukehren. Keine Zeit und keine Kraft, sich dem bekümmerten Bewohner seines engen Hauses von Herzen und nicht nur von Amts wegen zuzuwenden. Das ist die »smalltalk-Seelsorge«, das Gespräch über den Gartenzaun und ohne Kenntnis dieses Hauses, in dem er wohnt. Die englische Kirche war im Zeitalter der industriellen Revolution keineswegs unfähig, die Zeichen der Zeit zu erkennen. Aber trotz mancher Anstrengungen war sie offenbar nicht in der Lage, bei den leidenden Menschen zu Hause zu sein. Das ist ein Gleichnis für die Situation der Seelsorge. Sie hat Mühe, diesen so notwendig gewordenen »Hausbesuch« zu machen, den Menschen dort zu suchen und zu finden, wo er lebt, nämlich bei sich selbst und in sich selbst. Wenn der »alte« Mensch sich selbst verlassen soll, so spielt er doch auch als der »alte« Mensch eine überaus wichtige Rolle. Der Gemeindealltag nicht weniger als unsere Erfahrungen mit uns selbst beweisen, daß wir uns auch im Raum der christlichen Kirche zumeist nur sehr umrißhaft mit dem »neuen« Menschen, wohl aber sehr massiv mit dem »alten« Menschen befassen. Gerade Barth würde das nicht bestreiten. Er spricht von der »Auseinandersetzung«, die zwischen dem »alten« und dem »neuen« Menschen stattfindet. Das Wort Auseinandersetzung weist ja auf eine Mühe hin, auf eine Anstrengung, um diesen Menschen, der bei sich selbst zu Hause ist, zu erreichen und zu motivieren.

Es könnte aber sein – und das ist eine fragende Vermutung –, daß dieser »alte«, aber doch nicht einfach verschwundene Mensch nun nicht mehr so richtig zu Worte kommt. Denn das ist klar: Diese Auseinandersetzung verläuft eindeutig zu seinen Ungunsten. Und der christliche Glaube, der von dieser eindeutig entschiedenen Situation bestimmt wird, könnte das Verstummen des »alten« Menschen noch verstärken.

Die m.E. dringliche Frage, mit der es die Seelsorge zu tun hat, ist diese Frage nach dem Verstummen des »alten« Menschen. Falls auch und gerade der Glaube ihn zum Verstummen bringt, dann hat er wenig Chancen, dann muß er alles, was es für ihn zu klagen und anzuklagen gibt, unterdrücken und verdrängen.

Was Barth die Auseinandersetzung zwischen dem peccator und dem sanctus nennt, das kann er auch als Weg beschreiben, als den Weg von Adam zu Christus. Und wieder ist kein Zweifel, wer auf diesem Weg die Führung hat. Barth legt alles Gewicht darauf, daß zwischen Adam und Christus keine Gleichberechtigung besteht, sondern der eine verliert sein Recht am Recht des anderen. Im Heft 35 der »Theologischen Studien« schreibt Barth, »daß alles, was von Adam und uns anderen zu sagen ist, in dem seine Wahrheit hat, was von Christus und uns anderen zu sagen ist: so daß wir Adam von Christus und nicht Christus von Adam her zu verstehen haben.« Ich möchte trotz dieser klaren Auskunft versuchen, das von Barth abgewiesene Verständnis, nämlich Christus von Adam her zu verstehen, im Blick auf die Konsequenzen für die Seelsorge zu durchdenken. Christus von Adam her zu verstehen – das würde bedeuten, auf jeden Fall bei Adam anzufangen und von Adam auszugehen. Die Motivation der Seelsorge wäre die Not Adams. Er würde Maßstäbe setzen dessen, was ihm zuzuwenden und zuzumuten ist. Der von Adam empfundene Mangel wäre das seelsorgerlich gebotene Maß zum Ausfüllen des Mangels.

Und Christus stünde im Dienst Adams – was ja mit dem Neuen Testament durchaus zusammenstimmt. Dann aber könnte es sein, daß der Dienst des Christus in dem Bedarf und den Bedürfnissen Adams untergeht. Es wäre denkbar, daß Christus abnimmt und daß Adam wächst. Vielleicht auch, daß Christus in Adam eingeht und aufgeht und nun als sein therapeutisches Potential geheimnisvoll in Adam verborgen ist. Es gibt Konzeptionen, die

ganz in die Nähe der Vorstellung einer solchen Christus
vereinfachenden anthropologischen Grundgegebenheit
führen, von wo uns auch verständlich wird, weshalb vom
Theologen verlangt worden ist, den Menschen zu seinem
eigentlichen Text zu machen.

Demgegenüber heißt es bei Barth: Adam muß von Christus her verstanden werden. Entsprechend liegt die Motivation zur Seelsorge nicht in Adams Not, sondern in Gottes Liebe. Nicht in irgendeinem Humanismus vergange-
ner oder heutiger Zeit, sondern im Humanismus Gottes.
Er wäre das Maß der seelsorgerlichen Aufgabe. Und dieses
Maß wäre größer als das Defizit Adams. Vielleicht kann
man es so sagen: Die Zuwendung der Seelsorge Gottes
würde den Bedarf Adams ausfüllen, würde ihn aber auch
erweitern und verändern. Jedenfalls: Wo Christus die Gestalt seines Lebens wird, kann sich Adam, so wie er ist,
auch nicht mehr behaupten. Es könnte aber doch geschehen, daß Adam sein Zuhause verläßt, daß er schließlich
gar nicht mehr bei sich selbst, sondern bei Christus ist. Also nicht: Christus verborgen in Adam, sondern Adam verborgen in Christus.

Eine dieser Konzeption verpflichtete Seelsorge wird hoffentlich die Not Adams nicht übersehen oder übergehen.
Sie wird sich aber nicht nur mit Adam befassen, sondern
sie wird Adam auch mit Christus befassen, und zwar darum, weil Adam bei Christus am besten aufgehoben ist.

Die These am Ende dieses Abschnitts heißt:

Eine Seelsorge, die Adam mit Christus bekannt macht,
zeigt ihm, auf wen (hin) er sich verlassen kann. Aber wer
Adam mit Christus bekannt machen will, muß Adam
kennen und muß sich einlassen auf seine empirische
Wirklichkeit. Die spezifische Seelsorgebedürftigkeit des
heutigen Menschen und der Glaube an Christus stehen
nicht gegeneinander, sondern entsprechen einander.

IV   Fragen und Verlegenheiten

Die Frage ist, ob Adam auf seinem Weg zu Christus verstummen muß. Die Antwort kann nur heißen: Er muß
nicht und er darf nicht verstummen. Auch eine Seelsorge,
die Adam von Christus her versteht, wie Barth es fordert,
wird Adam nicht das Wort verbieten. Es kann aber nicht
bestritten werden, daß es Theorien und Praktiken kirchlicher Seelsorge gegeben hat und gibt, die mit der sog. Sprache des Glaubens den Menschen sprachlos auf der Szene
zurücklassen. Im Chor der Volkskirche ist die Stimme dieses fast schon verstummten Menschen kaum noch zu hören. Wir begegnen diesem in höflicher Distanz verharren-
den, aber nicht mehr redenden oder mitredenden Zeitgenossen nicht mehr in unseren Gottesdiensten, wo er inzwischen eher leise als unter Protesten das Feld geräumt
hat. Wir begegnen ihm aber wohl im Beziehungsfeld der
Seelsorge, das wesentlich umfassender ist als die Ruf- und
Reichweite der Kanzel. Der Seelsorge bleibt dieser in sich
selbst verstummte Mitmensch nicht verborgen. Er müßte
zuerst das Klagen lernen, wenn er das Beten lernen soll. Er
kann mit dem Evangelium nicht angesprochen werden,
wenn er keine Hilfe findet, sich auszusprechen.
Keine Frage, daß dieser Mensch den Gott Israels und den
Vater Jesu Christi nicht mehr kennt oder noch nie gekannt
hat. Das ist aber kein Zeichen für einen prinzipiellen
Atheismus, sondern das folgt logisch aus der Tatsache,
daß er sich selbst nicht mehr kennt. Um Atheist sein zu
können, braucht es viel »Ichstärke« und »Selbstwertbewußtsein«. Wahrscheinlich liegen hier auch entscheidende Voraussetzungen für den bzw. für das Glauben. Es ist
wohl keine Frage, daß die Glaubenskrise und der Glau-
bensschwund in unseren Gemeinden und vielleicht auch
bei uns selbst im Grunde weder Aktionen noch Reaktio-
nen sind, sondern etwas sehr viel Schwächeres, was am
besten mit dem Bild von dem geknickten Rohr und dem
glimmenden Docht anzudeuten ist.
Es ist sicher nicht verboten, vom Glauben, der zum Regie-

rungsbezirk des Heiligen Geistes gehört, auch unter psychologischen Aspekten zu sprechen. Aber die psychologische Hermeneutik des Glaubens scheint noch nicht recht
zu gelingen. Immerhin ist zu erkennen, daß innerhalb psychologischer Kriterien und angesichts der uns alle bedrük-
kenden pathologischen Entstellung menschlichen Lebens die These wichtig wird, daß der Mensch, wenn er
Gott erkennen soll, auch sich selbst kennen und erkennen
muß. Es gibt einen inneren Ermüdungszustand, der uns
von selbst auf eine Wahrheit verweist, die in der kirchlichen Seelsorge nie recht beheimatet war, aber der wir uns
stellen müssen. Ich meine die Erkenntnis, daß die Gottes-
findung mit der Selbstfindung zusammenhängt, wenn
auch in Vorläufigkeit und unterwegs zum Ziel der endgültigen Selbstfindung, die dann mit der endgültigen Gottes-
findung identisch sein wird.
Bei Iwand findet sich die Unterscheidung zwischen einer
»Erlösung des Menschen zu sich selbst« und einer »Erlösung des Menschen von sich selbst«. Das erste könnte bedeuten, daß der Mensch in seiner Gottlosigkeit ans Licht
und zur Sprache kommt, daß er sich äußert, also daß er
wagt, sich selbst, so wie er ist, nach außen, zu den anderen
zu bringen. Zur »Erlösung zu sich selbst« gehört, daß er es
lernt, »ich« zu sagen, auch und gerade das Ich des Unglaubens und des Widerstands zuzulassen und sich nicht vor
sich selbst zu verstecken. Das ist die Sprache vieler biblischer Texte. Die Bibel spricht ja nicht nur die Sprache des
Glaubens, sondern auch die des Unglaubens. Die Bibel ist
das Protokollbuch vieler gelungener, aber auch vieler
mißlungener Dialoge zwischen Adam und Christus. Die
Stimmen dieses Buches singen Gott sei Dank keineswegs
gregorianisch-unisono. Die Lebenspraxis, die diesem
Buch entspricht, besteht im Miteinstimmen in die Klagen
und Anklagen der Psalmen, aber auch in die Freude des
Magnificat: »Die Hungrigen füllet er mit Gütern und lässet
die Reichen leer.« Das biblische Evangelium reimt sich
nicht mit der Lebensweisheit der Ethiker und Moralisten,
die heute dazu aufrufen, der Mensch möge möglichst kon-

form sein mit seinem leistungsbestimmten gesellschaftlichen Stellenwert.

Und nun das andere, die »Erlösung des Menschen von sich
selbst«. Das könnte bedeuten, daß der Mensch nicht so
sehr die Umstände und die Verhältnisse, sondern sich
selbst als Problem entdeckt. Daß er heraustritt aus der Sta-
tik seiner Lebenskonzeption, deren Bekenntnis immer
nur heißt: Ich bin ich! Sondern daß diese Gleichung ge-
sprengt wird im Sinne des erwähnten Satzes: »Gott überläßt uns nicht uns selbst.« Aber dies soll jetzt nicht unser
Thema sein, sondern Thema ist das Verhältnis jener Erlösung zu sich selbst zur Erlösung von sich selbst. Eine Seelsorge, die beiden nicht gerecht wird, verliert ihren Partner.
Ich möchte natürlich nicht sagen, daß die Theologie Karl
Barths bei ihrer seelsorgerlichen Anwendung zu solch einem Partnerverlust führen muß. Man brauchte nur aus
seinen Predigten zu zitieren. Man könnte auch aus der KD
Beweismaterial genug hervorholen, um einen derartigen
Verdacht zu zerstreuen. Da findet sich auch psychologisch und nicht nur theologisch so viel erhellende und liebevolle Menschenkenntnis, daß von einer Verfehlung
oder auch nur einer Vernachlässigung der Realität
menschlichen Lebens nicht die Rede sein kann. Ich zitiere
als Beispiel einen in diesem Zusammenhang besonders
ergiebigen Text aus dem Schlußteil des Bandes »Das
christliche Leben«. Zunächst spricht Barth von den Mas-
ken und Vorstellungen, hinter denen sich der Mensch zu
verbergen pflegt. Dann heißt es: »Der Mensch selbst ist in,
mit und unter dem ganzen Apparat, von dem er umgeben
ist und mit dem er sich selbst umgibt – in der Regel weit
hinten versteckt –, das Wesen, das zu seinem Recht kommen, in Würde leben, Freiheit, Friede und Freude haben
möchte – das sich dabei furchtbar ungeschickt, dann und
wann wohl auch bösartig benimmt, krumme und dubiose
Wege einschlägt –, das gänzlich humorlos oder gänzlich
unernst, zaghaft wie eine Gazelle oder rücksichtslos wie
ein Büffel sich gibt – und auf alle Fälle: nicht zu seiner Sache kommt –, das, was es meint und sucht, in dem, was es

jeweils findet, nicht wiederentdecken kann. Der Mensch
selbst leidet und wehrt sich mit Händen und Füßen dagegen, das auch nur sich selbst, geschweige denn anderen
einzugestehen. Er tut so – und das ist der Sinn seiner Ver-
mummungen –, als ob er nicht litte. Dieser Leidende ist
der von Gott geliebte Mensch selbst. Ihn in dieser seiner
Not, aus der er sich auch nicht selbst, aus der Gott allein
ihn erretten kann, zu sehen und zu verstehen, ihm offen
und willig sich zuzuwenden, ihm barmherzig zu begegnen ist die Aufgabe der kleinen iustitia, die den Christen
damit, daß sie um das Kommen des Reiches Gottes bitten
dürfen, gestellt ist.« Man kann doch wohl sagen, daß dies
eine geistvolle und auch eine geistliche Anweisung zur
Seelsorge ist. Aber nun gibt es auf der anderen Seite ein Erscheinungsbild und eine Wirkungsgeschichte der Barthschen Theologie, in denen zumindest die Akzente anders
gesetzt sind. Und diese Wirkungsgeschichte mit ihren
ganz anderen Akzenten hat wohl mächtiger auf die Geschichte der Seelsorge eingewirkt als eine solche Passage,
wie ich sie eben zitiert habe.
Ich möchte versuchen, zumindest eine Spur dieses anderen Verständnisses der Theologie Karl Barths zu verfol-
gen, so wie sie die gegenwärtige Seelsorgebewegung inspiriert, vor allem aber provoziert hat.
1948 hielt Barth in Bièvre bei Paris drei Vorträge über »Die
Wirklichkeit des neuen Menschen«. In den beiden ersten
Vorträgen hat Barth den neuen Menschen als in Jesus
Christus existierend herausgestellt. Seinen dritten Vortrag
beginnt Barth folgendermaßen: »Wir kommen nun zur
Wirklichkeit des neuen Menschen in ihrer Bedeutung für
die Kirche, den Menschen, die Welt. Wenn ich recht berichtet bin, so sind einige von Ihnen der Meinung, daß wir
jetzt erst zu der Sie eigentlich interessierenden Sache kä-
men.«
Die Äußerung Barths ist ein Hinweis auf die Schwierigkeiten, die für viele mit seinem christologischen Ansatz der
Anthropologie verbunden waren und noch verbunden
sind. Nicht nur in Bièvre, sondern unter allen seinen Hö-

rern und Lesern ist zuzeiten ein gewisser Unwille spürbar
geworden über die Zumutung, die Wirklichkeit und
Wahrheit des Menschen nicht beim Menschen selbst,
sondern in Christus suchen zu sollen. Im Predigerseminar
habe ich selbst die Erfahrung gemacht, daß dem gesteiger-
ten psychologischen Interesse ein entsprechend christo-
logisches Interesse nur selten zur Seite geht. Barth aber bezeugt den Menschen in Christus. Das jedenfalls ist das
Hauptmanual seiner Anthropologie. Den von Christus
getrennten bzw. getrennt gedachten Menschen nennt er
den »abstrakten« Menschen – ein kräftiger Kontrapunkt
zu dem, was ein gewisser Realismus unter »abstrakt« versteht. Barth ist überzeugt, daß dieser in seinem Sinn »abstrakte« Mensch, der Mensch »an und für sich«, diese Abstraktion nicht durchhält, sondern die Neigung zeigt, religiös über sich hinaus zu kommen. Barth spricht den Versuch des auf sich selbst gestellten Menschen an, in einem
religiösen Übergriff sich selbst die Prädikate beizulegen.
Dies ist der Zusammenhang, in dem Barth von einer »Nostrifikation Gottes« spricht. Gemeint ist der Verbrauch einer Aneignung oder Einbeziehung Gottes bzw. des Göttlichen aus Gründen der beim religiösen Menschen voraus-
gesetzten komplementären Relation. »Es gibt eine Enthei-
ligung des Namens Gottes, die sowohl im Verhältnis zu
der, die ihm im Atheismus, wie zu der, die ihm in den Reli-
gionen widerfährt, doch wohl die noch schlimmere sein
dürfte: der Versuch der Welt, ihre Sache zur Sache Gottes
zu erheben, oder umgekehrt: die Sache Gottes ihrer eigenen Sache zu unterwerfen und dienlich zu machen.«
Interessant ist die Beobachtung, daß der Mensch, auch der
heutige Mensch, eine absolute Eigenständigkeit nicht
durchzuhalten vermag. Man müßte vor allem die induktiv ansetzenden Seelsorgekonzeptionen befragen, ob sie
diese Beobachtung bestätigen. Das würde darauf hinweisen, daß sich der seelsorgebedürftige Mensch unserer Zeit
möglicherweise weder in der Luft eines radikalen Atheismus aufhält noch daß er sich das traditionsgeprägte Glau-
bensangebot der Kirchen zu eigen machen kann. Viel-

leicht, daß er überhaupt auf solche Angebote theologischer oder philosophischer Art nicht eingehen kann, daß
er sich alles, was mit einem Anspruch von außen an ihn
herangetragen wird, nicht zu eigen machen kann. Sondern nur in dieser von Barth so eindrucksvoll geschilder-
ten, aus eigener Kraft kommenden Aneignungsbewe-
gung, nur in der Anstrengung seiner eigenen Integrationskraft kann er sein Defizit an Sinn und Selbstwert kompensieren.

Ich weiß nicht, ob solche Nostrifikationsbestrebungen
nur als Symptome der Vermessenheit beurteilt werden
sollten. Sie sind doch wohl auch Signale, Notsignale einer
abgerissenen Kommunikation mit Gott und dem Nächsten. Sie beleuchten zugleich die Tatsache, daß eben auch
die Dolmetscher des Evangeliums nicht mehr zu diesem
Menschen hingefunden haben. Wo die Nachricht, daß wir
zu Gott gehören, weil Gott zu uns gehört, den heutigen
Menschen nicht mehr erreicht, da wird sich dieser zugleich vermessene und verzweifelte Wille erheben, den
Barth die Nostrifikation Gottes nennt. Uns wird vor Augen gestellt, wie unsicher alle Theorien über das Innenle-
ben unserer selbst und unserer Zeitgenossen sind. Dieser
Mensch, der Gott in sich hineinziehen möchte, kann ein
Rebell sein oder auch ein Idealist, er kann aber auch ein
Suizidgefährdeter sein. In allen seinen Gestalten leidet er
an seiner eigenen Sprachlosigkeit – daß ihn nichts mehr
ergreift, daß er deshalb von nichts mehr ergriffen wird. Die
Deutungen der Psychologie sind genauso unsicher wie
die der Theologie, wenn der Versuch gemacht werden
soll, diesem in uns und um uns wachsenden vierten Menschen, wie Alfred Weber ihn genannt hat, einen Namen zu
geben und sein Schicksal zu beschreiben.

Miskotte erinnert an die entsprechenden Gestalten schon
in den Romanen Dostojewskis, so wie es vor ihm schon
Eduard Thurneysen getan hat. Dieser ganz auf sich selbst
gestellte und darum ganz und gar nicht standfeste Mensch
wird bei den Begegnungen und Gesprächen, die wir Seelsorge nennen, immer befremdender sichtbar. Er darf aber

unter keinen Umständen unter das Urteil geraten, daß er im Grunde langweilig, weil unzugänglich sei und daß die Seelsorge nicht dazu berufen sei, um dieses rätselhaften Menschen willen ungewöhnliche Anstrengungen zu machen.

Es sieht eben doch so aus, als sei dieser relationslose Mensch gerade darauf angewiesen, daß um seinetwillen die größten Anstrengungen nötig sind. Dieser offenbar sich selbst verborgene Mensch unserer Zeit ist unser aller Partner geworden, und es muß unsere gemeinsame Sorge sein, daß er nicht völlig verstummt, daß er sich nicht hineinflüchtet in die gefährlichen Schutzräume der Neurosen und Psychosen. In demselben Maß, als sich dieser »neue alte« Mensch den Modellen traditioneller evangelischer und volksmissionarischer Arbeit verschließt und entzieht, wächst die Verantwortung der Seelsorge. Aus dieser Perspektive kann die Leidenschaft, mit der die Seelsorgebewegung unserer Tage der Spur dieses Menschen nachzugehen versucht, nur begrüßt werden als ein zeitgerechter Aufbruch der Sorge um einen Menschen, der weniger der Fürsorge als der Seelsorge bedarf.

Die diese Überlegungen abschließende These heißt: Die theologische Anthropologie Karl Barths kann zu dem Trugschluß führen, die Seelsorge sei die ›Missionsstation‹ der Dogmatik, wo es darum geht, das Wort Gottes auszuteilen ›ohne Ansehen der Person‹. Sie kann aber auch die Seelsorge dazu ermutigen, um Gottes willen beim Menschen zu sein. Das seelsorgerliche ›Ansehen der Person‹ liegt im Interesse der Barthschen Theologie.

V Seelsorge einer »Kirche im Defekt«

Aus dem großen Arsenal von Denkmodellen in der Theologie Karl Barths möchte ich eines herausnehmen und der Fragestellung zuordnen, die sich inzwischen ergeben hat. In KD IV/4, »Das christliche Leben«, unterscheidet Barth zwischen zwei Erscheinungsbildern der Kirche, die er bei-

de »Fehlentwicklungen« nennt. Da gibt es die »Kirche im
Exzeß«, die er auch die introvertierte Kirche nennt. Diese
»Kirche im Exzeß« ist primär an sich selbst interessiert. Sie
möchte priesterlich herrschen. Wort und Sakrament sind
Mittel, sich selbst zu behaupten und an Macht zu gewinnen. Es fällt auf, daß Barth die Beschreibung dieser »Kirche
im Exzeß« auf wenigen Seiten unterbringt. Demgegenüber beansprucht die Darstellung der »Kirche im Defekt«
größere Aufmerksamkeit. Es ist »die Kirche, die sich selbst
nicht ernst zu nehmen vermag, weil und indem sie ihrer
Sache nur halb gewiß ist, die sich darum nur zögernd, nur
unter Vorbehalten und Kompromissen für sie einzusetzen, sich nur schüchtern und unverbindlich zu ihrem Auftrag zu bekennen wagt.« Anschließend wird dargestellt,
wie es dieser »Kirche im Defekt« an Mut und Vertrauen
mangelt. Sie ist »nicht getrost«, sagt Barth. »Was sie zu sagen hat, das sagt sie nur ›con sordino‹« (mit Dämpfer).
Das Treffende an dieser Beschreibung ist nicht zu bestreiten. Barth zielt auf die entscheidende Schwäche, die im
kirchengeschichtlichen Augenblick großer Verlegenheit
zu spüren ist. So wird auch heute weithin »con sordino«
musiziert. Aber es reizt mich, diesen gedämpften Klang
im Kirchenkonzert unserer Tage etwas freundlicher zu
kommentieren. Denn es könnte ja sein, daß der leisere
Ton auch der heute angemessene Ton ist. Zumindest im
Blick auf die kirchliche Seelsorge scheint es tatsächlich
angemessen zu sein, daß sie sich verhalten äußert und
nicht alle kerygmatischen Register zum Einsatz bringt.
Man mag dennoch die immer ganz muntere Diskussion
um die Seelsorge beurteilen, wie man will, aber eine Sensibilisierung ist auf allen Fronten eingetreten. Das schon
von Eduard Thurneysen empfohlene und praktizierte Zu-
hören-Können ist heute mit Recht zur Kardinaltugend des
Seelsorgers geworden. Wir wissen um die Zerbrechlichkeit des Gesprächs. Was der Predigthörer an kerygmatischer Lautstärke bei gutem Willen immer noch der gottesdienstlichen Akustik zuschreiben kann, das macht das
seelsorgerliche Gespräch zur Karikatur seiner selbst.

Sicher: Barth spricht von »Schüchternheit«, und es ist zu begreifen, was er meint. Er meint eine Entfernung vom Thema. Er meint eine falsche Zurückhaltung im Bezeugen des Evangeliums. Es gibt aber auch eine Schüchternheit, die der Seelsorge gut ansteht, weil sie dem weithin gestörten Verhältnis vieler Menschen zur Kirche gerecht wird. Will man »Schüchternheit« in bonam partem interpretieren, dann könnte sie beschrieben werden als ein sensibles Situationsgefühl, als zurücktretende Vorsicht um des anderen willen. Diese »Schüchternheit« wäre mit der »Empathie« verwandt, mit der Kunst der Einfindung und Einfühlung, in die sich einzuüben mit Recht das Ziel seelsorgerlicher Ausbildung ist. Eins zumindest ist eindeutig festzustellen, nämlich daß diese »Kirche im Defekt« mit all ihren Mängeln und ihrem gedämpften Instrumentarium seelsorgerlich sinnvoller am Werk ist als jene andere »Kirche im Exzeß«, jene sichere, selbstsichere Kirche, die sich zumeist weniger »con sordino« zu äußern pflegt als vielmehr im sogenannten Brustton der Überzeugung, der schon viele, gerade weil sie musikalisch sind, verstimmt hat.

Aber nun trifft ja die Kritik Barths an der »Kirche im Defekt« noch in eine tiefere Schicht. Was Barth vor Augen hat, ist eine seltsame Betriebsamkeit, die sich offenbar mit der zitierten Schüchternheit verträgt. Es ist die Neigung der in sich selbst verunsicherten Kirche, sich um so mehr zu verzetteln. Ohne Gewißheit bei sich selbst sucht sie die Dienstanweisung, die ihr andere geben. Ohne die Richtung des eigenen Weges zu kennen, sucht sie die Wege anderer. Es handelt sich, so sagt Barth, um die »extravertierte Kirche«. Es ist ein fatales »extra« und keineswegs das »extra nos« des Glaubens. Es ist der Wille zur Anpassung um jeden Preis, den Barth kritisiert, der Ehrgeiz, jeweils den neuesten Konzeptionen und Modellen zu genügen. Eigenes hat diese »Kirche im Defekt« nur wenig zu bieten. Aber auf jedem »Markt der Möglichkeiten« ist sie mit dabei. Was jeweils in Psychologie und Soziologie und vergleichbaren Wissenschaften angeboten wird, das pflegt

diese Kirche schon deshalb anzunehmen, weil sich, wie es
scheint, Zugänge zum Menschen bieten, die mit dem eigenen Schlüssel nicht mehr zu erschließen sind. Ganz un-
mißverständlich und ungeschminkt sagt Barth, daß diese
aus innerer Schwäche nach außen orientierte Kirche »angeblich, um die Menschen zu erreichen«, praktisch dauernd darauf aus ist, »auf sie Rücksicht zu nehmen, sich ihnen anzupassen, ihre Aufmerksamkeit und Sympathie zu
erwerben, ihnen soviel wie möglich gefällig zu sein oder
doch zu erscheinen.«
Wieder wird deutlich, daß in erster Linie von dieser Kritik
das Aktionsgebiet der Seelsorge betroffen wird. Barth kritisiert nicht die Haltung der Zuwendung, wohl aber die
Haltung einer gewissen »Wendigkeit«, die Neigung, anderes zu imitieren, anstatt das andere mit dem Eigenen zu in-
spirieren. Barth kämpft gegen die Versuchung, den eigenen Text zu vernachlässigen, weil ein anderer so viel ergie-
biger zu sein scheint. Es gibt Theologen, deren höchste
Zielvorstellung darin zu bestehen scheint, als Seelsorger
nur ja von den Ärzten und den Psychologen als teamfähig
anerkannt zu werden. Es ist keine Frage, daß die Humanwissenschaften die kirchliche Seelsorge schon längst und
höchst wirksam mitbestimmen. Es darf aber das Bewußtsein nicht verlorengehen, daß die Bibel und alle sich darauf gründende Theologie eine eigene und eigenständige
Humanwissenschaft enthält, die darauf wartet, in der
kirchlichen Seelsorge zum Wohl und Heil der Menschen
eingesetzt zu werden.
Barths kritischer Kommentar zum Erscheinungsbild dieser »Kirche im Defekt«, in der wir ja wohl alle zu Hause
sind, gipfelt in der geradezu komisch wirkenden Aufzählung der Attribute, die die Kirche auszeichnen. Es ist, so
sagt er, »die zerstreute und darum die plaudernde, die
schielende und darum die stotternde Kirche«. Also wahrhaftig keine Schönheit! Diese zerstreute, plaudernde,
schielende und stotternde Kirche kommt weniger im vorgegebenen Rahmen des Gottesdienstes zur Erscheinung
als viel eher und peinlicher bei der Praxis ihrer Seelsorge.

Die plaudernde Kirche am Krankenbett – oder die nach dem therapeutischen Erfolg schielende Kirche – oder die nach ihrem Trost gefragte stotternde Kirche – das ist ja nicht nur eine Möglichkeit, sondern durchaus Wirklichkeit. Barth spricht im gleichen Zusammenhang von einer »statt in der Sakralisierung in der Säkularisierung begriffenen Kirche«. Was immer diese »Sakralisierung« bedeuten mag – es könnte ein Hinweis darauf sein, daß die Seelsorge in der Dimension des Glaubens verankert ist und daß der Glaube nicht säkularisieren kann.

Meine fünfte These heißt:

Das assertorische Element in der Theologie Karl Barths motiviert die kirchliche Seelsorge, das Potential des Glaubens als die entscheidende und ihr entsprechende Hilfe in Anspruch zu nehmen. Eine Seelsorge, die den Glauben nicht nur voraussetzt, sondern auch einsetzt und zur Sprache bringt, ist bei ihrer Sache. Die Glaubwürdigkeit der kirchlichen Seelsorge erweist sich an ihrem Glauben.

»Verheißung« in den Predigtmeditationen Hans Joachim Iwands*

Einzusetzen ist am besten bei einem Abschnitt, der durch seine thesenartige Konzeption besondere Aufmerksamkeit verdient. »Denn das ist das Auszeichnende an der in Christus Jesus verkündigten Erfüllung, daß sie den Verheißungscharakter der Offenbarung nicht aufhebt, wie das alle ›zeitliche‹ Erfüllung tut, sondern erst voll und ganz sicherstellt. Die Heilsgeschichte bleibt immer ›eschatologisch‹, wie man heute sagt; der Glaube bleibt immer bezogen auf die Verheißung, wie die Reformatoren und Bekenntnisschriften sagen. An Jesus Christus glauben heißt aus den Verheißungen leben.«[1]

Die systematische Kraft dieser Sätze bestimmt die Auslegung eines Paulustextes, aus dem die Herztöne apostolischer Angefochtenheit vernehmbar werden. Iwand nimmt das aktuale Moment aus der Situation des Textes auf und empfiehlt dem Prediger, sein persönliches Verhältnis zur Gemeinde anzusprechen, das möglicherweise besonderen Belastungen ausgesetzt ist. »Die Verkündigung ruht nicht auf der Treue des Predigers.«[2] Sondern das Element der Treue, das Gemeinde wie Prediger entlastet, findet sich in Gottes Verheißung, um deren sachgemäßes Verständnis diese Meditation bemüht ist.

Alles kommt darauf an, daß der »Verheißungscharakter der Offenbarung« nicht aufgehoben wird. Hat Offenbarung die Qualität von Verheißung, kann sie nicht zu ei-

---

*   Zuerst veröffentlicht in: *H.-G. Geyer u.a.* (Hg.), »Wenn nicht jetzt, wann dann?« Aufsätze für Hans-Joachim Kraus zum 65. Geburtstag, Neukirchen-Vluyn 1983, S. 395–404.

1   *H.J. Iwand*, Predigt-Meditationen, 1963, S. 165.

2   A.a.O., S. 166.

nem dogmatischen Kirchenschatz erstarren, sondern
bleibt der Kirche und der Welt voraus. Die Verheißung in
der Offenbarung widersetzt sich jeder »zeitlichen« Erfüllung, weil damit das Ende der Verheißungszeit gegeben
wäre, von der die Offenbarung getragen wird.
Nach Iwands Überzeugung ist es von größter Bedeutung,
daß auch und gerade die Kategorie der »Erfüllung« im Modus der Verheißung bleibt. »Der promissorische Charakter der Erscheinung Jesu Christi ist der Grundton der gesamten reformatorischen Theologie.«[3] Hinter dem Begriff
der Verheißung verbirgt sich nicht ein Spezialthema des
biblisch-systematischen Interesses, sondern es geht um
die unaufgebbare Dimension aller Theologie des Wortes.
Verheißung und Glaube bedingen und fordern einander.
Die Freiheit des Glaubens resultiert aus der Freiheit der
Verheißung. Der Glaube ist seinem Wesen nach verhei-
ßungsorientiert. »Es entspricht also der Verheißung
durchaus ein Sein, gerade ihr, aber dieses Verheißungsgut
ist in Christus Wirklichkeit, es bleibt also meiner irdischen Gegenwart gegenüber immer ein zukünftiges, ich
habe es nur im Glauben. Während das andere Haben der
Abrahamskindschaft sich im Tun, in Werken, in Leistungen, in einer bestimmten qualitas meiner Existenz darstellt.«[4]
In dem »judenchristlichen Mißverständnis christlicher
Existenz«[5] sieht Iwand die Intention zu einem demon-
strierbaren »Haben«, das dem der Verheißung entgegenge-
setzt ist. Die in der Verheißung verankerte Freiheit motiviert den Glaubenden, alles und auch sich selbst zu »verlassen«. Es wird jedoch erkennbar, daß die von Iwand als
»judenchristliches Mißverständnis« bezeichnete Haltung
ihrerseits nicht mißverstanden werden darf als ein glau-
bensgeschichtlicher Sonderfall. »Was ist uns nur, daß wir
in dieser Hinsicht alle eine geheime Neigung haben, die

3   A.a.O., S. 165f.
4   A.a.O., S. 513 (Anmerkung).
5   A.a.O.

Verheißung erst ernst zu nehmen, wenn unser Tun, unsere Mühe, unsere Askese, wenn das Besondere unserer Gerechtigkeit dazugesetzt ist?«[6] Diese Neigung ist begründet in der Sache nach erfahrbaren Erfüllungen auch unter der Sprache der Verheißung, wenn der Glaube begierig nach dem »Schauen« fragt und sich erfahrungspsychologisch seiner selbst versichern möchte.

Es ist aber die Stärke der Verheißung, daß sie Verheißung bleibt und daß sie sich nicht in Zuständen vorläufiger Teilerfüllungen erschöpft. Das Bild der Morgendämmerung, von Iwand mehrfach herangezogen, hat die Funktion, die theologische Struktur von »Verheißung« aufzuzeigen, bei der die Gewißheit vom Sieg des Lichtes zusammengeht mit der noch verbliebenen Nacht. Es ist die Stunde der verheißenen Erfüllung, noch nicht die Stunde der erfüllten Verheißung. Auf jeden Fall liegt in der Verheißung die Komposition des Promissorischen mit dem Assertorischen. Alle Heilsgewißheit ist in der Verheißung verankert.

Aus den Möglichkeiten menschlicher Existenz kann sich keine Verheißung erheben. Um dieses Thema kreist die Meditation zu Phil 4,4–7.[7] Für Iwand liegt die entscheidende Motivation des ganzen Briefes in der Verheißung: »Der Herr ist nahe!« Diese verheißene Nähe des Herrn gilt unabhängig von biographischen Prozessen des Glaubens oder des Unglaubens. Psychische Dispositionen als Produktionsstätten verschiedenartigster Frömmigkeit beweisen zur Genüge ihre Macht in der Geschichte der Menschheit, aber »Verheißung« anzubieten ist ihnen nicht gegeben. Aus der bewegten Seele erheben sich Klage und Hoffnung, Angst und Mut, aber nichts mit der Qualität Verheißung. »Denn die Anfechtungen als solche haben in sich keine zu Gott hintreibende, keine ›adventliche‹ Kraft, sie sind der freilich nicht unwirkliche, aber doch nicht wesentliche Hintergrund, einer dunklen Landschaft gleich,

6   A.a.O., S. 511.
7   A.a.O., S. 248ff.

über der das Licht aufgeht. Entscheidend ist, daß auch hier
der Glaube an dem einen hängt: am Herrn und seiner unbegreiflichen, seiner gnadenvollen Nähe.«[8]
Die Kategorie der Verheißung wird dem Wesen des Glaubens stärker gerecht als die der »Heilstatsachen«. Damit ist
nicht bestritten, daß zur Verheißung nicht nur futurische,
sondern auch perfektische Inhalte gehören. Ihr Beieinan-
der als charakteristisches Merkmal der biblisch bestimmten Verheißung hat Iwand glänzend formuliert: »Ohne das
Perfektum ist das Futurum ein leerer Messianismus, der
vergißt, daß das letzte Wort Gottes gesprochen ist. Und ohne das Futur ist das Perfektum ein bloßer Historismus, der
sich durch keine Wiederbelebungsversuche der Psychologen darüber hinwegtäuschen kann, daß wir uns bei diesem
›Perfektum‹ im Totenreich befinden.«[9]
In der Meditation zu Lk 1,68–79[10] gibt es Versuche, den
Zeitwert der Verheißung gezielt anzusprechen. Die für
den Text bezeichnende Spannung zwischen »visitavit«
und »visitabit« wird als sachgemäß und dem Verheißungswort angemessen angesehen. Iwand sieht vor allem die
Gefahr, daß eine Tendenz zum isoliert-perfektischen
Denken die Verheißung in das »Totenreich« einer hori-
zontlosen Vergangenheit absinken läßt. Darum zitiert er
Karl Barth: »›Die Verheißung ist erfüllt‹ heißt nicht: die Vergebung hört auf und an ihre Stelle tritt nun das Verheißene
selbst, sondern eben die Verheißung selbst wird nun ganz
vollständig, unzweideutig und damit kräftig.«[11]
In diesem Zitat wird als Beziehungsbegriff zur Verheißung
die Vergebung genannt. Das entspricht einem zentralen
theologischen Interesse Iwands. »Die Erfüllung ist keine
Gegebenheit, die nun als solche dem Historiker in Zustimmung oder Kritik ausgeliefert wäre, sondern die Erfüllung wird ›Gegebenheit‹ in der Weise, daß die remissio

8   A.a.O., S. 249.
9   *H.J. Iwand,* Predigt-Meditationen, 2. Folge, S. 39.
10 A.a.O., S. 34ff.
11 A.a.O., S. 38.

peccatorum proklamiert wird und denen, die im Finstern
wandeln, damit die große Barmherzigkeit leuchtet.«[12] Als
signa der Verheißungswirklichkeit werden also genannt:
die Proklamation der Vergebung und das in der Finsternis
leuchtende Licht. Das bedeutet: Noch ist weder der sünd-
lose Mensch noch die erlöste Welt in Erscheinung getreten. Die in Christus geschehene Erfüllung ist für uns eine
von Verheißung getragene Erfüllung. »Wir können dies
Licht nicht anders haben als in dieser ›Morgenröte‹, wir
können die Erkenntnis des Heils nicht anders fassen als in
dem Bußruf zur Vergebung der Sünden.«[13]
Es ist sicher keine Bemerkung am Rande, wenn Iwand den
erstaunlichen Satz niederschreibt: »Wir müssen uns fragen
lassen, ob wir wirklich weiter sind als Johannes (gerade in
Erinnerung an Mt 11,11).«[14] In dieser nüchternen Überlegung zeigt sich die Gegenbewegung zu aller hochge-
stimmten »Erfüllungstheologie«. Als eine Gestalt der Verheißung hält uns der Täufer bei seiner Predigt in der Wüste fest. Die Gabe der Verheißung heißt: Vergebung der
Sünden. Keine Metamorphose von Charakter und Natur.
Keine Promotion zum Heilsstand der Vollkommenheit.
Kein Aufbau, sondern Abbau: Vergebung der Sünden. Eine
eigenwillige und bemerkenswerte Konsequenz für die
»Politische Theologie« schließt sich an: »Möchten alle, die
heute die Königsherrschaft Gottes für unser zerquältes
Dasein in Politik und Wirtschaft, in Gesellschaft und
Haus als ultima ratio proklamieren, dies sich merken, daß
es nicht genügt, theokratische Ziele aufzurichten, son-
dern daß zwischen dem Alten Testament und dem Kom-
men des Christus die Johannesbotschaft steht, ›Erkenntnis des Heils in der Vergebung der Sünden‹.«[15]
Es ist Iwand zu danken, daß er die dem Glauben gezogene
Grenze zur »erfüllten Verheißung« hin nicht übersieht

12   A.a.O., S. 39.
13   A.a.O., S. 38.
14   A.a.O.
15   A.a.O., S. 44.

und doch zugleich die Gewißheit, die der Glaube der Verheißung verdankt, eindeutig herausgestellt hat. In seiner
Auslegung des Karfreitagstextes Hebr 9,15.23–28[16] ist von
der Verheißung die Rede, »die uns das ewige Erbe zuspricht«.[17] Das Wort »Erbe« wird zu einem hermeneutischen Schlüssel, der besondes gut geeignet ist, den biblischen Gehalt von »Verheißung« zu erschließen. Vom
Noch-Nicht und vom Schon-Jetzt ist das Erbe bestimmt.
Im Bewußtsein des Erben regiert schon das Erbe, obwohl
er es noch nicht angetreten hat. So bestimmt auch das
»ewige Erbe« den Glauben, obwohl es dem Glaubenden
noch nicht verfügbar ist.
Iwand empfindet keine Unstimmigkeit im Verhältnis des
Erben zum Erbe. Sein Interesse gilt dem verheißungsge-
mäßen Glauben, der sich in Geduld und Gewißheit schon
jetzt mit dem Erbe verbunden weiß. Weil in der Verheißung Geduld und Gewißheit sind, sind sie auch im Glauben. Die Grundthese Iwands, daß »unsere Existenz auf die
Verheißung Gottes« bezogen ist[18], bewahrt den Glauben
vor pessimistischem Verweilen bei der »homiletischen Situation«. Bei Iwand ist die »homiletische Situation« als
promissorische Situation qualifiziert. Darum ist die
Haupttonart der Iwandschen Meditationen und Predigten das Dur der Verheißung. Es ist nicht gerade »griechi-
sche Heiterkeit«, die sein Denken bestimmt, wie er sie
sich für die evangelische Predigt gewünscht hat, wohl aber
ein bewußter Abstand vom Predigtton der »Realisten« auf
der Kanzel.
Die biblische Verheißung einer größeren Wirklichkeit,
dem »ewigen Erbe«, ist so bestimmend, daß sie diesem
Schriftausleger den Raum und die Ruhe nicht gibt, um bei
den Dissonanzen oder den Erfahrungen des Absurden
länger zu verweilen. Darin ist Iwand ein unbeirrbarer
Theologe der Verheißung, daß er selber ganz konsequent

---

16 *H.J. Iwand*, Predigt-Meditationen, 1963, S. 67ff.
17 A.a.O., S. 681.
18 A.a.O., S. 687.

»unsere Existenz auf die Verheißung Gottes« bezieht. Was
das Studium seiner Meditationen so anspruchsvoll
macht, ist weniger der hohe Rang der in ihnen aufleuch-
tenden Erkenntnisse und die systematische Strenge ihrer
Darstellung, sondern es ist die faszinierende Entdeckung,
wie unerwartet »einfach« Iwand im Zentrum seines Glaubens, Denkens und Handelns gewesen ist. Das gibt seiner
Theologie eine starke innere Konsequenz, die für seine
Leser nicht immer in entsprechender Stringenz nachzu-
vollziehen ist.

Im Beziehungsfeld zwischen Verheißung und Glauben
finden sich bei Iwand keine unklaren oder tastenden Aussagen. In diesem Kontext ist seine Sprache entschieden
assertorisch und konfessorisch. Ist die Verheißung verläßlich, so ist es auch der Glaube. Allerdings sind Verheißung
und Glaube keine gleichrangigen Partner. Die Verheißung
begründet den Glauben, aber der Glaube begründet keineswegs die Verheißung. Die Priorität der Verheißung
zeigt sich darin, daß sie sich nicht rechtfertigen muß, auch
nicht vor irgendeinem Maßstab der »Erfüllung«. Verheißung ist absolut letztes Wort.

Der Glaube hängt an der Verheißung im Sinne des Abhän-
gigseins. Wenn aus der verheißenen Erfüllung die erfüllte
Verheißung wird, werden Verheißung wie Glaube »aufgehoben« sein. Iwand ist sehr daran gelegen, den Glauben an
die Kraft der Verheißung zu binden und ihn gerade so zu
entlasten. Der Mensch unter der Verheißung braucht sich
an »Glaubensernst« nicht zu übernehmen. Bei aller Zustimmung zur reformatorischen Konzentration auf Inhalt
und Akt des Glaubens bleibt Iwand ein scharfer Kritiker
jeder Konzeption, die den Glauben verabsolutiert. »Man
möchte den Menschen als den glaubenden zum Träger
seines Heils machen.«[19]

In der Meditation zu 1Petr 1,3–9 heißt es: »Darum begegnet uns hier der Glaube in dienender Funktion.«[20] »Glau-

19   A.a.O.
20   A.a.O.

ben heißt also, daß wir unser ›Erbe‹, das Land unserer
Hoffnung, dank Jesu Christi in Gottes Hand und uns selbst
auf dieses Ziel von ihm behütet wissen. Wer glaubt, wird
sich nicht denen zugesellen, die hier um den Verlust der
Freiheit bangen. Sich in Gottes Gewahrsam begeben,
heißt das, seine Freiheit verlieren?«[21] Im Text ist von der
Freude und vom Jubel die Rede.[22] Das ist für Iwand eine
Konsequenz der aufgenommenen Verheißung. Er nennt
diese Freude eine »Prolepse des Kommenden im Geist«[23].
Angefügt findet sich der Hinweis auf Beethovens 9. Sym-
phonie. Also eine umfassende, eine polyphone Freude ist
gemeint, eine Erhebung der Seele um der Verheißung willen. Es wird auch die seelsorgerliche Wirkung einer solchen »Prolepse des Kommenden« angesprochen: »Wir dürfen einander nicht dem Jammer, dem Schmerz und dem
Gram überlassen. Denn das Offenbarwerden Jesu Christi,
seine ›Apokalypse‹, wird ein Tag unbeschreiblicher Freude, unvorstellbarer Helligkeit (doxa) sein. Von daher sind
alle Leiden dieser Zeit zu bemessen.«[24]
So ist »Verheißung« für Iwand kein bloßer Teilaspekt des
vom Credo abgedeckten Bestandes christlicher Glau-
bensinhalte, sondern Summe und Inbegriff des Evangeliums. Die Verheißung gibt dem Glauben Richtung und
Ziel. Sie konzentriert das Selbstbewußtsein des Glaubenden auf eine Wirklichkeit, die das Selbst transzendiert.
Unter der Verheißung kommt es ans Licht, daß der
Mensch bei sich selbst nicht geborgen ist. Dementsprechend sind die »Glaubenserfahrungen« zuerst und vor allem Erfahrungen von dem noch Ausstehenden. Die Erkenntnis vom »Stückwerk« aller Dinge (1Kor 13), in der
Perspektive der Verheißung, ermutigt zur Toleranz des
nur schwer Erträglichen. Iwand spricht von dem Zustand
einer Angefochtenheit, in dem nichts anderes vertrauens-

21   A.a.O., S. 688
22   A.a.O.
23   A.a.O.
24   A.a.O.

würdig bleibt als das Wort der Verheißung. Das führt zu
strengen homiletischen Konsequenzen. »Predigen heißt:
den Menschen ganz bloß und nackt in die freie, nur von
Gott und seinem Willen begrenzte Verheißung stellen,
ihn in die Luft stellen.«[25] In dieser kühnen Formulierung
liegt viel Provokation zum Widerspruch. Es könnte doch
die gebotene Empathie zu Schaden kommen, wenn der
Predigthörer so radikal sich selbst entfremdet wird. Aber
aller »Pastoralpsychologie« zum Trotz, die sich zum Anwalt des »wirklichen Menschen« machen möchte, ihn
aber nur aus sich selbst versteht, findet der Mensch sich
selbst in der Verheißung. Sie ist das einzig Bleibende im
Zerfall der Fundamente.
Die ganze theologische Arbeit mitsamt ihrer spezifischen
Leidenschaft gilt der Aufgabe, das Verheißungswort mit
dem Menschen zusammenzubringen. Es soll ihn zur Hoffnung und zum Widerstand bewegen. »Ohne das Kreuz,
ohne die Anfechtungen, ohne die Tiefe der Not könnte
euer Glaube nie und nimmermehr seine Echtheit beweisen; es muß so sein, ihr müßt in einer widrigen Welt leben,
ihr müßt erfahren, daß ihr eben doch noch nicht die Erlö-
sten seid, daß alles, was ihr glaubt, wovon ihr lebt, noch
nicht Wirklichkeit ist. So werdet ihr euch bewähren, indem ihr über alles hinauslangt, was ist, und euch nach
dem streckt, was nicht ist, nach der reinen Verheißung
Gottes. Vielleicht wird euch Gott sehr viel nehmen, vielleicht wird es so gehen, daß euch Leib und Seele ver-
schmachten. Aber das alles wird euch nur zeigen, aus welcher Quelle euer Glaube lebt. Je tiefer die Anfechtung, desto freier wird euer Glaube sein. Ihr werdet lernen, ohne
die Krücken zu gehen, die ihr noch gewöhnt seid, ihr werdet lernen, daß der Glaube erst dann ganz echt ist, ganz
wahr, ganz frei, wenn er sich auf nichts anderes mehr
stützt als auf die Verheißung Gottes.«[26] Die Predigt, aus
der dieser Abschnitt entnommen ist, hat Iwand am 10.

25   A.a.O., S. 511.
26   *H.J. Iwand*, Nachgelassene Werke, 3. Bd., 1963, S. 160.

März 1945 vor seiner Dortmunder Gemeinde gehalten.
Die Verheißung kommt dem Glauben zu Hilfe. »Gott ist
selbst der Bürge seiner Verheißung.«[27]
Die Gestalt, in der sich die Verheißung mit der Situation
der Anfechtung verbindet, ist das kairologische Ereignis,
das Iwand gern »das Heute der Gnade Gottes« nennt. Um
dieses spezifische »Heute« zu verstehen, sei noch einmal
die Karfreitagsmeditation zu Hebr 9 herangezogen. »Jesus
Christus als der Mittler des Neuen Bundes tritt zwischen
das Gestern und das Morgen. Er sorgt dafür, daß das Gestern nicht in das Morgen übergeht. Um seinetwillen dürfen wir sagen: ›Das Alte ist vergangen‹. Damit wird unser
Heute frei zum Bezuge auf die Verheißung. Das Band, das
unser Leben schuldhaft an das Gestern bindet, wird zerschnitten. Gottes Sohn tritt dazwischen, damit unser
Heute bestimmt werden kann von der Verheißung her, die
uns das ewige Erbe zuspricht. Das soll unser Tun und Lassen im ›Heute‹ regieren, damit wir unserer Berufung, der
wahren Berufung, der wahren Bestimmung unseres Lebens gerecht werden.«[28]
Hier ist zunächst nicht vom »Heute der Verheißung«, sondern von unserem Heute die Rede. Es ist in seiner flüchti-
gen Erscheinung darauf angewiesen, »daß das Gestern
nicht in das Morgen übergeht«.[29] Iwand denkt vor allem
an das zähe Verbleiben der Schuld. Es ist wichtig, daß sich
die Befreiung unseres Heute vom Gestern tatsächlich ereignet. »Das Band, das unser Leben schuldhaft an das Gestern bindet, wird zerschnitten.« Nun wird unser Heute
»von der Verheißung her« bestimmt. Es ist wie eine Zusammenfassung dieser Gedanken, wenn es etwas später
heißt: »Unser Heute, durch Jesus Christus freigemacht,
vom Gestern unserer Übertretungen, liegt frei vor uns, frei
für das, was kraft der Verheißung geschehen soll.«[30]

---

27 A.a.O., S. 161.
28 *H.J. Iwand*, Predigt-Meditationen, 1963, S. 681.
29 A.a.O.
30 A.a.O.

Das kairologische »Heute« umfaßt die Begegnung und
Kommunikation der Verheißungszeit mit unserer Zeit.
Die Meditation zu Röm 13,11–13 ist in diesem Zusammenhang besonders aufschlußreich.[31] »Das Evangelium
hat seine eigene ›Zeit‹, es ist sein Heute, in das es uns ruft,
und dieses sein ›Heute‹ ist immer Vorbereitung, Advent,
es ist das Heute, dessen Morgen die Ewigkeit ist.«[32] Die
Zeit der Verheißung ist dadurch ausgezeichnet, daß sie
sich in ihrer qualitativen Differenz zur Weltzeit und zur
Lebenszeit als fähig erweist, deren Allmacht und Ohnmacht zu durchbrechen. Im »Heute der Verheißung« liegt
die Kraft, unsere Zeit zu bewegen und ihre Neigung zur
Flucht wie zur Erstarrung zu überwinden. Die Verheißungszeit ist wohl nicht als »Ewigkeit in der Zeit« zu verstehen, denn das wäre »Erfüllungszeit« mit der Wirkung,
daß das vorläufige Recht der vergehenden Zeit beendet
wäre. Unter der Verheißung aber wird auch die Zeit aus aller Behinderung in die ihr eigene Bestimmung und Freiheit zurückgeführt.
Iwand beschreibt den Einfluß der Verheißung auf die Zeit
mit der ihm eigenen Ausdruckskraft: »Der magische Kno-
ten, der sich mit einer absolut gesetzten, alles nivellieren-
den Zeit um unsere Existenz zu legen droht, ist durchhau-
en. Die Zeit wird wieder Zeit werden, sie kommt in Bewegung. Es wird Tag, das Dunkel sinkt, die Nacht weicht.
Der Mythos von der ewig still stehenden Vergangenheit,
in der sich alle Ereignisse und Bewegungen totlaufen und
zur ›ewigen Ruhe‹ kommen wie die Wellen im Meer, jener
Aberglaube, daß alles, was in der Zeit geschieht, aus der
Zeit stammt und in sie zurückkehrt, ist durchbrochen.«[33]
Iwand reflektiert nicht nur das kairologische Aufbrechen
von Vergangenheit und Gegenwart, sondern auch das Verhältnis von Verheißung und Wirklichkeit. Die Verheißung

31   H.J. Iwand, Predigt-Meditationen, 2. Folge, S. 111ff.
32   A.a.O., S. 112.
33   A.a.O., S. 115.

ist bezogen auf eine »Wirklichkeit außerhalb unser«.[34] Die Verheißung richtet den Glauben auf eine »zwar noch ausstehende, aber darum keineswegs irreale Wirklichkeit« aus.[35] Die versöhnte, aber noch nicht erlöste Welt darf mit dem Gewicht der »Leiden dieser Zeit« den Glauben nicht erdrücken. Auf der anderen Seite darf der an die Verheißungswirklichkeit gebundene Glaube die Welt mit ihrer Angst nicht hinter sich zurücklassen. Insbesondere in den Meditationen zu alttestamentlichen Texten wird dieser Thematik Raum gegeben. Zu Jes 55,5–11 beschreibt Iwand, was das Verheißungswort Gottes im Gegenüber zur gottlosen Wirklichkeit zu leisten vermag: nicht »Deutung und Interpretation«, sondern die Aufhebung dieser Wirklichkeit. Das »Gewicht des Tatsächlichen« wird aufgehoben.[36] Er spricht von dem »Gefängnis der sogenannten Wirklichkeit«.[37] Dahinter verbirgt sich nicht ein geistliches Überlegenheitsbewußtsein, sondern das Rechnen mit dem Maßstab der neuen, verheißenen Wirklichkeit. »Alles, was ist, wird vom Propheten auf die Waage der Verheißung gelegt.«[38]

Entsprechendes ist zu sagen von der Adventsmeditation zu Jes 62,10–12.[39] Unter der Überschrift »Daß Gottes Verheißung immer Verheißung bleibt« stellt Iwand uns die nachexilische Situation vor Augen: »Wo soll der Glaube hinfliehen angesichts dieses grauenvollen Widerspruchs zwischen der Wirklichkeit, die er antrifft, und den Verheißungen Gottes . . .?«[40] Iwand hat sehr genau von dem dissonanten Verhältnis von Wirklichkeit und Verheißung gewußt. In den nachexilischen Erfahrungen sind für ihn zugleich die Anfechtungen Israels und der Kirche mitbetroffen. »Ihr in der Zeit der Verbannung erwachsener und be-

---

34   *H.J. Iwand,* Predigt-Meditationen, 1963, S. 527.
35   A.a.O.
36   A.a.O., S. 388.
37   A.a.O.
38   A.a.O.
39   A.a.O., S. 532ff.
40   A.a.O., S. 533.

währter Glaube an Gottes Verheißung wird gerade jetzt,
gerade angesichts der eingetretenen Erfüllung ad absur-
dum geführt. Verheißung und Wirklichkeit sind aufs neue
in unaufhebbaren Kontrast zueinander getreten.«[41]
Wichtig ist die Erkenntnis, daß das Verheißungswort dem
Glauben nahe, aber auch fern sein kann. Verheißungszeit
ist nicht zeitlose Präsenz der Verheißung. Die Begegnung
mit der Verheißung hat Iwand nie als einen selbstver-
ständlichen Vollzug des geistlichen Lebens erachtet. Er
spricht vielmehr von einem »Prozeß des Verlierens und
Wiedergewinnens, des Irrewerdens und Neu-Vertrau-
ens«.[42]
Die Verheißung, bleibende Verheißung braucht das Wort,
um sich der angefochtenen Gemeinde mitzuteilen. In einer anderen Gestalt als der des Wortes will die Verheißung
dem Menschen nicht begegnen. Das verheißende Wort ist
verglichen mit der breiten Skala religionspsychologisch
erschlossener Erfahrungen ein relativ sprödes Instrument
der Kommunikation. Aus dem Beziehungsfeld Wort–
Glaube entspringen Unruhe, Vorfreude, Erwartung und
Mut, aber keine Zustände religiöser Erhebungen oder Ver-
senkungen, in denen der Mensch sich selbst zur Erbauung
wird. Die Theologie Iwands weist den Menschen ständig
über sich hinaus. Er findet zu sich selbst, wenn er nicht bei
sich selbst ist. Iwand hat allen Angeboten, die sich als »Erfüllung« verstehen, eine leidenschaftliche Absage gegeben. »Nie, auch nicht dann, wenn und wo Ereignisse auftreten, die wir als Erfüllung seiner Worte, als Bestätigung
unseres Glaubens, als Erhörung unserer Gebete ansehen
dürfen, werden wir darin Gott finden.«[43] In diesem Satz
kommt offenbar zum Ausdruck, daß es im Rahmen der
persönlichen Lebenserfahrung wohl eine Spur von Führung und Bewahrung gibt. Aber gewarnt wird vor allen

41   A.a.O.
42   A.a.O., S. 535.
43   A.a.O.

Versuchen, in den engen Maßen des biographischen Erlebens eine Gestalt der Offenbarung Gottes zu suchen.

Nur dem Wort der Verkündigung ist die Aufgabe zugefallen, Träger und Überbringer der Verheißung zu sein. Die der Verkündigung anvertraute Verheißung bedarf nicht irgendeines magisch-immanenten Potentials im biblischen Wort, sondern nur dessen gewissenhafter Auslegung. Das wiederum verlangt vom Ausleger, sich selbst mitsamt seiner Glaubenserfahrung zurückzunehmen. »Meditieren heißt, daß wir im Wort die Warheit suchen und nicht in uns.«[44] Aus dem Umgang mit dem Text erhebt sich die Verheißung, nicht aus der Frömmigkeit des Auslegers oder aus der Sprachgestalt der Predigt. »Der Text ist gerade in seiner Inhaltlichkeit, in seiner Wörtlichkeit, die ständige Erinnerung und die göttliche Verheißung, daß hier wirklich die Blinden sehen, die Lahmen gehen, die Toten auferstehen könnten.«[45] Der Konjunktiv ist kein Ausdruck der Skepsis, sondern der Trauer. Iwand sieht den Schaden darin, »daß wir nicht bedürftig genug, nicht leer, arm, blind, lahm und gottfern genug an unseren Text herankommen . . .«[46] Das ist eine wahrhaftig ungewöhnliche, für Iwand aber typische Anleitung zum Predigen, wie sie wohl kaum von Praktischen Theologen oder Kirchenleitungen erwartet werden kann, weil in der Regel unter den Voraussetzungen der Predigt das Gegenteil dessen verbucht wird, was der Prediger Iwand hier zu sagen hat. Es ist die Situation der ersten Seligpreisung, die sich für ihn mit der Predigtverheißung verbindet.

Daß uns die Erfüllung nicht anders als in der Gestalt der Verheißung begegnet, gehört zur Substanz der theologischen Gewißheit und Erkenntnis, die von keiner anderen Wissenschaft erreicht werden können. Wenn zum Abschluß noch einmal ein längerer Passus aus den Predigtmeditationen Iwands zitiert wird, so gilt unser Interesse

44   A.a.O., S. 195.
45   A.a.O.
46   A.a.O.

der Größe der Verheißung, daß sie sich mit nichts Gerin-
gerem zufriedengibt als mit der weltumspannenden Erlösung. Die sich gegen alle pseudomessianischen, voreili-
gen Friedensschlüsse abgrenzende Sprache ist zugleich
ein bewegender Hinweis auf »Gottes letztes Werk«, auf das
die Verheißung bezogen ist. »Der Unterschied zwischen
dieser Todeswelt und der kommenden Welt der Auferste-
hung zum unvergänglichen Leben kann nicht aufgelöst,
darf nicht als nebensächlich behandelt werden. Die Spannung zwischen Glauben und Schauen, Hoffen und Sehen,
Hören und Empfangen muß bleiben, solange wir hier leben, wir müssen vieles an uns vorüberziehen lassen von
dem, was der Größe Gottes eben nicht gemäß ist. Wir
müssen warten auf Gott. Gottes letztes Wort steht noch
aus. Solange dieses vergängliche Sein nicht gewandelt,
dies Sterbliche nicht überkleidet ist, solange ist auch Gottes Verheißung noch eine ausstehende, unerfüllte, mit einer zu allem Bestehenden in Gegensatz tretenden Botschaft. Gottes Verheißung meint nicht, was wir sehen und
greifen. Die Wirklichkeit, die ihr gemäß ist, ist noch eine
unsichtbare, liegt jenseits des Todes und der Zeit.«[47]

47   H.J. Iwand, Predigt-Meditationen, 2. Folge, S. 142.

Fragen und Dank an Eduard Thurneysen*

Wollte man die Eigenart der Thurneysenschen Seelsorge-
auffassung mit einem einzigen Begriff kennzeichnen, so
ist zu sagen: Thurneysen vertritt eine Seelsorge der Rechtfertigung. Zuerst in seinem berühmten Aufsatz von 1928
in »Zwischen den Zeiten« mit dem Thema »Rechtfertigung und Seelsorge« und dann in allen seinen Äußerungen zur Seelsorge steht eindeutig der Begriff und die Sache
der Rechtfertigung im Mittelpunkt seiner Konzeption.
Dem umstrittenen Kapitel »Der Bruch im seelsorgerlichen Gespräch« in seiner »Lehre von der Seelsorge«
kommt in diesem Zusammenhang eine besondere Bedeutung zu.
Als »Rechtfertigungsseelsorge« scheint für mich die kirchliche Seelsorge auch heute noch bei ihrer ureigensten Aufgabe zu sein, womit zugleich zum Ausdruck kommt, daß
ein Sinnverlust im Geltungsbereich der Rechtfertigungslehre sofort auch die Relevanz einer auf »Rechtfertigung«
basierenden Seelsorge herabmindern würde. Ich bin aber
überzeugt, daß weder die Lehre von der Rechtfertigung,
verstanden als Konsequenz der reformatorischen Christologie, noch ihre Anwendung in der heutigen kirchlichen
Seelsorge einen solchen Sinnverlust zu erkennen gibt.
Bevor ich dazu noch etwas ausführe, möchte ich einige
Anfragen vorausschicken, die ich im Gespräch mit cha-
rakteristischen Ausformungen der Seelsorgelehre Thurneysens zu formulieren versuche.
Meine Anfrage betrifft erstens das Verhältnis von Gesetz
und Evangelium. In der Spur reformierter Theologie be-

---

* Referat, gehalten auf dem Thurneysen-Symposion am 18./19. Juni
1988 in der Evang. Akademie Iserlohn.

tont Thurneysen sehr stark die Zusammengehörigkeit, ja
die Einheit von Gesetz und Evangelium, von Galater- und
Jakobusbrief, von Rechtfertigung und Heiligung. Dabei be-
obachte ich – mit einer gewissen Ratlosigkeit – bei Thurneysen eine Neigung, mit dem Evangelium ›gesetzlich‹
umzugehen, wenn ich so sagen darf. In Übereinstimmung
mit Barth erscheint das Gesetz bzw. das Gebot im seelsorgerlichen Gespräch als die »Form des Evangeliums«. Das
könnte bedeuten: Das Evangelium artikuliert und konkre-
tisiert sich nicht anders als im Aufruf und Zuruf des Gebots. Auch der Zuspruch der Vergebung der Sünden, in dem
für Thurneysen die Seelsorge ihren prägnantesten Ausdruck findet, erscheint vornehmlich in der Gestalt des Gebots. Dazu sagt Thurneysen: »Der Freispruch Gottes in der
Vergebung ist ein kräftiger, ein wirksamer Freispruch. Der
Mensch empfängt in ihm ein neues Leben. Dieses neue Leben äußert sich darin, daß er Gottes Wort als ein *Gebot* vernimmt, das ihn aufruft zum Streit gegen seine Sünde. Seelsorge üben heißt darum immer Gottes Gebot verkündigen
und den Menschen in den Gehorsam stellen« (Die Lehre
von der Seelsorge, [4]1976, S. 58). Im Blick auf den doppelten
Bedeutungsgehalt des biblischen *»parakalein«* mit den
beiden Akzenten auf »trösten« und »ermahnen« scheint es
Thurneysen im wesentlichen auf das evangelische Ermahnen anzukommen, weil ihm das seelsorgerliche Ermutigen
am Herzen liegt, das für Thurneysen eine größere Nähe
zum Ermahnen als zum Trösten hat. Es ist sogar zu beobachten, daß für Thurneysen gewissermaßen auch das Trösten vom Gebot umschlossen ist. Der seelsorgerliche
Hauptimpuls ist also das »ermahnende Trösten«. Auf diese
Weise wird das biblische *»parakalein«* nicht mehr differen-
ziert, sondern als Einheit verstanden. »Trösten« ist »ermahnen«, und »ermahnen« ist »trösten«.
Meine Frage heißt: Ist ein solches tröstendes Ermahnen
nicht doch ein hölzernes Eisen? Und müßte der Rechtfertigungsseelsorge nicht eher ein Trost entsprechen, der »letztes Wort« ist? Kein »imperativisches« Trösten, sondern ein
Trösten mit eindeutig indikativischer Qualität?

Mit einer zweiten Anfrage an die Seelsorgelehre Thurneysens möchte ich die für ihn so wichtige Differenz von Seelsorge und »Seelenleitung« bzw. »Seelenpflege« ansprechen. Der Begriff Seelsorge ist bei Thurneysen immer auf
die christologische Heilsgeschichte konzentriert. Sein
Mißtrauen gilt einer Auffassung, die dem Seelischen im
Gegenüber zum Leiblichen eine mit Gott oder dem Göttlichen ausgefüllte Architektur zuspricht. Aber auch die
Seele gehört zur »*sarx*«, sagt Thurneysen. Römisch-katholische, pietistische oder psychologische »Seelenpflege«
führt leicht zum Vertrauen auf das Eigene, das doch ganz
abhängig ist von der Kraft Gottes, die in seinem Wort zum
Durchbruch kommt.
Innerhalb der Klammer sarkischer Existenz, die Leib *und*
Seele umfaßt, zeigt sich nun aber bei Thurneysen eine große Aufmerksamkeit für die relative Eigenständigkeit des
Psychischen. Was Thurneysen in § 3 seiner »Lehre von der
Seelsorge« über die Unsterblichkeit der Seele ausführt, gehört für mich zum Ergreifendsten im Vergleich mit anderen Versuchen, die Überlegenheit der Seele über den Leib
zum Ausdruck zu bringen. Er sagt: Daß die Seele nicht sterben kann, ist ihre Würde, aber auch zugleich ihre Qual.
Denn auch »Unsterblichkeit der Seele« hat ihren Ort »tief
unterhalb der Ewigkeit Gottes«. »Daß die Seele nicht sterben kann, heißt noch lange nicht, daß der Mensch das
ewige Leben in sich trage« (S. 47). Es gibt eine »unheimliche« psychische Unsterblichkeit, die ganz darauf angewiesen ist, durch die Gnade Gottes erlöst zu werden.
Bleibt die Seelsorge bei der eigenen Seele stehen, so bleibt
sie in der Gefangenschaft des psychischen Schicksals, das
zwar Unsterblichkeit, aber zugleich auch Unerlöstheit bedeutet.
Ich möchte das innere theologische Pathos Thurneysens
erkennen, das ihn als Lehrer der Seelsorge geleitet hat.
Spürt man ihm nach, dann erkennt man, daß er als Prediger des Evangeliums in dem unter dem Begriff »Seelsorge«
zusammengefaßten kirchlichen Aufgabenbereich offenbar ganz spezifische Schwierigkeiten hatte. In dem er

wähnten Aufsatz von 1928 beschreibt Thurneysen die
Verlegenheit, die den Prediger immer dann befällt, wenn
er nicht auf seiner Kanzel steht, sondern die Menschen
dort aufsucht, wo sie leben und ihr Leben gestalten. Das
große Thema dessen, was Gott in Christus für uns getan
hat, scheint bei diesen Hausbesuchen und Hausgesprä-
chen nicht mehr so richtig zum Zuge zu kommen. »Die-
selbe Erkenntnis von Gottes Macht in Gottes Wort, die
uns zum Predigen zu zwingen begann, macht uns
schweigsam, sobald wir bei Hausbesuchen oder im Stu-
dierzimmer vor den Menschen standen, die ihre mannig-
fachen religiösen und moralischen Bedürfnisse an uns
herantrugen, damit wir sie im seelsorgerlichen Gespräch
stillen und befriedigen sollten. Handelte es sich da nicht
allermeist gerade um das, was nach unserer neuen Einsicht *nicht* geschehen durfte? Eben um jenes Wichtigneh-
men und Großmachen des Menschlichen, der menschlichen Fragen, der menschlichen Anliegen, der menschlichen Nöte und menschlichen Wege zu deren Behebung,
während doch nur eines groß und beherrschend uns vor
Augen stehen soll: nicht das Menschliche, auch nicht das
fromme Menschliche, sondern Gott und sein Tun allein
und nichts dazu und daneben« (E. Thurneysen, Rechtfertigung und Seelsorge, 1928, S. 199)?
Mit diesen Worten hat Thurneysen das Problem genau
zur Sprache gebracht, das ihn in seiner Seelsorgelehre und
in seiner Seelsorgepraxis ständig in Anspruch genommen
hat: Muß nicht die große Sorge Gottes um unser Heil die
kleinen Sorgen unserer Seele zum Schweigen bringen? Ist
nicht nur das eine lebenswichtig und das andere höchst
relativ und vor der Ewigkeit höchst bedeutungslos? Wenn
es um Gottes Verheißung und Vergebung geht als die Rettung unseres Lebens – sollen wir uns da noch lange auf-
halten bei den kleinen, alltäglichen Lebensfragen in den
Irrungen und Wirrungen der sorgenden Seele? Thurneysens eigene Seelsorgepraxis ist der beste Beweis dafür, daß
er die Differenz zwischen diesen beiden Gestalten der
Sorge um den Menschen zu überbrücken versucht hat,

und zwar mit großer Liebe und Geduld im Anhören und
Ernstnehmen der bekümmerten Seele. Aber seine theologische Konzeption hat die Differenz von Verkündigung
der Seelsorge Gottes auf der einen Seite und der beratenden und problemorientierten »Seelenpflege-Seelsorge«
auf der anderen Seite in ihrer qualitativen Unterschieden-
heit nachdrücklich und beständig herausgestellt. Mir
scheint, daß auf keinen Fall die Nivellierung, wohl aber eine große Anstrengung um Versöhnung dieser konzeptio-
nellen Gegensätze zu der Aufgabe gehört, die Eduard
Thurneysen uns hinterlassen hat. Mit Versöhnung meine
ich nicht falsche Toleranz oder einen billigen Kompromiß, sondern die uns gebotene Mühe, darüber zu wachen,
daß kerygmatische und therapeutische Seelsorge nicht
schiedlich-friedlich in ihrem jeweiligen Ghetto zu existieren sich gewöhnen, sondern »kontrapunktisch« miteinander musizieren.

Thurneysen sagt: Nicht Seelenpflege, sondern evangelische Seelsorge. Ich stimme dem zu, möchte aber fragen, ob
nicht der Bereich des Psychischen und des Psychologischen eine liebevollere Zuwendumg verdient, als Thurneysen es mit seiner abwertenden Intention zu erkennen
gibt. Es besteht die Gefahr, daß bei verabsolutierter Beto-
nung des »extra nos« das »in nobis« vernachlässigt wird,
daß vor den großen Taten Gottes die kleinen Taten, die
Ängste und Hoffnungen der menschlichen Seele verstummen. Aber eine vergessene Seele, mag der theologische
Horizont noch so groß und weit sein, wird zu einer armen
Seele. Auch die »Seelsorge Gottes« mit ihren heilsgeschichtlichen Daten müßte die Sorge um die eigene Seele
und das liebevolle Gespräch mit ihr nicht aus-, sondern
einschließen. Sicherlich ist der Glaube »exterritorial« verankert, aber er wärmt auch das eigene Haus. Auch die Seele bedarf der Pflege. Und das sollte durch das negativ be-
setzte Wort »Seelenpflege« nicht in Frage gestellt oder gar
verhindert werden.

In diesem Zusammenhang hat auch das interpersonale
Beziehungsverhältnis, das die moderne Seelsorgebewe-

gung mit Nachdruck so zentral bewertet, seine hohe und
lebenswichtige Stellung. Auch diese Einsicht wird von
Eduard Thurneysen bestätigt. Seelsorge vollzieht sich in
mitmenschlichen Relationen – und darum erfährt sie
auch die befreiende, relativierende Kraft dieser Relationen. »Relation« bekommt den gleichen Stellenwert wie
»Sinn«, denn beides bedeutet: Zusammenhang. Allerdings
würde Thurneysen an der oft kritisierten ›hierarchischen‹
Ordnung der Beziehungsverhältnisse festhalten. Die Gottesbeziehung des Menschen ist für ihn nicht gleichwertig
mit seinen zwischenmenschlichen Beziehungen – nicht
wegen des Festhaltens an der Tradition eines autoritären
orthodoxen Gottesbildes, sondern weil die Gottesrelation
die Quelle ist, aus der alle anderen Relationen begründet
und gespeist werden.

Meine dritte Frage betrifft Thurneysens Bestimmung der
kirchlichen Seelsorge als »Verkündigung an den einzelnen«. Weil für Thurneysen das Seelsorgegespräch nur ein
Sonderfall, sozusagen die Filiale der gottesdienstlichen
Predigt ist, darum gibt es eigentlich keine Eigenständigkeit des seelsorgerlichen Redens. Seelsorge ist »der verlängerte Arm der Predigt«. Eine Notwendigkeit, die seelsorgerliche Verkündigung an den einzelnen durchzuführen,
ergibt sich im Grunde nur aus pragmatischen Gesichts-
punkten, nämlich ausschließlich durch die numerische
Differenz von »versammelter Gemeinde« und dem »einzelnen«. »Es hat sich als notwendig erwiesen, die Verkündigung in der Predigt zu ergänzen durch eine besondere
Ansprache des Verkündigers an den einzelnen Menschen« (a.a.O., S. 210).

Demgegenüber ist zu fragen, ob nicht das seelsorgerliche
Reden etwas völlig anderes ist als die gottesdienstliche
Kanzelpredigt. Und zwar sehe ich das andere der Seelsorge in dem umgekehrten Verhältnis von Reden und Hören.
Dem Primat des Redens in der Predigt steht in der Seelsorge der Primat des Hörens gegenüber. Oder – um es mit einer Formulierung von Heinrich Wilkens zu sagen – es stehen sich hier die »königliche Gestalt« und die »Bettlerge-

stalt« der Verkündigung gegenüber. Diese Formulierung
trifft m.E. etwas Entscheidendes. Als Seelsorger sind wir
tatsächlich »Bettler«. Wir müssen hören, bevor wir reden.
Das Gespräch muß darum offen sein, ungeplant, mehr der
Improvisation verwandt, hoffend auf die Mitarbeit der
Phantasie der Gesprächspartner und angewiesen auf die
Gunst der Stunde, ein Gespräch hoffentlich ohne feststehendes Methodenkonzept, aber auch ohne evangelistisches Verkündigungskonzept. Nicht, daß das Gespräch
kein Thema hätte. Wohl geht es, um mit Thurneysen zu
sprechen, um die Verkündigung des Evangeliums, aber in
ihrer Bettlergestalt. Die rein numerische Abgrenzung der
Seelsorge von der Predigt genügt nicht. Es handelt sich um
einen anderen Zeit-Raum und um einen anderen Modus
der Begegnung.
Meine vierte Frage gilt der Funktion der Bibel in der Seelsorge. In seinem Lehrbuch kritisiert Thurneysen einen
Brief von Gerhard Tersteegen. Er beklagt bei Tersteegen
unter anderem, daß »kein Hinweis auf die Heilige Schrift«
gegeben wird (a.a.O., S. 67).
Demgegenüber ist Thurneysens Seelsorge tatsächlich
voller Hinweise auf die Bibel. Aber oft ist es wirklich nur
der *Hinweis* auf die Bibel. Die Bibel selbst kommt weniger
zur Sprache. Ihr Mitspracherecht beschränkt sich zumeist
auf summarische kerygmatische Formeln, wie auf die
»Vergebung der Sünden«. Es ist weniger eine biblische als
vielmehr eine dogmatische Sprache. Die Bibel kommt weniger mit ihrer Geschichte und mit ihren Geschichten als
vielmehr mit ihren katechetischen Ergebnissen zu Worte.
Das könnte auf die Dauer ein Mangel sein. Denn die biblische Mitsprache im seelsorgerlichen Gespräch müßte unmittelbarer, ›flüssiger‹, ›mündlicher‹ und dialogischer geschehen als in Form von Kernsätzen. Ich denke, daß die biblische Inspiration für die Seelsorge vor allem aus ihrer
mündlichen Überlieferungsschicht kommen müßte und
nicht so sehr aus ihrer schriftlichen Erstarrungsform ›Heilige Schrift‹. Und wir sollten nicht auf die Bibel hinweisen,
sondern sie selber zu Worte kommen lassen – nicht nur

mit den Stimmen ihrer Glaubenden, sondern auch mit
den Stimmen ihrer Angefochtenen. Nicht nur Christus
und seine Heiligen, sondern auch Adam und seine ›Unheiligen‹ sind in der Bibel zu hören. Das ist seelsorgerlich
von größter Bedeutung. Die Bibel hilft dem in sich selbst
gefangenen Menschen, aus seiner Sprachlosigkeit herauszukommen. Er soll ja nicht nur angesprochen werden,
sondern er soll sich auch selber aussprechen. Aus der Bibel kommt ihm dazu die entscheidende Sprachhilfe entgegen.

Es liegt sicher in der Linie der Überzeugungen Thurneysens, wenn die kirchliche Seelsorge wieder lernt, die Bibel
mit ins Gespräch zu nehmen. Im Hebräerbrief ist von der
»Wolke von Zeugen« die Rede, die unserem Glauben zu
Hilfe kommt – Abraham, Jakob, Joseph und Moses, David
und Samuel und die Propheten. Und von diesen Glau-
benszeugen wird gesagt: Sie sollen »nicht ohne uns vollendet werden« (Hebr 11,40). Der Hebräerbrief meint, man
müsse die biblische Geschichte erzählen als eine noch unvollendete Geschichte, in die wir selber mithineingehö-
ren. Das beleuchtet den hohen Rang der Bibel für unsere
Seelsorge.

Es bleibt die bewußte und dankbare Zustimmung zu der
von Thurneysen ergriffenen und festgehaltenen Überzeugung, daß evangelische Seelsorge eine Seelsorge der
Rechtfertigung ist. Sie wendet sich nicht dieser oder jener
menschlichen Problematik, sondern sie wendet sich dem
Menschen selbst zu. Denn der Mensch ist ein Wesen, das
der Rechtfertigung bedarf. Für die Reformatoren war das
die Haupterkenntnis der theologischen Anthropologie.
Eduard Thurneysen hat dieses reformatorische Menschenverständnis nie preisgegeben.

Der Mensch muß gerechtfertigt werden. Er ruht nicht in
sich selbst. Er lebt auch nicht aus sich selbst. Er ist darauf
angewiesen, daß Gott ihm gerecht wird: seiner Schwäche,
seiner Unfähigkeit, aus dem Eigenen zu existieren.

Auf Psychologie begrenzte Therapiekonzepte mögen damit auskommen, den Menschen an sich selbst und auf

sich selbst zu verweisen. Sie mögen ein ›strategisches‹
Recht dazu haben, dem sorgenden und sorgebedürftigen
Menschen ›Hilfe zur Selbsthilfe‹ anzubieten. Aber eine
theologisch verantwortete Seelsorge darf das und kann
das nicht. Denn sie sieht Adam auf dem Wege zu Christus,
auf dem Weg von der Verheißung zur Erfüllung. Sie sieht
ihn, wie Thurneysen sagt, unter der Sünde und zugleich
unter der Gnade. Sie sieht ihn in seiner Schwäche und in
seiner Stärke: Der Mensch ist schwach in und bei sich
selbst. Aber er ist stark in seiner Bündnisfähigkeit. Er lebt
nicht als Selbstversorger unter autonomen Voraussetzungen, sondern als Bundespartner des ihn rechtfertigenden
Gottes, der mit ihm eine Geschichte hat. Kirchliche Seelsorge ist der diplomatische Dienst für diesen ›Bundes-
staat‹, für diese Bundeswirklichkeit.

Thurneysen sagt: »Seelsorge ist nicht Sorge um die Seele
des Menschen, sondern Sorge um den Menschen als Seele. Und wir verstehen darunter: Der Mensch wird aufgrund der Rechtfertigung gesehen als der, den Gott anspricht in Christus. Dieses Sehen des Menschen als eines,
auf den Gott seine Hand gelegt hat, das ist der primäre Akt
aller wirklichen Seelsorge« (Rechtfertigung und Seelsorge,
S. 209).

Ich möchte versuchen, noch drei signa einer solchen
Rechtfertigungsseelsorge, wie Thurneysen sie vertritt, anzudeuten. Seelsorge der Rechtfertigung ist *erstens* eine
›*Ergänzungs-Seelsorge*‹ (»Gott ist mein Teil«, Ps 73,26). Gemeint ist, daß die defizitäre Architektur des Menschen
christologisch ausgefüllt und ergänzt werden muß. Der biblisch und reformatorisch so wichtige Begriff des Trostes
hat hier seine Funktion. Trost ist das, was Gott mir gibt,
weil ich es selber nicht habe. Rechtfertigungsseelsorge ist
zweitens eine ›*Geborgenheits-Seelsorge*‹. Die Eigentums-
verhältnisse werden angesprochen. Thurneysen verweist
auf Blumhardt, der einem Angefochtenen geschrieben
hat: »Sie gehören zu Gott!« Dies meint Frage 1 des Heidelberger Katechismus als Frage nach dem »einzigen Trost im
Leben und im Sterben«. Rechtfertigungsseelsorge ist *drit-*

tens eine ›*Aufwertungs-Seelsorge*‹. Als Bundespartner bin
ich mehr, als ich bin. Mein Selbstwertbewußtsein beruht
darauf, daß ich einen von Christus mir zukommenden
›Mehrwert‹ habe, den mir keine existentielle Krise zunich-
te machen kann. Dem angefochtenen Menschen diesen
›Mehrwert‹ zuzusprechen – das ist der Herzschlag der
Thurneysenschen Seelsorgelehre.
Um dieses Ziel zu erreichen, muß das seelsorgerliche Ge-
spräch eine besondere Qualität gewinnen. Thurneysen
sagt: In diesem Gespräch muß es einen »Bruch« geben,
wenn es darum geht, nicht länger von der Sorge des Men-
schen, sondern von der Treue Gottes zu sprechen. Nicht
Bruch im Sinne eines Abbruchs ist gemeint, sondern als
Übergang zur Sache, zur Sache der Menschenverbunden-
heit Gottes und der Gottesverbundenheit des Menschen.
Im berühmten § 7 seiner Lehre von der Seelsorge schreibt
Thurneysen: »Das Gespräch wird dazu geführt, daß es im
Gespräch selber zu der großen seelsorgerlichen Wendung
kommt« (a.a.O., S. 121).
›Wendung‹ ist vielleicht besser als ›Bruch‹. Nicht Kehrt-
wendung oder gar Abwendung vom Gesprächspartner,
sondern mit ihm zusammen Hinwendung zu der evangelischen Geschichte, die unsere eigene Geschichte trägt
und durchdringt, ist gemeint – und das eben nicht in Form
dogmatischer Belehrung, sondern unter Mitsprache und
Impuls biblischer Rechtfertigungsgeschichten. Und ich
finde sie nur in der Bibel.
Vom seelsorgerlichen Gespräch sagt Eduard Thurneysen
– und was er sagt, ist aktuell geblieben wie eh und je: »Es
ist ein Gespräch, das von vornherein umgeben ist vom
Schutze der Vergebung, das ausgeht von der im rechtfertigenden Handeln Gottes gegebenen Synthesis, kraft deren
der Unheilige heilig, der Sünder gerecht, der Verlorene gerettet heißt.«

IV
Erfahrung

1

Die geistliche Existenz des Pfarrers heute

Erfahrungen aus dem Auslandspfarramt*

Nach der geistlichen Existenz des Pfarrers zu fragen ist
keineswegs üblich. Die vielen Veröffentlichungen, die
dem Beruf des Pfarrers gewidmet sind, konzentrieren sich
zumeist auf seine Funktion. Nicht die Person steht im
Mittelpunkt des Interesses, sondern das, was der Pfarrer
ausrichtet im Vollzug seiner Aufgaben.
Es ist aber festzustellen, daß die vorherrschende funktionale Betrachtungsweise die überall empfundene Problem-
situation des Gemeindepfarrers nicht klären kann. Karl
Wilhelm Dahm hat recht mit seiner Beobachtung: »Offenbar befinden sich viele junge Theologen, nachdem die
Studentenrevolte mit manchen anderen auch eine Reihe
theologischer Tabus beiseite geräumt hat, in einer ähnli-
chen Situation, wie sie Ernst Troeltsch vor über 70 Jahren
in dem klassischen Satz zusammengefaßt hat: ›Es wackelt
alles‹« (Beruf: Pfarrer, München 1971, S. 139). Es kann nicht
damit gerechnet werden, daß der funktionale Aspekt,
dem Dahm selber zur Wirkung verhelfen möchte, die
heutige Unsicherheit im Pfarramt überwindet. Um so
notwendiger erscheint der Versuch, sozusagen gegenläu-
fig zum Trend der funktionalen Betrachtungsweise nicht
primär nach dem *Tun,* sondern nach dem *Sein* des Pfarrers
zu fragen. Es geht im folgenden um den inneren Entwurf
dieses Berufs, um seine existentielle Motivation, die allen
pfarramtlichen Funktionen voraus ist. Die besondere Be-
rufssituation des Auslandspfarrers soll dabei bewußt miteinbezogen werden, weil dieser Bereich unter ganz eigenen und unvergleichlichen Bedingungen steht und mit

---

* Vortrag auf der europäischen Pfarrerkonferenz für Auslandspfarrer
in Hermannsburg 1977.

spezifischen Erfahrungen verbunden ist, die aber zugleich
auch ein Licht auf den landeskirchlichen Pfarrdienst wer-
fen.

1   Die Krise des Pfarramts

*These: Im Vergleich zur kirchlichen Gemeindesituation
in der Bundesrepublik Deutschland ist die Auslandsgemeinde weniger volkskirchlich strukturiert, sondern ist
vielmehr »Gemeindekirche« auf der Basis freiwilliger
Mitgliedschaft. Das Auslandspfarramt ist noch weniger
tragende Institution als das Pfarramt in der Heimat und
stellt den Pfarrer unter einen erhöhten Leistungsdruck.
Seine besondere Chance ist zugleich seine besondere Gefährdung.*

In kirchensoziologischen Untersuchungen ist die Rede
von einem schwankenden Sozialprestige und einer verunsicherten Statuserfahrung des heutigen Pfarrers. Seinem
Beruf wird längst nicht mehr wie in vergangenen Zeiten
ein uneingeschränkter Respekt entgegengebracht. Die
Autoritätskrise hat auch den Pfarrerstand aus seiner früheren Tabustellung herausgenommen und einen sehr un-
befangenen Umgang mit dieser Berufsgruppe eröffnet. Es
gibt Symptome für diesen Wandel. Selbst in Wuppertal ist
es nur noch im innersten Gemeindekern üblich, die Anrede »Herr Pfarrer« oder »Herr Pastor« zu gebrauchen. Die
meisten Gemeindeglieder, die Konfirmanden voran, reden ihn wie jeden anderen mit seinem Namen an. Sein Beruf steht ganz in der Reihe anderer Berufe. Das klassische
Leitbild vom »Hirten und seiner Herde« lebt nur noch in
einigen Predigten und entsprechenden Erbauungsbü-
chern. Das Pfarramt ist eingeordnet in die leistungsbe-
stimmte Gesellschaft und kann keine Sonderstellung für
sich in Anspruch nehmen. Ein Amtsverständnis, das seinen Dienst von vornherein als leistungsunabhängig qualifiziert, kann der Pfarrer auch bei seinen eigenen Gemein-

degliedern nicht mehr voraussetzen. Auf ihn selbst
kommt es an. Sein persönlicher Stil und seine kommunikativen Fähigkeiten entscheiden darüber, was das Pfarramt wert ist.

Es gibt Gründe genug, diese Entwicklung zu begrüßen. Es
ist aber nicht zu übersehen, daß die soziale Orientierung
des heutigen Pfarrers problematisiert worden ist. Sein
›Amt‹ garantiert nicht länger seinen Status; es ist nicht
mehr die selbstverständliche Basis seines Dienstes.

Diese Tatsache wird dem Auslandspfarrer in einem besonders deutlichen Maße bewußt. Das allgemeine Ansehen seines Berufs ist völlig abhängig von der Qualität seines persönlichen Einsatzes. Er arbeitet unter der radikali-
sierten Voraussetzung, daß er viel weniger von seinem
Amt getragen wird, als daß er selber sein Amt zu tragen
hat. In diesem Sinne ist er ein »Amtsträger« geworden.

Das in diesen Zusammenhängen wurzelnde Bewußtsein
des Pfarrers haben die Kirchensoziologen als eine »religiöse Leistungsstruktur« bezeichnet. Und tatsächlich lastet
ein starker Leistungsdruck auf diesem Beruf, der seine
Notwendigkeit und Berechtigung sozusagen sich selbst
beweisen muß. Unter dem Leitbild einer »Kirche für andere« wird darüber hinaus die bewußte Überschreitung früherer Grenzen gefordert. Die Meinung, die Kirche sei
nicht modern genug, nicht genügend angepaßt und zuwenig flexibel, kann weithin nicht mehr aufrechterhalten
werden. Die Aktionen zur Kirchenreform und die Maß-
nahmen zur Strukturveränderung der Gemeindepraxis
haben die frühere ›Geschlossenheit‹ des Pfarramts überholt. Zu reden ist über die Konsequenzen, die daraus für
die geistliche Existenz des Pfarrers erwachsen.

2   Die Versuchung zur Anpassung

*These: Der auf Effektivität eingestellte Pfarrdienst führt
leicht zum Typ des ›angepaßten‹ Pfarrers, der den gesellschaftlichen Bedürfnissen und Erwartungen distanzlos*

*entgegenkommt. Demgegenüber respektiert gemeinde-
gemäßes Verhalten die Autorität des ›fremden‹ Evangeliums. Andernfalls kommt es durch den angepaßten Pfarrer zur angepaßten Gemeinde, die gegenüber gesellschaftlichen und nationalistischen Tendenzen besonders anfällig ist.*

Das Stichwort von der »aufgabenorientierten« Arbeit des
Pfarrers ist eine Warnung vor dem bloßen Weitermachen
in den alten Strukturen des gemeindlichen ›Binnenle-
bens‹. Die Beobachtung, daß Predigt, Seelsorge und kirchlicher Unterricht weithin kaum noch effektive Kommuni-
kationsformen darstellen und von Isolation und Stagna-
tion bedroht sind, verpflichtet den Pfarrer in der Tat, neue
Aufgabenfelder zu erkennen und dem Gemeindeleben
neue Impulse zu vermitteln.
Für Auslandspfarrer bedeutet das Programm der aufgabenorientierten Arbeit im Grunde nichts Ungewohntes.
Er ist darin geübt, auf die starke Fluktuation seiner Gemeinde elastisch zu reagieren und das Mittel der Improvisation einzusetzen. Der Dienst der Seelsorge steht unter
ganz anderen Voraussetzungen als in der Heimat, weil die
Bezugsgruppen ständig wechseln. Die ›Mischehen‹ von
konfessionell und national verschiedenen Partnern, die
nahen ökumenischen Verbindungen, die ›Au-Pairs‹ und
nicht zuletzt die Gäste und Touristen, die sich bei der Gemeinde einfinden, verlangen die Kunst der empathischen
Einstellung und die Fähigkeit zu immer neuen Begegnungen. Der kirchliche Unterricht muß oft zweisprachig er-
folgen. Der Besuchsdienst ist nicht selten über die enge-
ren Gemeindegrenzen hinaus auf kurzfristige, gezielte
Kontakte zu mobilen Gruppen konzentriert, die irgendwo
im Umkreis ein Forschungsvorhaben oder ein industriel-
les Projekt durchführen.
Insofern begleitet die Forderung nach »aufgabenorientier-
ter« Ausrichtung des Pfarrdienstes den Auslandspfarrer
ganz unmittelbar und bestimmt seinen Alltag. Aber es
zeigt sich, daß sich hinter dieser berechtigten Forderung

ein weitergehendes Interesse anmeldet, dem sich anzuschließen dem Pfarrer nicht anzuraten ist. Das Kriterium
der Orientierung am ›Bedarf‹ kann leicht zu einer Versuchung werden, sich allzu bereitwillig der Fülle von Erwartungen, die den Pfarrdienst umgibt, anzupassen. Es gibt
die ›funktionale Theorie‹, die die These vertritt, daß der
Pfarrer seinen Beruf in einem ganz irdischen Sinne als
›Dienstleistung‹ zu verstehen und zu praktizieren habe. Er
habe sich im Zusammenspiel von Angebot und Nachfrage realistisch einzufinden und von der Nachfrage aus das
Angebot zu gestalten. Mit dieser Intention wird die Forderung nach einer aufgabenorientierten Ausrichtung des
Pfarrdienstes radikalisiert zu einem Prinzip, das den Pfar-
rerberuf zur Eindimensionalität verengt. Aus ›Aufgabe‹
wird ›Bedarf‹. Und der religiöse Bedarf kann sich leicht zu
besonders ehrgeizigen und zwanghaften Erwartungen
steigern.
Wer bereit ist, sich dem bedarfangepaßten Leitbild pfarramtlichen Dienstes anzuschließen, darf sich nicht wun-
dern, wenn er im Gefälle seiner ›realistischen‹ Perspektive
an ein totes Ufer gerät. »Es gibt in diesem Land z.Zt. kein
elementares Bedürfnis, eine Predigt zu hören oder eine Bi-
belstunde zu besuchen, weil es keinen nennenswerten
Bedarf an Verkündigung gibt« (*Rauschenberger*, in: DPfBl).
Wahrscheinlich gilt diese Feststellung bei Anwendung
desselben Maßstabes nicht nur »in diesem Land«, sondern
auch in anderen Ländern und sicher auch im Blick auf die
Auslandsgemeinden. Man kann darüber mutlos werden.
Ich erinnere mich an dunkle Stunden meiner Gemeindeerfahrung in Istanbul, als ich inmitten eines äußerlich in-
takten Gemeindebetriebs nach einem Zeichen dafür
suchte, daß ich als der verantwortliche Pfarrer nicht nur
vorhanden, sondern auch notwendig sei. Mir kam die
Idee, man müsse eigentlich die Gemeinde nach meinem
Ausscheiden nicht sofort wieder mit einem neuen Pfarrer
versorgen, sondern man müsse warten, bis wirklich der
Hunger nach dem Wort Gottes aufbrechen würde (es hat
übrigens lange gedauert, bis nach meinem Weggang von

Istanbul die Pfarrstelle wieder besetzt werden konnte;
während der Vakanzzeit hat die Gemeinde viel Mut und
Phantasie bewiesen und sich als geistlich begabte Gemeinde bewährt).

Was die Aufnahmebereitschaft, die offenen Ohren und
Herzen anbelangt, scheint unsere Zeit tatsächlich nicht
die Zeit des Evangeliums zu sein. Es könnte darum nahe-
liegen, auf seine Bezeugung zu verzichten und dem ange-
schlagenen Selbstbewußtsein des Pfarrers dadurch aufzu-
helfen, daß man ihm gesellschaftliche Funktionen zuspricht, die offenbar im Erwartungshorizont der zu be-
treuenden Menschen fester verankert sind. Es bietet sich
an, den Schwerpunkt des pfarramtlichen Dienstes zu ver-
lagern. Über das soziale und diakonische Engagement
hinaus legt die Auslandssituation dem Pfarrer nahe, sich
stärker dem gesellschaftlichen Kontext seiner Arbeit zu
integrieren und zu einer – durchaus erwünschten – kirchlichen Repräsentationsfigur zu werden. Seine Präsenz bei
den üblichen Empfängen, in den Aufsichtsgremien der
deutschen Schule und im Goethe-Institut, auf Konsulats-
und Botschaftsebene – das alles könnte ein pfarramtfül-
lendes Programm sein und würde sicher beifällig beurteilt. Das Pfarramt hat weitgespannte Möglichkeiten und
ist – zumal im Ausland – relativ unkontrolliert. Es kann
seinem Dienst eine Gestalt geben, die den sozialen und
soziologischen Strukturen nicht nur eingepaßt, sondern
kantenlos angepaßt ist.

Der konsequent angepaßte Pfarrer bringt aber der These,
daß die heutigen Menschen das Evangelium nicht hören
wollen, einen falschen Respekt entgegen und transfor-
miert seinen Auftrag in konformistisches Verhalten. Es ist
nicht zu verkennen, daß vieles am Pfarrberuf in der Tat
dysfunktional in Erscheinung tritt, also selber der Wirkung entgegensteht, die eigentlich erzielt werden soll.
Und sicher zu Recht wird heute stärkere Aufmerksamkeit
im Kommunikations- und Kontaktgeschehen gefordert,
ganz im Sinne der von Paulus genannten und verwirklich-
ten missionarischen Leidenschaft, »den Juden ein Jude

und den Griechen ein Grieche« zu werden (1Kor 9,19–22). Das »Leiden an der Kirche« (H. Thielicke) wird nicht nur von den Kritikern, sondern auch von den Liebhabern der Kirche empfunden, und es gibt zu denken, wenn ein Prediger wie Helmut Gollwitzer an dem Sinn seiner eigenen Predigtpraxis zu zweifeln beginnt (vgl. seinen Predigtband »Zuspruch und Anspruch«, München 1968, Nachwort). Doch die Krise im Beziehungsfeld des Pfarramts ist nicht durch ›Anpassung‹ zu überwinden. Dem Beruf des Pfarrers wird immer eine aus seiner Sache kommende ›Querständigkeit‹ anhaften, ein Spannungsverhältnis zu den ihn umgebenden Wünschen und Erwartungen. Weil Gottes Wort immer, wie Luther gesagt hat, »als unser Gegner« auftritt, hat auch der Beruf, der diesem Wort zugeordnet ist, eine kantige und wahrscheinlich auch ›unzeitgemäße‹ Seite, die alle Betroffenen zu spüren bekommen, der Pfarrer selbst am unmittelbarsten. Das Evangelium ist zu keiner Zeit bedarfs- und ›marktgerecht‹. Es gehört zur geistlichen Existenz des Pfarrers, darüber zu wachen, daß sein Beruf das Nonkonformistische nicht verliert, das Siegel seines Auftrags.

3   Der gemeindegemäße Pfarrer

These: Die heutige Dynamisierung des Pfarramts fördert das Entstehen von »Personalgemeinde« mit dem Pfarrer als ›Manager‹ und ›Funktionär‹. Dieser Tendenz muß geistlich widerstanden werden durch die Entdeckung der ›charismatischen‹ Gemeinde, die den Dienst des Pfarrers mitverantwortet und dadurch relativiert. Die geistliche Ausrichtung des Pfarrdienstes ist zugleich die Versachlichung der Gemeindearbeit. Der spezifischen Gefahr der Auslandsgemeinde, zum religiösen Interessenverband mit Vereinsmentalität zu werden, ist mit evangelischer Wachsamkeit zu begegnen.

Im Ausland gibt es weniger die parochiale Kirchengemeinde als vielmehr einen besonderen Typ von »Gemein-

dekirche«. Sie ist gekennzeichnet durch freiwillige Mitgliedschaft und durch zahlenmäßig überschaubare Verhältnisse. Sie demonstriert in vieler Hinsicht schon das
Gemeindebild, das in Zukunft wahrscheinlich auch in
den Heimatkirchen entstehen wird. Im Rahmen solcher
positiv zu wertenden Strukturen kommt es aber zu ver-
engten Perspektiven, die den Auslandspfarrer zu einer besonderen geistlichen Verantwortung herausfordern.
Wenn sich Vereinsmentalität geltend macht, wenn der
spürbare Zusammenhalt der Gemeindeglieder zu einer
Art ›geschlossener Gesellschaft‹ führt, wenn der aus der
Sonderstellung resultierende Gemeindeegoismus sich
aus übergemeindlichen, gesellschaftsdiakonischen Aufgaben zurückzieht und wenn der nationale Aspekt das
Gemeindeleben mit fremden Vorzeichen versehen möchte, dann kann der Pfarrer nur geistlich reagieren.
Zunächst liegt in dem intensiven Gemeindebewußtsein
und der entstehenden ›Tuchfühlung‹ die Chance, auf die
Mitarbeit, Anregung und konstruktive Kritik vieler Betei-
ligter zählen zu können. Eine solche Gemeinde inspiriert
dazu, die latenten Gaben und Fähigkeiten aufzuspüren
und das eigene Charisma in den Lebens- und Dienstbe-
reich einer ›charismatischen‹ Gemeinde einzuordnen.
Die unmittelbare Möglichkeit zu partnerschaftlicher Zusammenarbeit bereichert den Pfarrer in seinem Berufsbe-
wußtsein und läßt ihn oft die Erfahrung machen, daß
nicht er seine Gemeinde, sondern daß die Gemeinde ihren Pfarrer trägt.
Der entscheidende Gesichtspunkt dieses Abschnitts ist
das komplementäre Verhältnis von Pfarramt und Gemeinde. Im Lebensraum der charismatischen Gemeinde
wird der Maßstab, den Karl Barth an die Predigt angelegt
hat, den ganzen Dienst des Pfarrers bestimmen: daß er
»gemeindegemäß« sei. Gemeint ist die spezifische Perspektive, die grundsätzlich in Geltung ist: daß Christus gegenwärtig ist. Bei dem im Ausland häufigen Wechsel im
Pfarramt ist es für den Pfarrer wichtig zu wissen, daß er in
der Kontinuität des tätigen Geistes steht, daß mit dem

neuen Pfarrer kein neues Evangelium beginnt, daß er die
Gemeinde nicht erst zu bauen hat, sondern daß sie ihn
aufnimmt in ihre »Wohnung Gottes im Geist« (Eph 2,22).
Die pneumatologische Voraussetzung eines Stücks gemeinsamer Geschichte macht die Gemeinde fähig, ihren
Pfarrer zu integrieren, und hilft dem Pfarrer, sich zu konzentrieren. Nicht die »multa«, sondern das »multum« ist
notwendig. Die »Einheit im Geist« bewahrt Gemeinde
und Pfarrer vor Selbstüberschätzung – und Minderwertig-
keitsgefühlen. In der Wirksamkeit des Geistes Christi
liegt zugleich auch die Kraft zum Widerstand gegenüber
der Versuchung, aus dem Gemeindeleben eine Oase
gleichgestimmter Seelen zu machen. In der Auslandssituation liegt diese Tendenz ›in der Luft‹. Die Sonderstellung innerhalb des Gastlandes und der einheimischen
Kirchen fördert die Neigung, sich als »Evangelische Gemeinde deutscher Sprache« abzugrenzen, um die eigene
›Identität‹ zu finden. Sie könnte im Traditionselement des
›Evangelischen‹ zu suchen sein oder, noch naheliegender,
im Phänomen des ›Deutschen‹. Sich unter dem zweiten
Aspekt zu profilieren ist und bleibt eine aktuelle Motivation, die in der Geschichte deutscher Auslandsgemeinden
oft genug Irrwege geöffnet hat, die besser fest verschlossen
geblieben wären. Die Londoner Gemeindetätigkeit Dietrich Bonhoeffers hat allerdings die Beziehung der deutschen Gemeinden in London zur deutschen Kirchengeschichte zum Anlaß genommen, die Perversion der evangelischen Kirche in Deutschland unter schärfste Kritik zu
stellen. Das ist ein gutes Beispiel für das gar nicht so selte-
ne Ereignis, daß von der Basis einzelner Gemeinden die
›Landeskirche‹ zur Ordnung gerufen wird, zur Ordnung
des evangelischen Glaubens. In dieser Funktion kann gerade eine Auslandsgemeinde in ihrer spezifischen Unab-
hängigkeit wirksam und nachhaltig in Erscheinung treten.
Sie kann aber auch umgekehrt in ›narzißtische‹ Tendenzen geraten und ihre Selbständigkeit in Selbstgenügsamkeit verfälschen. Dann regiert der Gemeindeegoismus,

der die ökumenische Offenheit verhindert. Im Mikrokos-
mos der eigenen gruppendynamisch interessanten Gemeindekreise wird ein introvertiertes Eigenleben zele-
briert, das die Gefahr heraufbeschwört, aus der Gemeinde
einen Verein werden zu lassen – eine Entwicklung, die
ganz heimlich vor sich geht. Das dichte Klima des Einan-
der-Kennens und das gemeinsame Bewußtsein, im Ausland zu leben, kann dazu führen, daß die Gemeindegrenzen ihre Durchlässigkeit verlieren und eine ›Wärme‹ entsteht, die denen Atembeschwerden macht, die sowieso
mit der Kirche und mit dem Glauben ihre Mühe haben.
Mag es mit der traditionellen Volkskirche zu Ende gehen
– die »Vereinskirche« sollte nicht ihre Fortsetzung sein.
Dies zu erkennen bietet die Auslandsgemeinde viel Gelegenheit. Als »Gemeindekirche« kommt sie immer dann
zu ihrer legitimen Gestalt, wenn sie nicht »sich selbst«
lebt, sondern über sich hinauskommt, indem sie sich an
ihrem kirchlichen, sozialen und politischen Umfeld
orientiert und »der Stadt Bestes« sucht (Jer 29,7).

4   Die Dimension des Geistlichen

These: Die geistliche Existenz des Pfarrers stellt den pfarr-
amtlichen Dienst in Relation zu ›fremder‹ Kraft. Der Pfar-
rer kann nur geben, wenn auch ihm gegeben wird. Geist-
liche Existenz bedeutet Entlastung und Ermutigung.

Will man die Formulierung ›geistlich leben‹ auf eine kurze
Formel bringen, kann man sagen, daß ein Mensch nicht
aus seiner eigenen, sondern aus einer fremden Kraft lebt.
Geistliche Existenz hat darum ihr Zeichen im Sich-selbst-
Verlassen. Damit ist das Gegenteil dessen gemeint, was
im Begriff ›Habitus‹ zum Ausdruck kommt. Ein ›geistli-
cher Habitus‹ wäre ein hölzernes Eisen. Die entsprechende reformatorische Erkenntnis heißt: extra se stare. Nicht
bei sich selbst, sondern ›außer sich‹ sein. Die Dimension

des Geistlichen erschließt sich in der Kraft des Glaubenden, über sich hinauszukommen.

So verstanden wird das Wort ›geistlich‹ zu einem liebenswerten Wort. Weil es den Pfarrer entlastet, wendet es sich gegen pastorale Kraftakte und bewahrt ihn davor, in seiner Predigt und Seelsorge ein ›Selbstversorger‹ sein zu müssen. Es wird von ihm nicht erwartet, daß er als Allround-Figur ständig an den Kurbeln des Gemeindebetriebs drehen müßte. Die geistliche Existenz des Pfarrers bedeutet und bringt Freiheit von allen pseudomessianischen Zwängen.

Das Moment des Geistlichen im Leben und Dienst des Pfarrers heute bezeugt sich vor allem in der Begabung zur Sachlichkeit. Der Gemeindepfarrer und Schriftsteller Kurt Marti hat in erfrischender Offenheit seine Pfarrkollegen aufgefordert, die Zwänge perfektionistischer Leitbilder abzuschütteln. Das Bild vom ›guten‹ Pfarrer, der es allen Leuten recht macht, nennt Marti ein Götzenbild. »Ich kann und soll . . . nicht alles sein, was ich nach dem Rollenschema sein sollte: Musik- und Singlehrer, Organisator von Basars und anderen Anlässen, Lehrer von Jugendgruppen und -lagern, wenn möglich auch noch von Kinderlagern, Besinnungswochen und Müttererholungswochen, Tröster von Sterbenden und cleverer Manager, Prediger, Lehrer, . . . Fürsorger, ein bißchen Jurist, Psychologe, Eheberater, Ausbilder von Sonntagsschul- und anderen Helfern, Reisender für die Kirche von Haustür zu Haustür, Erziehungs- und Berufsberater, Seelsorger . . ., Vertreter des Christentums in Diskussionen und Podiumsgesprächen über Film, Politik, Literatur, Wirtschaft, sexuelle Fragen, soziale Probleme usw. Ich kann nur Gemeindepfarrer sein und bleiben, wenn ich *wählen*, wenn ich immer wieder auch ›nein‹ sagen kann. Die Kunst, nein zu sagen, scheint mir heute unabdingbare Voraussetzung einer Bejahung des Gemeindepfarramtes zu sein« (GPM 58, 1969, S. 364f). Was das notwendige Wählen unter der Fülle wartender Pflichten anbelangt, so sollte auch in diesem Zusammenhang das geistliche Urteil beteiligt sein und nicht etwa der

Maßstab größtmöglicher Effektivität. Das Wählen und
Auswählen des Pfarrers sollte immer ein wenig von der
Art des Wählens und Erwählens Gottes widerspiegeln,
von der es im Korintherbrief heißt, er habe das Schwache
und Verachtete erwählt. Die Priorität des pfarramtlichen
Dienstes muß eindeutig in der Sorge um die Hilflosen liegen. Nach der Affinität des Evangeliums geht es im Ge-
meindedienst zuerst um die Müden, Kranken, Hoffnungslosen, um die Zukurzgekommenen, die gesellschaftlich
Untüchtigen, Ausrangierten, vom Leistungszwang Er-
drückten.

Es gibt theologische Weltbeglückungstheorien, die die
Gemeinde der Armen lieber heute als morgen umfunktio-
nieren möchten zu einem Eliteverband der rundherum
tüchtigen, erfolgreichen, gruppendynamisch geschulten
und bereits zu ihrer Identität gekommenen Persönlichkei-
ten, die nicht mehr getröstet, sondern nur noch informiert
und aktiviert werden müssen. Es gibt Gemeindegruppen,
die als Aufnahmebedingung den Ausweis leistungsfähi-
ger Potenzen verlangen. Es gibt Gesprächskreise, in denen
sich ein gehemmter und redeungeübter Mensch kaum
noch behaupten kann.

Eine größere geistliche Gefährdung der Gemeinde Jesu
Christi aber ist nicht denkbar als die, daß sie sich von ihren
›Armen‹ trennen würde. Das Element des Geistlichen bekommt mehr und mehr den Sinn einer Schutzfunktion für
alle, die nach biblischer Auskunft die ersten und eigentlichen Adressaten des Evangeliums sind. Es gibt kirchenso-
ziologische Untersuchungen, die offenbar mit einigem
Befremden feststellen, daß der Normtyp derer, die sich
noch zur Kirche halten, folgendermaßen zu beschreiben
ist: lebensuntüchtig, der Konkurrenz im Beruflichen wenig gewachsen, am Wohlstand wenig beteiligt, psychisch
gehemmt, zu Führungspositionen ungeeignet, von Angst
vor der Zukunft erfüllt, oft alleinstehend, oft krank. Man
kann doch nur sagen: Großartig, wenn es wirklich so wäre!
Die Kirche wäre dann ganz bei ihrer Sache.

5 Die geistliche Zeit

These: Zur geistlichen Existenz des Pfarrers gehört die geistliche Zeit. Mit seinem Beruf ist der Umgang mit zweckfreien Zeiträumen verbunden, die über Gottesdienst und Seelsorge entscheiden.

Wenn jedermann sagt: Ich habe keine Zeit, dann darf der Pfarrer auf keinen Fall zu jedermann gehören. Der Beruf des Pfarrers steht schon insofern außerhalb der meisten anderen Berufe, als er sich den Luxus leisten kann, Zeit zu haben – nicht geplante, vorausberechnete Zeit, sondern in actu gegebene. Wer beim Hausbesuch keine Zeit mitbringt, sollte ihn besser unterlassen. Und es ist möglich, eine Woche lang nur hinter einem einzigen Menschen herzugehen. Alles übrige muß warten können. Nur noch der freischaffende Künstler ist diesem Beruf vergleichbar. Man mag die aus Amerika inspirierte Seelsorgebewegung und ihre Methoden kritisieren, aber sie hat zumindest ein Element des seelsorgerlichen Verhaltens mit voller Berechtigung als besonders wichtig herausgestellt: die Kunst des seelsorgerlichen Zuhörens. Der Holländer Wybe Zijlstra schreibt, daß der Pfarrer im Reden geübt, aber im Zuhören flüchtig und unkonzentriert sei. »Zu schnell will er das Wort verkündigen, ohne zu merken, daß das Wort nicht einmal zu Worte kommt« (Seelsorge-Training. Clinical Pastoral Training, München/Mainz 1971, S. 143). Und an anderer Stelle: »Zuhören ist im Licht des Evangeliums eine Form von ›Zeit haben‹ – und Zeit haben ist eine Form der Liebe. Wenn der Pfarrer, dem aufgegangen ist, daß er für den anderen nicht rechte Zeit hat, dennoch bereit ist, im Namen Christi Zeit zu haben, schafft der Heilige Geist qualifizierte Zeit. Chronos wird zum Kairos« (ebd.).
Aber der Pfarrer hat auch Zeit für sich selbst. Zeit haben bedeutet Distanz von der anderen, der verzweckten Zeit. Zur geistlichen Existenz gehört geistliche Zeit. Sie steht nicht unter der Frage: Wie komme ich möglichst schnell zur Predigt? Sondern es ist zweck-freie Zeit. Zeit zum Be-

ten, zum Lesen, zm Studieren. Die Geburtszeit einer
Predigt braucht ihre eigene, unverplante Zeit. Wenn
heute weithin harmlose und anspruchslose Predigten
gehalten werden, dann sei das, so sagt man, eine Konsequenz der leerer werdenden Kirchen. Die Umkehrung
dieser These ist wichtiger und richtiger: Wenn die Kirchen leerer werden, so ist das die Konsequenz der an-
spruchslosen Predigten. Der Prediger nimmt sich die
Zeit nicht mehr, in der seine Predigt wachsen kann. Darum verkümmert sie zu einer geist-losen Zeiterschei-
nung.

Der Gottesdienst sollte der gefüllteste Zeit-Raum sein,
über den die geistliche Verantwortung des Pfarrers zu
wachen hat, damit er erfüllt ist vom »Heute der Gnade
Gottes«. Das ist eine Formulierung Hans Joachim
Iwands, der für die Qualitätsdifferenz der Zeiten ein be-
sonderes Gespür gehabt hat. Nichts gegen »Gottesdienst
in neuer Gestalt«, alles aber gegen das bloße Weitermachen am Sonntagmorgen in agendarischer Langweilig-
keit. Doch entscheidend ist die Präsenz des Geistes.
Lädt der Gottesdienst lastentragende Menschen ein, in
die Sabbatfreude, in das »Feiern von allen Werken« ein-
zutreten? Oder lädt er den Menschen neue Lasten auf?
Viele der neuen Gottesdienstmodelle atmen leider den
strengen Geruch der ›Gesetzlichkeit‹ und quälen sich
durch die Imperative ethizistischer Appelle. Die »neue
Gestalt« ist zumeist die alte Gestalt des ›Buchstabens‹
und nicht die des Geistes.

»Was denkt der moderne Mensch – Gott sei es geklagt –,
wenn er ›Evangelium‹ hört? Daß er etwas *tun* müsse, daß
Christus gekommen sei, um uns zu lehren, wie wir besser leben sollen . . .: Das Evangelium ist eine Sittenleh-
re!« Aber: »Das Evangelium spricht davon, daß die
Schöpfung vollendet und daß die Versöhnung *vollbracht* ist und daß die Zeit des vollkommenen Friedens
mitten in unsere verwirrte Zeit herniedergelassen ist.
Darum will Gott, daß wir *ruhen* sollen in *seiner* Zeit, in
seinem Werk, in *seiner* Gegenwart. Wir haben keinen sa-

kralen Raum mehr, aber wir haben sozusagen einen sakralen, einen sakramentalen Zeitraum« (Kornelis Heiko Miskotte, Predigten, 1969, S. 59).

In der Auslandsgemeinde kommt es zu relativ vielen außergottesdienstlichen Versammlungen der Gemeinde. Der zentrale Gottesdienst am Sonntagmorgen wird deshalb seine Bedeutung nicht verlieren. Wer dazu eingeladen wird, will aber wissen, was ihn ewartet, ob er sich darauf freuen kann. Bietet der Pfarrer vielleicht nur ›Publikumsbeschimpfung‹, so hat er die Einladung zum Gottesdienst mißbraucht. Und man geht nicht zur Kirche, weil es läutet (zumal die meisten Auslandskirchen keine Glocken haben!). In der Diasporasituation der Auslandsgemeinde gibt es kein parochiales Gefälle zum Kirchgang. Es muß sich für die ermüdete Seele lohnen, wenn sie den Leib dazu nötigt, sich in der versammelten Gemeinde einzufinden. Der Gottesdienst verspricht »die angenehme Zeit« (2Kor 6,2). Die Erwartung der Einlösung dieses Versprechens ist die Motivation, zum Gottesdienst zu kommen. Der zeitgemäße Pfarrer sei auch darin zeitgemäß, daß er die verheißene Zeit Gottes erwartet, erbittet und ergreift.

6 Geistliche Existenz als theologische Existenz

These: Theologische Weiterarbeit bewahrt den Pfarrer vor Isolierung und vor der Flucht in bloßen Pragmatismus und Aktualismus. Die geistliche Relation des Theologen ist seine Bindung an das biblische Zeugnis, das die auftragsgemäße und situationsgemäße Verkündigung provoziert.

Hans Joachim Iwand hat in seinem schon 1929 gehaltenen Vortrag »Theologie als Beruf« davor gewarnt, die theologische Arbeit zugunsten aktueller Verpflichtungen zu vernachlässigen. »Die Verächter der Theologie, die sich seltsamerweise auch unter den Trägern dieses Namens

reichlich finden, werden sich immer auf Geister berufen
müssen, deren Gesellschaft ihnen selbst kaum zur Ehre ge-
reichen dürfte. Es wäre schon viel gewonnen, wenn sie einmal bedächten, was es bedeuten würde, wenn die hier verborgenen Schätze gehoben, die auf diesem Felde liegenden
Möglichkeiten wieder entdeckt werden könnten, wenn wir
als Theologen unserer Zeit helfen könnten, d.h. wenn wir
ihr wieder das Evangelium bringen könnten, daß sie es versteht und sich selbst in ihm versteht. So gewiß es ist, daß
Gottes Wort unserer wie jeder Zeit den Weg erhellt, auf
dem sie irrt, so gewiß wir die Verkündiger dieses Wortes
sind, so gewiß liegt auch hier die entscheidende Erfüllung
oder Verfehlung unseres Berufes. Hier liegt die wahre Be-
rufsnot des Theologen, von hier aus wollen seine schwer-
sten Anfechtungen verstanden sein. Die sittlichen Forderungen teilen wir nicht nur mit allen Christen, sondern mit
allen Menschen. Diese Not der Verkündigung oder Nicht-
verkündigung der unserer Zeit geltenden Wahrheit ist allein unsere Not. Der verzehrende Hunger unserer Zeit nach
dem Wort, das ihr das Leben geben könnte, ist die Anklage
gegen dessen Botschafter. So viel wir von dieser Not wissen, so viel wissen wir von unserem Berufensein in den
Dienst des Wortes Gottes.«
Gegenüber dem soziologischen Urteil vom Mangel an Bedarf nach Verkündigung des Evangeliums wird hier vom
»verzehrenden Hunger nach dem Wort« gesprochen. Der
Unterschied ist sicher nicht nur im Unterschied der Zeiten
begründet. Es trifft auch heute zu, daß die geistliche Existenz des Pfarrers zuerst und vor allem seine theologische
Existenz bedeutet. Das Element des Geistlichen ist auch in
diesem Zusammenhang wiederum ein Relationselement:
die Bindung an das biblische Zeugnis. Also nicht: nur dem
Eigenen leben. Wir haben kein eigenes, sondern das biblisch vermittelte Wort zu sagen. Die Tendenz, das Gewicht der biblischen Autorität zu vermindern, liefert die
Gemeinde aus an die ›Eigenwilligkeit‹ des Predigers. Sie
wird zu einer »Personalgemeinde«, die nicht mehr zur Sache kommt, weil der Pfarrer nicht mehr sachlich ist.

Der Vorspruch zu den von Ernst Lange herausgegebenen
homiletischen Studien ist ein Gedicht von Sidney Carter,
das in deutscher Übersetzung folgendermaßen lautet:
>   Dein frommes Hörensagen ist nicht überzeugend,
>   bring mir die gute Nachricht für die Gegenwart.
>   Was damals war vor 1900 Jahren –
>   vielleicht ist's nicht gewesen:
>   wie soll ich das wissen?
>   Das wirklich Heutige möcht' ich gern spüren.
>   Ich kann nicht leben vom: es war einmal.
>   So mach die Bibel zu und zeig' mir, wie der Christus,
>   den du meinst, in diesen Tagen lebt.«
>   (Zur Theorie und Praxis der Predigtarbeit, Predigtstu-
>   dien, Beiheft 1, hg. von E. Lange u.a., Stuttgart 1968, S.
>   6f)

Man muß diesem Gedicht Zeile für Zeile widersprechen.
Die christliche Predigt hat tatsächlich das zum Gegenstand und Inhalt, was »vor 1900 Jahren« geschehen ist.
Was bliebe sonst übrig? Vielleicht »der Christus, den du
meinst«? Predigen ist tatsächlich ein »frommes Hörensa-
gen«, ein Sagen des Gehörten, ein Weitersagen der Botschaft, die ich nur dem biblischen Wort verdanke. »So
mach' die Bibel zu«! – das ist der schlechteste Rat, den man
dem Prediger erteilen kann. Denn auch, »wie Christus in
diesen Tagen lebt«, enthüllt sich nicht meiner religiösen
Zeitanalyse, sondern wird mir nur durch die Bibel erkennbar.
Bibelrelation ist zugleich Relation zum Menschen. Bibelkunde ist Menschenkunde. Sie ist nicht auf historisch-kri-
tische Aspekte biblischer Zeitgeschichte beschränkt. Die
Bibel bewirkt »Gleichzeitigkeit«. Eine abständige Bibel
könnte nicht das Heute der Gnade Gottes vermitteln. Darum leugnet und verleugnet ein abständiges Verhältnis
und Verhalten zur Bibel den biblischen Willen, Gott und
den Menschen heute zusammenzusprechen. Wenn die
Bibel verstummt, verstummt auch die Stimme, die die
Kraft hat, heutige Erfahrungen des Leides und der Entfremdung zur Sprache zu bringen. Es ist, »als würde hier ei-

ne Sprache geredet, die zwar nicht unsere Sprache ist, aber
es gerade heute sein müßte. Die Bibel ist und bleibt ein un-
begreifliches Buch. Wer hätte vor – nun, sagen wir – noch
zehn Jahren begriffen, was hier steht? Wie kühl und fern
lesen sich auch die besten und einfühlendsten Auslegun-
gen. Und auf einmal finden wir in dem, was hier steht, daß
uns Gott gibt, ›zu sagen, was wir leiden‹« (H.J. Iwand, Predigt-Meditationen, S. 179, in einer Meditation zu Klgl
3,22–32).
Der Gefahr, daß einem die Theologie erstarrt zu einer
Summe von toten dogmatischen Richtigkeiten, kann der
Pfarrer nur dadurch begegnen, daß er ein Liebhaber der Bibel bleibt. Das Studium der Bibel verunsichert die Siche-
ren und verhindert die pfäffischen Antworten. Es nötigt
dazu, dem sich erbarmenden Gott und zugleich dem er-
barmungswürdigen Menschen auf der Spur zu bleiben. Es
bewahrt den Pfarrer vor dem Untergehen im Magnetfeld
des Pragmatischen. Davor warnt Georg Picht, wenn er
schreibt: »Theologie und Kirche haben vergessen, daß humane Praxis stets eine Distanz zu dieser Praxis voraussetzt. Wenn der Ursprung des Praxisbezuges der Theologie, nämlich die Distanz zur Praxis, nicht täglich geübt
wird, ist die Rede von christlicher Freiheit ein leeres Wort«
(EvKom 1971, S. 317).
Es hat seinen hohen Wert, über die Gefährdung und über
die Freude dieses ungewöhnlichen Berufs nachzudenken.
Was wir brauchen, ist weniger Bestätigung als Ermutigung. Und nichts anderes kann uns so unmittelbar ermutigen wie das Motiv des »Geistlichen«, von dem wir erwarten dürfen, daß es unseren Dienst und unser Leben tatsächlich motiviert.

2

Zur Interpretation der Klage in den alt-
testamentlichen Psalmen*

Den unmittelbarsten Zugang zum Alten Testament hat
der Bibelleser von jeher im Psalter gefunden. Es sind Texte,
die sich offenbar jeder Generation aufs neue vergegenwärtigen. Mit dem Problem der historischen Abständigkeit
sind die Psalmen kaum belastet. Die hohe Wertschätzung
des Psalters in der christlichen Kirche ist in allen Jahrhun-
derten ihrer Geschichte bezeugt. Die liturgische Praxis der
gesamten Christenheit zählt die Psalmen bis heute zu ihrem wertvollsten Gut. Sicherlich ist es die besondere litera-
rische Gattung, die poetische Sprache und die formstrenge
Komposition der Psalmen, die sie früh über den Bereich Israels hinaus zum Gebet und Bekenntnis auch der christlichen Gemeinde hat werden lassen. Vor allem aber liegt die
bleibende Aktualität dieser Texte in der Tatsache, daß die
Theologie der Psalmen sich nicht in Form von dogmatisch
fixierten Lehraussagen oder als unmittelbares ›Wort Gottes‹ vermittelt, sondern die Gestalt existentieller Betroffenheit des klagenden, Gott dankenden und liebenden
Menschen angenommen hat. Das zutiefst bewegte und be-
teiligte Humanum macht diese Texte so ›modern‹ und ver-
leiht ihnen gerade in einem Zeitalter der ›Gottesfinsternis‹
(M. Buber) die Autorität, einen weithin fragenden und angefochtenen Glauben zu artikulieren.
Mit dem hohen Rang, den die Psalmen in Synagoge und
Kirche bis heute einnehmen, verbindet sich andererseits
eine merkwürdige Verlegenheit im Umgang mit gewissen
Aussagen und Formulierungen, die sich dem Verständnis
nur schwer erschließen. Diese befremdenden und auf alle

* Aus: Die Wirklichkeit des Unverständlichen. Festschrift für Prof. Dr.
med. H. Müller-Suur, Den Haag, S. 140–155.

gängigen Interpretationsversuche eigenartig spröde rea-
gierenden Texte des Psalters finden sich vor allem in den
individuellen Klage- und Dankliedern, die eine besondere
Gattung unter den Psalmen darstellen und mit denen sich
die folgende Untersuchung in erster Linie befassen soll.

I

Es ist heute allgemein anerkannt, daß die in den Psalmen
dieser Gattung zur Sprache kommende ›primäre Bedräng-
nis‹[1] als Krankheit verstanden werden muß. Die Art ihrer
Schilderung ist jedoch sehr ungewöhnlich. Die Beter der
Psalmen nennen sich ›zerbrochenes Gefäß‹ (32,4), ›ver-
dorrte Pflanze‹ (38,14), ›Tauber und Stummer‹ (39,12), ›Mot-
te‹ (22,7), ›Wurm‹ (22,15). Sie vergleichen sich mit ›hinge-
schüttetem Wasser‹ (22,15), mit ›Erschlagenen‹ (88,6), mit
der ›Rohrdommel in der Wüste‹ und der ›Eule in Trüm-
merstätten‹ (102,7). Die Beschreibung der auf Krankheit
hindeutenden Zustände ist eindrucksvoll, aber schwer zu
verifizieren:
    »Von nächtlichen Wachen gehalten sind meine Au-
      gen,
    ich bin voll Unruhe und kann nicht reden.«
    »Ich flüstere des Nachts für mich hin,
    ich sinne nach und es forscht mein Geist« (77,5.7).
Ohne daß auf die konkrete Situation eines seiner Freiheit
beraubten Gefangenen geschlossen werden könnte, ist
›Gefangenschaft‹ für den Leidenden des 88. Psalms das
treffende Gleichnis seiner Angefochtenheit:
    »Ich bin gefangen und kann nicht heraus,
    mein Auge verschmachtet vor Elend« (88,9/10).
Es finden sich Klagen, die in erschütternden Bildern die
Tiefe eines Leidens zur Sprache zu bringen versuchen, das
sich offenbar mit ›normalen‹ Krankheitszuständen kaum
in Verbindung bringen läßt:

1 *Chr. Barth*, Die Errettung vom Tode, 1947, S. 93.

»Wie Rauch sind meine Tage entschwunden,
meine Gebeine sind durchglüht wie ein Brand.
Versenkt ist wie Gras und verdorrt mein Herz.«
»Meine Tage neigen sich wie Schatten,
und ich muß verdorren wie Gras« (102,4/5.12).
Im Psalm 109 steht die bekundete Angst in unmittelbarem Zusammenhang mit körperlichen Verfallserscheinungen:

»Denn ich bin elend und arm,
und mein Herz ängstigt sich in der Brust.
Ich schwinde dahin wie ein Schatten,
wenn er sich neigt,
bin wie eine Heuschrecke,
die man von sich abschüttelt.
Meine Knie wanken vom Fasten,
mein Fleisch nimmt ab und wird mager« (109,22–24).
Alle diese befremdenden, extrem artikulierten Leidensäußerungen gipfeln in dunklen Hinweisen auf die Realität des Todes, die den Kranken nicht nur bedroht, sondern die ihn offenbar bereits befallen hat.

»Meine Seele ist mit Leiden gesättigt
und mein Leben dem Totenreich nahe« (88,4).
»Mein Herz ängstigt sich in meiner Brust,
die Schrecken des Todes befallen mich« (55,5).
Entsprechend heißt es im Danklied, das auf die Zeit der Krankheit zurückblickt:

»Herr, du hast meine Seele aus dem Totenreich heraufgebracht
und zum Leben mich zurückgerufen
aus der Schar derer, die zur Grube fahren« (30,4).
Das Totenreich, also der Machtbereich des Todes, ist bereits in die Sphäre des Lebens eingedrungen und trennt den Leidenden vom ›Land der Lebendigen‹. »Ihn ängstigt nicht so sehr die Zukunft nach dem Tode als die Gegenwart: ein Dasein unter der Macht des bösen Todes«.[2] Die Tatsache, daß der Kranke physisch noch auf die Seite des

---

2 *Barth*, ebd., S. 101.

Lebens gehört, kann das Bewußtsein der Todverfallenheit nicht aufheben. Darum bedeutet auch das Ende bzw. die Heilung der Krankheit nichts geringeres als ›Errettung vom Tode‹. Diese den Psalmen eigentümliche Anschauung wurde zumeist von den Auslegern als dichterische Intensivierung der Krankheitsschilderung oder als typisch orientalische Übertreibung gedeutet. In neuerer Zeit, vor allem seit den Beiträgen Pedersens und Chr. Barths, wird diese Gleichsetzung von Krankheit und Tod nicht mehr bildlich oder hyperbolisch, sondern real verstanden. Der leidende einzelne der Psalmen muß sich tatsächlich in der Gewalt des Todes gewußt haben. Krankheit wurde in Israel nicht als Einschränkung des Lebens, sondern als Vorwegnahme des Todes erfahren. Mit einer auffallenden Regelmäßigkeit wird in den Psalmen Krankheit als Aufenthalt im Totenreich gedeutet. Es handelt sich dabei nicht um ein poetisches Stilmittel der Dramatisierung menschlicher Grenzsituationen, sondern um eine »wirkliche Anschauung«.[3]

Chr. Barth hat versucht, die Ursachen dieser Anschauung freizulegen. Er hat auf die Ähnlichkeit zwischen den Symptomen der Krankheit und des Todes hingewiesen. »Der innere und äußere Zustand des Kranken muß an den Zustand eines Toten erinnert haben.«[4] Es muß aber bezweifelt werden, daß die Einbeziehung der Krankheit in den Machtbereich des Todes, die in den Psalmen zum Ausdruck kommt, in der äußeren Todesähnlichkeit der Krankheitssymptome ihre Erklärung finden könnte. Die den Zugriff der Todeswirklichkeit bezeugenden Psalmstellen lassen jedenfalls nicht auf einen physisch sterbenden Menschen schließen. Im Ps 22, der noch am ehesten für die Deutung Barths herangezogen werden könnte, heißt es:

> »Wie Wasser bin ich hingeschüttet,
>   es lösen sich alle meine Gebeine;

3 Ebd., S. 100.
4 Ebd., S. 101.

mein Herz ist gleich dem Wachs geworden,
zerflossen in meiner Brust.
Trocken wie Scherben ist mein Gaumen,
meine Zunge klebt an meinem Schlund;
in den Staub des Todes legst du mich« (22,16–17).
Auch Hans-Joachim Kraus vertritt in seinem Psalmenkommentar die Ansicht, daß in diesen Versen die Agonie
veranschaulicht würde: »Das Vergehen und die Auflösung
des Körpers unter der Glut des Fiebers«.[5] Aber abgesehen
davon, daß von einem Sterbenden die vorliegende Zustandsschilderung wohl kaum zu erwarten wäre, spricht
dieser Psalm an anderer Stelle von einer Selbsterfahrung
des Psalmisten, die das Bild seines gestörten Lebens gewissermaßen von innen zeichnet:
»Ich bin ein Wurm und kein Mensch« (V. 7).
Das ist keine Zustandsbeschreibung, mit der die Hinfälligkeit seiner physischen Verfassung gezeichnet werden soll,
sondern es ist das ›Selbstbildnis‹, das gequälte Existenzverständnis des Leidenden. So deutet auch Arthur Weiser
die Situation des Psalmisten: »Auf alle Fälle ist es nicht so
sehr das körperliche Leiden als die durch seine Notlage
bedingte seelische Qual, die die Klagenden so tief in den
Staub beugt.«[6] Es ist zu vermuten, daß auch die Aussage
vom »Staub des Todes« nicht die allen Beteiligten sichtbare Todesstunde des Kranken signalisiert, sondern Zeugnis
ist von einer Todesbegegnung, die der physisch noch Lebende an seinem inneren Menschen tatsächlich erfährt.
Das Verständnis der Krankheit als Aufenthalt im Totenreich findet seine Herleitung wohl kaum in äußerlich vergleichbaren Erscheinungsformen zwischen Krankheitsund Todeszustand, sondern wird in dem Erleben einer todesähnlichen Auflösung der seelischen Kräfte begründet
sein. Das psalmenspezifische Krankheitserleben als Todeserfahrung verweist m.E. auf abnorme psychische Lei-

5 *H.-J. Kraus*, Psalmen, I, 1961, S. 181.
6 *A. Weiser*, Die Psalmen, 1935, S. 57.

denserfahrungen, die das Krankheitsbild depressiver Zustände erkennen lassen.

II

Es ist anzunehmen, daß die Todesqualität der Krankheit, wie sie im Zeugnis der Psalmen zur Darstellung kommt, als »wirkliche Anschauung« auf einer Urerfahrung basiert, die in psychosomatischen Zusammenhängen verläuft, in deren Kontext die zumeist befremdlichen und extrem formulierten Selbstaussagen der Psalmbeter verständlich werden. Die Situation »im Staub des Todes«, die in den erwähnten Versen des 22. Psalms gezeichnet wird, ist unmittelbar verbunden mit Angaben, die die körperlichen Symptome der Melancholie erkennen lassen: Störungen des Herzens mit dem Gefühl der inneren Leere (zerflossen in meiner Brust), Mundtrockenheit (V. 16). Wenn es heißt: »Wie Wasser bin ich hingeschüttet« (V. 15), so wäre das die angemessene Sprache, die den Prozeß der Selbstentfremdung, in den der Depressive hineingezogen werden kann, gleichnishaft zum Ausdruck bringt. In Ps 31 sind »stehende Aussageformen aus der Klage der Kranken«[7] in das Gebet eines von seinen Feinden Verfolgten aufgenommen worden. Der Krankenklage, auf die wir uns beschränken, liegt wiederum ein Erleben zugrunde, das zweifellos depressive Züge aufweist:

»Sei mir gnädig, Herr, denn mir ist bange,
zerfallen ist vor Gram
mein Auge, meine Seele, mein Leib,
ja mein Leben schwindet hin in Kummer
und in Seufzen meine Jahre;
ermattet ist in Elend meine Kraft
und meine Gebeine sind zerfallen« (V. 11/12).

In diesem Gebet meldet sich eine vitale Angst zu Worte. Der Kranke erfährt den drohenden Zerfall seiner Persön-

7 *Kraus*, a.a.O., S. 250.

lichkeit. »Raum und Zeit sind in gleicher Weise inhalt-
los.«[8] Das Gefühl einer »existentiellen Leere« (v. Gebsattel)
artikuliert sich in diesen Äußerungen. Auch in diesen Versen wird die Nähe der Todeswirklichkeit bezeugt, und in
V. 13 heißt es ausdrücklich: »Ich bin dem Gedächtnis entschwunden wie ein Toter«. Hier wird unmittelbar deutlich, daß der todesähnliche Zustand des Kranken weniger
im Gesichtskreis seiner Mitmenschen erkennbar wird,
sondern vielmehr die innere Seinsweise des Depressiven
darstellt. Das häufig mit der endogenen Depression ver-
bundene Entfremdungserlebnis führt den Kranken in die
totale Isolierung und distanziert ihn von der Anteilnahme
seiner Freunde und Angehörigen, so daß er sich selber
»wie ein Toter«, als Vergessener empfindet.
Die Verkennung der im depressiven Erleben begründeten
Entfremdungszustände hat dazu geführt, daß die in den
Psalmen mehrfach auftretende Klage über die erfahrene
Abwendung von seiten der Mitmenschen von den Auslegern als real begründeter Vorwurf verstanden worden ist.
So wird zumeist das ›jüdische Vergeltungsdogma‹, dementsprechend Krankheit als Strafe für begangene Sünden
gilt, zur Interpretation herangezogen. Das sei der Grund,
weshalb der Leidende aus der Gemeinschaft ausgestoßen
werden mußte. Er steht unter Gottes Zorn: »Da liegt es nahe, daß ehrenhafte Mitbürger sich von ihm zurückziehen
und ihn alleinlassen.«[9] Demgegenüber wird die Kenntnis
depressiver Zustände die Deutung nahelegen, daß die
Klage des Kranken Erfahrungen mitteilt, die zur Qual seiner wachsenden Vereinsamung führen und zum Verlust
aller Kommunikation, die aber zugleich auf die Umwelt
projizieren, was in Wahrheit der Kranke selber vollzieht:
den Rückzug aus allen Beziehungen früherer Geselligkeit
und mitmenschlicher Existenz. Nicht die Freunde ziehen
sich vom Kranken zurück, sondern der Kranke versinkt in
einer für die anderen unzugänglichen Schattenwelt. Auch

8 Depressionen, Information 1, J.R. Geigy A.G. Basel.
9 *H. Ringgren*, Psalmen, 1971, S. 79.

in Israel wird trotz des bestehenden ›Vergeltungsdogmas‹
der ›ehrenhafte Mitbürger‹ nicht sofort den Kranken per
Distanz behandelt haben. Die Freunde des geschunde-
nen und verzweifelten Hiob haben jedenfalls tagelang die
Kommunikation mit dem Kranken gesucht, im Schweigen und im Reden.

Im 88. Psalm, insgesamt ein Zeugnis abgründiger Leidenserfahrung, in dem Vers für Vers das depressive
Krankheitsbild erkennbar ist, wird die Klage über die Vereinsamung des Kranken zur Anklage gegenüber Gott:

>»Meine Freunde hast Du mir entfremdet,
> hast mich ihnen zum Abscheu gemacht« (V. 9).
>»Den Freund und Genossen hast Du mir entfremdet,
> mein Vertrauter ist die Finsternis« (V. 19).

Im Zusammenhang des ganzen Psalms weist diese Situa-
tionsangabe in die spezifische Einsamkeit der Melancholie.
Das Bewußtsein der Todverfallenheit, dem unser besonde-
res Interesse gilt, kommt auch in diesem Psalm zur Sprache:

>»Meine Seele ist mit Leiden gesättigt
> und mein Leben dem Totenreich nahe.
> Schon zähle ich zu denen, die zur Grube fahren;
> ich bin geworden wie ein kraftloser Mann.
> Unter den Toten muß ich wohnen,
> Erschlagenen gleich, die im Grabe liegen,
> deren du nicht mehr gedenkst
> und die von deiner Hilfe geschieden sind« (V. 4–6).

Dem Kommentar von Kraus ist rechtzugeben, wenn er
den Satz ›Unter den Toten muß ich wohnen‹ einer Auslegung entzieht, die darin einen Ausdruck »krankhaft über-
steigerter Phantasie« oder einen »gemeinorientalischen
Hyperbolismus« zu finden meint. Aber im Zuge eines realistischen Verständnisses dieser Stelle gelangt Kraus zu
einer etwas gewaltsamen Deutung, die davon ausgeht,
daß der Leidende ein Aussätziger gewesen sein müsse.
»Wahrscheinlich mußte der Ausgestoßene, insbesondere
der Aussätzige, auch tatsächlich in Gräbern hausen.«[10]

---

10 *Kraus*, a.a.O., II, S. 609.

Diese Hypothese ist nicht ganz einleuchtend, denn sie findet im Psalm keine Bestätigung. Die »Wohnung unter den Toten« wird an anderer Stelle des Psalms als ein Sein »in Finsternissen, in Meerestiefen« umschrieben und läßt darauf schließen, daß der Machtbereich des Todes in einer anderen Dimension erfahren wird als in der äußeren Behausung bei den Gräbern. Was Chr. Barth in einem anderen Zusammenhang formuliert, kann auch auf Ps 88 angewendet werden: »Der Bedrängte ist weder ein Toter noch ein im vollen Sinne Lebendiger; irgendwo in der Mitte hält er sich auf. Das entscheidende für ihn ist aber nicht, daß er noch lebt, sondern daß er nahe beim Totenreich ist.«[11] Im Unterschied zu anderen Kranken hat der depressiv Erkrankte die Orientierung am Leben verloren. Von seinem eigenen Leben fühlt er sich abgeschnitten, und nicht einmal die Erinnerung kann das erlebte Gute festhalten. Aber auch am Leben der anderen hat er keinen Anteil. Er befindet sich in einem Gefälle zum Nichts, zur Auflösung, zum Tode hin. »Wie selten eine Krankheit erfaßt die krankhafte Depression den ganzen Menschen: Denken, Willen, Gefühle, Persönlichkeit, Psyche und Soma.«[12] Diese ›Totalisierung‹ im Depressionszustand erklärt die dunkle Geschlossenheit der Leidenserfahrungen, die ungewöhnlich häufig im Psalter artikuliert werden und die letztlich nur als depressives Erleben verstanden werden können.

Eine Vermutung in dieser Richtung hat auch der Psalmenausleger Barth geäußert: »Wenn es in der medizinischen Wissenschaft den Begriff und das Phänomen psychogener Krankheit gibt, so ist damit zu rechnen, daß etwas Ähnliches in einzelnen Klageliedern vorliegen könnte.«[13] Barth hat beobachtet, daß gewisse Züge in den Krankheitsschilderungen der Psalmen an das Krankheitsbild des Depressiven erinnern. Aber er streift dieses Thema nur am Rande und hält die Vermutung einer wirklichen psychogenen

11 *Barth*, a.a.O., S. 117.
12 Depressionen, Information 1, s.o. Anm. 8.
13 *Barth*, a.a.O., S. 97.

Krankheit als Hintergrund gewisser Psalmenaussagen
nicht durch. Seine Interpretation ist offenbar auf den Auf-
weis reaktiver Depressionserscheinungen gerichtet,
wenn er »schwerwiegende Ereignisse und Erfahrungen«
aufzuspüren sucht, die die depressive Färbung in den Klagepsalmen verursacht haben könnten.[14] Von daher ist es
begreiflich, daß Barth von der Schwierigkeit spricht, »Be-
stimmtes über die vorausgesetzte Situation« zu erkennen.
Er rechnet mit verschiedenartigen Krankheiten als primä-
rer Voraussetzung der Klagelieder und bedauert, daß die
Identifizierung dieser Krankheiten nicht gelingt. Weil
Barth offenbar körperliche Erkrankungen als den auslö-
senden Faktor hinter den Leidensaussagen der Psalmen
vermutet, vermißt er das Entstehen eines ernstlichen
Krankheitsbildes, das eine ›Diagnose‹ erlauben würde.[15]
Auch Weiser bedauert in seiner Auslegung des 22. Psalms,
»daß wir nicht genau erkennen können, aus welcher Lage
heraus der Beter seinen schmerzdurchwühlten Klagege-
sang anhebt«.[16] Im gleichen Sinne vermißt Ringgren
»Mangel an konkretem Detail« in der Leidensschilderung
der Psalmisten und gibt dazu die Erklärung: »In Wirklichkeit gibt es gar keine tatsächliche Beschreibung der Situation.« »Zumeist tritt die wirkliche Situation, so wie wir
moderne westliche Menschen sie sehen würden, völlig in
den Hintergrund.«[17]
Demgegenüber ist zu betonen, daß es sich weder um den
Unterschied zwischen orientalischer und ›westlicher‹
Krankheitsermittlung noch um mangelnde Exaktheit im
Krankheitsbild der Klagepsalmen handelt, sondern um
den höchst angemessenen Ausdruck für das weitausge-
spannte Leiderleben von Menschen, die man vergeblich
nach einem Anlaß, einer konkreten Voraussetzung ihrer
tiefen leib-seelischen Veränderungen fragen würde, weil

14 Ebd.
15 Ebd., S. 95.
16 *Weiser*, a.a.O., S. 37.
17 *Ringgren*, a.a.O., S. 77.

sie unter dem Zugriff echter Melancholie, also unter den Erfahrungen endogener Depressionen stehen im völligen »Darniederliegen der Leib- und Vitalgefühle« (K. Schneider). Das Übermaß, das Element des Expressionistischen in den Notrufen und Angstbezeugungen der Klagepsalmen ist keine Verschleierung der realen Situation durch ein ungenaues Klagepathos, sondern ist die sachgemäße Artikulation dieser unvergleichlichen Krankheit, die selber die Bilder, Vergleiche und Metaphern ›entwirft‹ als Signale einer im übrigen unaussprechlichen Qual. Bei einem solchen Verständnis wird das Bedauern der Exegeten über die Unerkennbarkeit der Motivation zur Klage überflüssig und überholt durch die Einsicht, daß depressives Erleben sich nicht konkreter und zutreffender mitteilen kann als im Modus der vorliegenden Psalmenaussagen. Dem Gesunden ist das depressive Tal »im Schatten des Todes« nicht erreichbar. »Die Melancholie ist nicht einfühlbar, da sie ein Eigenleben darstellt, das eher an den Zustand eines Scheintoten (Staehelin) erinnert.«[18] Manifestation des Todes ist auch die chaotische Urflut, die in den Klagepsalmen relativ häufig die Erfahrung zerfließender Lebensgeborgenheit symbolisiert, z.B.

»Hilf mir, o Gott, denn die Wasser
gehen mir bis an die Seele.
Ich bin versunken in tiefen Schlamm,
wo kein Grund ist;
ich bin in Wassertiefen geraten,
und die Flut schwillt über mich her« (69,2–4).

III

Die Analyse der auf depressives Erleben hinweisenden Klagepsalmen darf nicht versäumen, eine letzte, unheimliche Leidenstiefe zur Sprache zu bringen, in der die eigentlich theologische Komponente dieser Texte greifbar

18 Depressionen, Information 2, J.G. Geigy A.G. Basel.

wird: die Erfahrung der Gottverlassenheit. Der bereits her-
angezogene 22. Psalm beginnt mit dem Gebetsruf: »Mein
Gott, mein Gott, warum hast du mich verlassen?« Das Beten des Kranken bleibt ein Rufen ohne Antwort. Die Gottesferne ist »die eigentliche Bitterkeit des Verlassen-
seins«.[19] Der Verlust der Gottesbeziehung läßt die Glau-
benskraft zusammenschrumpfen bis zur bloßen Erinnerung, daß Gott anderen geholfen hat (V. 5+6). Das eigene
Leben ist nach dem Grad des Leidens dem Tode zur Beute
gegeben.
Die qualvolle Frage findet sich auch im Ps 42: »Warum hast
du meiner vergessen?« (V. 10); »warum verstößt du mich?«
(V. 2). Auch in diesem Psalm fehlt die von den Auslegern
vermißte Situationserhellung. Kraus stellt die Frage: »Leidet der Psalmist an schwerer Krankheit?«[20] Die in der Tat
anzunehmende Krankheit ist aber nicht die äußere Voraussetzung für die glaubenskritischen Aussagen der Gottverlassenheit, sondern in diesem Bewußtsein der Gottverlassenheit manifestiert sich die Krankheit unmittelbar.
Die Krankheit selber wird als Gottverlassenheit erfahren.
Es ist sinnlos, diese Leidenskonfessionen nach äußeren
Anlässen zu hinterfragen. Wenn der Psalmist zu seiner
»Seele« redet, wendet er sich damit an das Zentrum eben
seiner Krankheit:
      »Was bist du so aufgelöst, meine Seele,
      und stöhnst in mir!« (V. 12).
Eindrucksvoll interpretiert Kraus: »Der Psalmensänger
schildert das Zerfließen seiner Seele, d.h. die Auflösung
seiner Vitalpotenz.«[21] Glaubwürdig verifizieren lassen
sich diese Aussagen tiefster Angefochtenheit letztlich nur
am Krankheitsbild psychotischen Leidens, insbesondere
an dem der endogenen Depression.
Hat Chr. Barth formulieren können, daß für den Kranken
nicht entscheidend sei, daß er noch lebe, sondern daß er

19 *Kraus*, a.a.O., S. 178.
20 Ebd., S. 319.
21 Ebd., S. 320.

»nahe beim Totenreich« sei, so könnte diese Nähe zum Tode doch wohl auch eine Entscheidung gegen das Weiterleben und also für den endgültigen Übergang zur Todeswirklichkeit bewirken. Es ist interessant, daß in keinem Psalm eine Absage an das Leben und damit ein Ja zum Tode formuliert wird. Eine Tendenz zum Suizid, die mit einem gewissen Stadium der Depression verbunden ist, wird nirgendwo erkennbar. Das Leben bleibt der zwar entrückte, aber anzustrebende einzige Wert. Der Tod bleibt der schlechthin negative und feindselige Bereich des Schreckens und des Grauens, der keinerlei erlösende Möglichkeiten bietet. Hier zeigt sich die Durchhaltekraft des Glaubens Israels, der den Menschen an das Leben bindet und ihn aus dieser Bindung auch in hoffnungsloser Situation nicht entläßt. Ein Verlöschen im Nirwana, ein Sprung in den Abgrund des Todes ist offenbar für die Glieder des Volkes Israel als Ausweg aus dem Leid nicht einmal denkbar, geschweige denn realisierbar gewesen. Auch der Hoffnungslose bleibt ausgerichtet auf das »Land der Lebendigen«. Er kennt kein »Jenseits« zur Erde, in das hinein er fliehen könnte. Er bleibt auch in qualvoller Situation diesseitig orientiert und also »der Erde treu« (Nietzsche). Unter diesem Aspekt muß der zitierte Satz von Chr. Barth korrigiert werden: Entscheidend für den Bedrängten in Israel ist nicht, daß er dem Totenreich nahe ist, sondern daß er noch lebt. Und das Signum für sein noch vorhandenes Leben ist das Gebet. Das Gebet steht gegen den Tod und widerspricht der Versuchung, sich selber für den Tod zu entscheiden.

Chr. Barth sagt, es gehöre »die drastische, oft wohl übertreibende Elendsschilderung zum Stil der Klagelieder«.[22] Wenn die mehrfach in dieser Untersuchung ausgesprochene These richtig ist, daß in den behandelten Klagepsalmen als Krankheit ein depressives Erleben anzunehmen ist, dann kann von einer Übertreibung als Stilelement dieser Texte nicht länger die Rede sein. Allerdings gilt die im

---

22 *Barth,* a.a.O., S. 145.

gleichen Zusammenhang von Barth geäußerte Feststellung, daß nicht jeder Kranke und Bedrängte, dessen Stimme in den Klagepsalmen vernehmbar wird, die gleiche tiefe existentielle Leidenserfahrung hat machen müssen, wie sie etwa im 88. Psalm erschütternd zum Ausdruck kommt. »Nicht jeder muß den Blick in diesen Abgrund tun, es wagt auch nicht jeder von solchem Erleben zu reden und zu schreiben.«[23] Dennoch hat die Urerfahrung menschlicher Grenzsituationen, wie sie der depressiv Erkrankte erlitten und im Gebet zur Aussage gebracht hat, gewissermaßen das Modell abgegeben für die Darstellung jeder Art von schwerer Krankheit und Anfechtung, die einzelnen Leidenden in Israel auferlegt wurde. Die vielleicht nur wenigen, die den »Blick in den Abgrund« haben tun müssen, konnten mit ihrem existentiell verantworteten Aussagen der »Mund« aller »Mühseligen und Beladenen« werden. Sie hatten das »Sprachmaterial« zur Verfügung gestellt, mit dem Klage und Bitte der Leidenden artikuliert werden konnte. So erklärt sich die Tatsache, daß die besprochenen Aussagen totaler Vereinsamung und erlittener Todesnähe auch von anderen Psalmen verwendet werden als stereotype Sprachsymbolde für Leid und Unglück allgemeiner Art. H. Ringgren zitiert H.J. Francken, der mit Recht gesagt hat: »Es ist das geläufige Schema, das sich den Menschen in einem tiefen Leid darbietet.«[24] Auf diese Weise ist die ursprüngliche Leidenssprache jener Angefochtenen, die nach heutigen Erkenntnissen als depressiv Erkrankte zu identifizieren sind, innerhalb der Psalmen zu einer literarischen Tradition umgebildet worden. Dennoch bewahren die Klagepsalmen, auf welche Not im einzelnen sie auch bezogen sein mögen, ihren Zusammenhang mit jener Urerfahrung an Verzweiflung, die auch das »geläufige Schema« noch zu erkennen gibt.

23 Ebd.
24 *Ringgren*, a.a.O., S. 76.

IV

Im Unterschied zum Klagepsalm zeigt das Danklied »eine fast formelhafte Darstellung des Todeserlebnisses«.[25] Es fehlen die erschütternden Bilder und Gleichnisse, die in den angeführten Beispielen der Klagepsalmen den Zustand einer vitalen Angst und der drohenden Depersonalisierung nicht nur angeleuchtet, sondern gewissermaßen ausgeleuchtet haben. Der Leser der Danklieder hat den Eindruck, daß das Erschütternde nur noch summarisch vom Bewußtsein festgehalten wird und nicht mehr voll vergegenwärtigt werden kann. Wenn wir eine innere Bezogenheit der Danklieder auf die Klagelieder Israels annehmen, wozu die Ähnlichkeit formaler Kategorien und strenge inhaltliche Entsprechungen berechtigen, so muß doch dieser Unterschied der Perspektiven, in denen das Leid gesehen und gezeichnet wird, deutlich beachtet werden. Das Danklied spricht vom erfahrenen Unglück nur in knapper, formelhaft sich äußernder Erinnerung. Normalerweise aber sind die Krankheitsschilderungen derer, die wieder gesund wurden, durchaus farbig und wortreich gestaltet und zeugen von einem intensiven ›Nacherlebnis‹. Wenn es sich in den Dankpsalmen anders verhält, so spricht gerade diese Beobachtung für die Möglichkeit, daß sie auf die gleichen Krankheitszustände bezogen sind, die wir in den Klagepsalmen angesprochen und in ihrer depressiven Symptomatik aufgezeigt haben. Der aus einer depressiven Phase ins »Land der Lebendigen« Zurückgekehrte kann von den erlittenen Ängsten, Erstarrungszuständen und Schuldgefühlen der Erinnerung nichts anderes übergeben als das bloße Faktum eines unheilvollen Erlebnisses, von dem aber die Gegenwart total geschieden ist.

In Ps 116 werden zwar durchaus die bekannten Begriffe und Bilder der Klagepsalmen wiederholt, aber es zeigt sich deutlich die für das rückblickende Danklied typische ver-

25 *Barth*, a.a.O., S. 140.

kürzende und quasi gefrorene Formelhaftigkeit ihrer Verwendung.

»Die Stricke des Todes hatten mich umfangen,
die Ängste der Unterwelt mich befallen,
ich kam in Not und Kummer« (V. 3).

So spricht die Erinnerung, die zwar von dem ungeheuren
Ausmaß langer erlittener Qual weiß, aber ihren Erlebnis-
bzw. Krankheitswert nicht festzuhalten vermag. Letztlich
muß die pauschale Feststellung einer Situation in »Kummer und Not« das Gewesene festhalten. Allerdings weiß
der Beter, daß er vor Gott mehr zu bekennen hat als das
gnädige Ende seiner Krankheit:

»Du hast mein Leben vom Tode errettet« (V. 8).

Aus der unmittelbaren Todeserfahrung ist nun das Glaubensbekenntnis der Errettung vom Tode geworden. Diese
letzte Tiefendimension der erlittenen Krankheit verflüch-
tigt sich nicht zu einer glücklich vergangenen Episode,
von der man besser nicht mehr spricht, sondern behält
den Wert einer bleibenden Erfahrung, die in das neue Leben integriert wird.

W. Schulte sagt von dem »Melancholiker im Intervall«, daß
die Vergegenwärtigung der erlittenen existentiellen Erschütterung zumeist kaum gelingt. Es ist zu bedenken,
daß das depressive Erleben nach seinem Abklingen »meist
ohne Konsequenz für das Leben bleibt«. »Die Kranken wagen gar nicht recht, an diese Zeit zu rühren.«[26] Sosehr das
summarische Verfahren im Rückblick auf das depressive
Erleben in den Psalmen zunächst diese Beobachtung zu
bestätigen scheint, so deutlich muß auf der anderen Seite
die Differenz erkannt werden, die das Verhalten der Psalmisten im Zeitraum einer überwundenen depressiven Er-
krankung von anderen Depressiven »im Intervall« unterscheidet. Die Tatsache, daß die Errettung vom Tode in Israel zum Inhalt einer Lobpreisung Gottes wurde, die zumeist im kultischen Rahmen des Tempelgottesdienstes
vor der versammelten Gemeinde ihren ›Sitz im Leben‹

26   *W. Schulte,* Studien zur heutigen Psychotherapie, 1964, S. 64.

hatte, beleuchtet schlagartig die Grundsituation des Kranken wie des Gesunden im Lebensraum des Volkes Israel. Es war in jedem Fall die dialogische Situation vor Jahwe, dem Gott des Bundes und der Treue. Im Leben äußert sich das wiedergewonnene Leben. Von dem erlittenen Leid konnte nicht in der Form Abschied genommen werden, daß es als dunkle Episode in der Vergangenheit versank. Wenn auch die Erinnerung nicht vermochte, die existentielle Erschütterung aus der Zeit der Klage unmittelbar zu vergegenwärtigen, so war es doch unmöglich, das Erlebte dem Vergessen preiszugeben. Die Errettung aus tiefer Not konnte nicht im privaten Lebensbereich verborgen, also verschwiegen werden, sondern der spezielle Charakter der »Gemeinschaftsfrömmigkeit«[27] in Israel erweckte den wieder Gesunden zur Rühmung Jahwes.

»Verkünden will ich deinen Namen meinen Brüdern, inmitten der Gemeinde will ich dich preisen« (Ps 22,23).

Die aus depressivem Erleben in die Gemeinschaft zurückgekehrten Glieder des Volkes Israel wagten es durchaus, an die Zeit des Leidens zu rühren, denn auch und gerade sie bestätigt die im extra se des Menschen begründete Tragfähigkeit der Bundestreue Gottes. Das Proprium der Kranken in Israel, deren Stimme sowohl im Klagelied wie im Lobpreis vernehmbar wird, ist unverkennbar die durchgehaltene Gottesbeziehung. In Ps 116, der zurücksieht auf die »Stricke des Todes« und die »Ängste der Unterwelt«, kann der Psalmist feststellen:

»Ich behielt den Glauben, auch wenn ich sprach: Ich bin tief gebeugt« (V. 10).

Die angeführten Klagepsalmen beweisen, daß auch und gerade der Glaube in tiefe Anfechtung hineingezogen wurde und sich zuletzt nur noch darin bekundete, daß das Seufzen und Rufen zu Jahwe zum Notzeichen einer glimmenden Hoffnung wurde, die auch über der Erfahrung der Abwesenheit Gottes nicht endgültig erlosch. »Es ist eine

27 *Ringgren*, a.a.O., S. 38.

eigentümliche Zwielichtigkeit: Während die Person so
ganz von einer absoluten, in vielem fremden melancholi-
schen Hoffnungslosigkeit durchsetzt ist, bleibt Raum für
einen kleinen Schuß uneingestandener menschlicher
Hoffnung.«[28] Diese ganz allgemein auf depressives Erleben gerichtete Beobachtung findet in den Klagepsalmen
ihre Bestätigung. Aber hier ist es eine »eingestandene«
Hoffnung, denn sie wird auch bei Verlust aller psychischen Kraft in der durchgehaltenen Situation »vor Gott«
artikuliert, und sei es auch nur in der Gestalt eines verzweifelten Rufs. Das Gebet hält dem Leidenden einen
Raum der Hoffnung offen. Depressives Erleben führt zumindest in härtesten Fällen zum totalen Verstummen des
Kranken und verliert die Zugänge zur Kommunikation.
Das depressive Erleben in den Psalmen beweist bei aller
Gleichheit der Symptome eine letzte Möglichkeit der Äußerung, der nach außen dringenden Mitteilung dessen,
was als Qual erfahren wird. Die Gebetstraditionen Israels
provozieren den Leidenden zu dem Versuch, die dialogische Situation vor Gott nicht aufzugeben, auch dann
nicht, wenn Gott keine Antwort gibt.
Wenn gerade in den Klagepsalmen parallele Wendungen
und stereotype Elendsschilderungen zu finden sind, so ist
darin ein Element der Sprachhilfe für jene Kranken zu sehen, die in sich selber unter der Last ihrer Ängste im
Schweigen verschlossen sind. Nun aber im Gebet können
sie sich der Leidenssprache bedienen, die von der Gebets-
tradition ihres Volkes aufbewahrt wurde und die Tragfähigkeit beweist, das Unaussprechliche dennoch zur Sprache zu bringen. Was aber zur Sprache gebracht wird, ist zugleich vor Gott gebracht und damit inmitten der Hoffnungslosigkeit zur Hoffnung hin geöffnet.
So liegt im Zeugnis der Psalmen vom depressiven Erleben
unbekannter, aber exemplarisch leidender Glieder Israels,
wie es in der Gebetsklage seinen unmittelbaren Ausdruck
findet und im rückblickenden Lobpreis zum Bekenntnis

28   *Schulte,* a.a.O., S. 59.

der Errettung wird, für alle, die ähnliche Tiefen existentieller Anfechtungen zu durchleiden haben, zwar kein
Hinweis auf die Therapie bereit, wohl aber ein Erfahrungs-
urteil, das für den Prozeß des Bestehens und der Verarbei-
tung dieser Krankheit auch in der Gegenwart Hilfe und
Orientierung bieten könnte.

3

Schuld und Vergebung

Aus der Seelsorge einer Auslandsgemeinde[*]

›Schuld‹ ist ein Wort, das persönliche Betroffenheit anzeigt. Daß die Menschen »allzumal Sünder«[1] sind, kann als fast belanglose Selbstverständlichkeit hingenommen werden. Aber wer schuldig ist, kann sich zumeist nicht damit beruhigen, daß er genauso sei wie die anderen. Die Differenz zwischen den Begriffen ›Schuld‹ und ›Sünde‹ anzugeben ist eine schwierige, selbst der Dogmatik nicht ganz gelingende Aufgabe. Es scheint aber in der Gemeinde ein Bewußtsein dafür zu geben, daß ›Sünde‹ eine generalisierende Intention zum Ausdruck bringt, während ›Schuld‹ eher ein individualisierendes Interesse verfolgt und den Menschen aufsucht in seiner eigenen biographischen Spur.

Entsprechendes gilt von dem Wort ›Vergebung‹. Im Sinne von »Vergebung der Sünden« gehört dieses Wort zum liturgischen Bestand jedes Gottesdienstes und wird agendarisch von verallgemeinernden Interpretationen flankiert. Der Vergebende ist eindeutig Gott selbst. Demgegenüber deutet »Vergebung der Schuld« auf konkrete Erfahrung des einzelnen und ist weniger mit dem Gottesdienst als mit der Seelsorge verbunden. Und schuldig wird der Mensch nicht nur vor Gott, sondern auch vor seinem Nächsten.

Das Aussprechen der Vergebung ist in dieser zwischenmenschlichen Beziehung weniger Sache des Seelsorgers als vielmehr dessen, an dem die Schuld geschehen ist. Das Wort ›Vergebung‹ bekommt auf dieser Ebene ein großes Gewicht, denn es wird der Vergebung Gottes, wenn nicht

---

[*] Aus: Theologia Practica – Themen der Praktischen Theologie 4/1984, S. 291–297.
1 Röm 3,23.

vorgeordnet, so doch zumindest gleichgeordnet. Das läßt verstehen, daß der Begriff ›Vergebung‹ im Bereich mitmenschlicher Erfahrungen nur sehr bewußt und sparsam verwendet werden sollte.[2] Alltägliche Konflikte sollten bereinigt, aber nicht mit ›Vergebung‹ gelöst werden. Wer um Entschuldigung bittet, sollte nicht mit dem Zuspruch der Vergebung versehen werden.

Aus den Erfahrungen der deutschen Gemeinde in London ist zu berichten, daß der Zusammenhang von Schuld und Vergebung nur selten in Erscheinung tritt. Das deutet weniger auf oberflächliche Selbsteinschätzung oder Mangel an Menschenkenntnis als vielmehr auf eine spezifische geistliche Scheu, die dem konfessorischen Pathos beider Begriffe nicht gewachsen ist. Das gilt sowohl von Kirchgängern als auch von unkirchlichen Gemeindegliedern. In den seelsorgerlichen Gesprächen wird weniger Schuld zur Sprache gebracht als vielmehr Angst, Kummer, Unglück und Verwirrtheit, wobei die schuldhafte Komponente nicht immer vergessen, aber fast nie angesprochen wird. Entsprechend sind auch die Berichte von den leidvollen Ereignissen, die von den älteren Gemeindegliedern in großer Genauigkeit festgehalten werden. Thema ist nicht so sehr die eigene oder die fremde Schuld als vielmehr der Zugriff eines unbegreiflichen Schicksals. Viele haben schon vor dem Ausbruch des Zweiten Weltkriegs ihre Heimat verlassen müssen, um in England einen neuen Anfang zu versuchen. Die bewegenden Berichte aus dieser vergangenen, aber noch nicht verwundenen Zeit sind keineswegs, wie man vielleicht erwarten könnte, auf den simplen Satz zu reduzieren: Uns ist bitteres Unrecht geschehen! Sondern in den Gesprächen mit den ehemali-

---

2 Es müßte auch dem Zusammenhang von »Schuld und Sühne« nachgegangen werden. Die Generalsynode der Church of Scotland hat einen Bewerber zum Theologiestudium und damit zum Pfarramt zugelassen, der wegen Mordes eine lange Haftzeit verbüßt hat. Das entscheidende Argument für den Beschluß der Synode war der Hinweis auf die Vergebung, deren Konsequenz auch die Aufnahme in den Dienst der Kirche sein müsse.

gen Vertriebenen und Flüchtlingen meldet sich eine tiefe Einsicht in die eigene Schuldverflochtenheit. Aber davon und darüber wird kaum in jener Offenheit und Unmittelbarkeit gesprochen, wie sie in der »konfessorischen Schuld« zu Worte kommt.[3]
Es soll nicht übersehen werden, daß außer der angedeu-
teten Scheu in vielen Fällen auch ein Unvermögen vor-
liegt, Schuld so persönlich und ›ich-nahe‹ zu empfinden,
wie ein Bekenntnis eigener Schuld es voraussetzt. Außerdem ist Schuld bei ›Freund und Feind‹ zu finden. Und
wer seinen Hof an der Weichsel hatte, kann in der ›deutschen Schuld‹ nur ein übermächtiges und offenbar blin-
des Verhängnis sehen. So wird zumeist der Krieg mitsamt seinen unheimlichen Konsequenzen als Fatum
verstanden, als letztlich unerklärliche Erschütterung
des ganzen Lebens, das sich davon nicht erholen kann.
Die Gespräche darüber berühren Wunden. Das Wort
›Schuld‹ erweist sich als zu eng und zu festgelegt, um als
Schlüssel zum Verständnis der leidvollen Vergangenheit
dienen zu können. Darum kann auch dem persönlich
Erlittenen im Grunde nicht ›Vergebung‹ zu Hilfe kommen, sondern schon eher, im Bewußtsein vieler Gemeindeglieder, die klagelose ›Ergebung‹.
Die Ausnahmen von dieser Einstellung dürfen nicht
übersehen werden. Es muß aber beachtet werden, daß in
unserer Gemeinde kaum die Sprache einer Frömmigkeit
gesprochen wird, die erfahrungstheologisch und im
Rahmen von Buße und Bekehrung argumentiert. Es gibt
aber ohne Frage besondere Schicksale, die sich nicht anders darstellen lassen als so, daß die Thematik von
Schuld und Vergebung bewußt mitaufgenommen wird.

3 Nichts hat diese Zurückhaltung zu tun mit dem optimistischen
Selbstbewußtsein einer neuen Generation von Politikern, die sich im
Vergleich mit ihren älteren Kollegen allein schon deshalb als die
Gruppe der »Unschuldigen« fühlt, weil sie während der Nazizeit noch
Kinder waren. Diese oberflächliche Stellung zur Schuldthematik be-
schreibt Karl Heinz Bohrer in der Zeitschrift »Merkur«, Heft 3/1984,
abgedruckt in: Der Spiegel, 38. Jahrg., Nr. 26, 42.

Frau S. aus Estland erzählt mit monotoner Stimme aus ihrer Jugendzeit. An ihrer Schule in Dorpat hat sie das deutsche Abitur gemacht. Aber die Sprache, die sie liebt, ist Russisch. So kennt sie auch die Leiden des russischen Volkes. Sie liest die russischen Schriftsteller und Dichter, vor allem Dostojewski. Schuld sieht sie bei sich selbst und bei allen Menschen, und sie betet um die Vergebung für alle. Altertümlich spricht sie von der ›Obrigkeit‹, und sie kann nicht verstehen, daß Regierungen, von Gott eingesetzt, so viel Böses vollbringen. Vergebung ist wichtig, kann aber die schuldigen Menschen nicht ändern. Schuld gehört zur Erde, Vergebung gehört zum Himmel. Frau S. hofft auf die Gnade Gottes im Jüngsten Gericht. Außerdem hofft sie auf die Wiedergutmachung des Himmels bei denen, die – mit oder ohne Schuld – besonders schrecklich haben leiden müssen. Schuld und Vergebung werden in der Ewigkeit zum Ausgleich kommen.

Ganz anders ist es bei Frau H., die ihr Verhalten in der Vergangenheit als von Schuld belastet empfindet. Ihr jüdischer Ehemann ist im Konzentrationslager umgekommen. Sie selbst hat Deutschland im letzten Augenblick verlassen können. In England hat sie erneut geheiratet. Sie ist überzeugt, daß sie ihrem ersten Mann hätte folgen müssen. Es wäre ihre Pflicht gewesen, zum Judentum überzutreten. Dann wäre sie den Leidensweg ihres Mannes mitgegangen. Daß sie gerettet worden ist, fühlt sie als persönliche Schuld und auch als Schuld gegenüber Israel.

In unseren Gesprächen wäre jede Argumentation, die das Problem vereinfachen möchte, unangebracht. Frau H. würde jeden Versuch einer Ent-schuldigung ihres Verhaltens abwehren. Ihre Schuld kann auch nicht als bloßes ›Schuldgefühl‹ verstanden werden im Sinne einer ›künstlichen‹, einer eingebildeten Schuld, sondern muß ernst genommen werden.[4] Der Gedanke der Vergebung ist aktuell. Es zeigt sich aber, daß es dieser ungewöhnlich bibelkundigen Frau nicht eigentlich um die Vergebung Gottes, an der sie nicht zweifelt, zu tun ist. Sondern die entscheidende Frage ist, ob der von ihr im Stich gelassene Mann ihr wohl vergeben könnte. Seine Vergebung würde sie aufatmen lassen.

In den Gesprächen war uns die Erkenntnis wichtig, daß sowohl Schuld als auch Vergebung eine bestimmte Aus-

---

4 Es muß überlegt werden, ob nicht die Schuld auch in ihrer Erscheinungsweise als »bloßes Schuldgefühl« ganz ernst genommen werden muß. Selbst ein psychotisches Schuldbewußtsein ist auf einem »Sein« gegründet.

dehnung haben und unser Leben begleiten. Schuld und
Vergebung sind nicht punktuelle Ereignisse. Schuld wird
nicht einfach durch die Vergebung zum spurlosen Verlöschen gebracht. Auch vergebene Schuld hat ihren Platz im
menschlichen Bewußtsein und kann gerade so zu einer
Quelle des Trostes und der Ermutigung werden.[5] Daß der
Mensch schuldig werden kann und schuldig wird, gehört
ganz wesentlich zum Humanum. So gesehen bedeutet jede theologische oder psychologische Verharmlosung oder
Bagatellisierung menschlicher Schulderfahrung und Ver-
gebungsbedürftigkeit eine Schädigung der humanen Basis.

Schuld ohne Vergebung

Mit Schulderfahrung ist zumeist nicht eine entsprechende Vergebungserfahrung gekoppelt. In der Seelsorge wird
deshalb der Übergang von geäußerter Schuld und Vergebung der Schuld zum Problem. Es fragt sich auch, ob dieser
Übergang methodisch erreicht werden kann. Daß sich
Schuld und Vergebung treffen und durchdringen, ist nicht
konstruierbar, sondern ist ein kairologisches Ereignis. Es
gibt in der Gemeinde ein eigenartiges, politisch verursach-
tes Schuldbewußtsein, dem noch einige besondere Überlegungen gewidmet werden müssen. Es ist ein Schuldbewußtsein, dem keinerlei Vergebung oder auch nur Entlastung korrespondiert. Es ist eine Schuld, die offenbar niemand durch Vergebung überwinden kann. Für diese
Schuld ist niemand zuständig, weder Gott noch die Kirche
noch der Nächste. Relativiert werden kann sie nur von der
verrinnenden Zeit. Die anti-deutschen Kriegsfilme und
die demonstrativen Erinnerungsfeiern wie etwa zum »D-
Day«, dem Tag der Landung britischer Truppen in der
Normandie, führen bewußt an das Ziel, die Schuld

---

5   Das belegen die Psalmen, aber auch die bleibende Schuldbezogen-
heit in der persönlichen Geschichte des Petrus und des Paulus.

Deutschlands festzuschreiben. Es gibt Anrufe, die den in
London lebenden Deutschen nahelegen, die Stadt zu verlassen. Die neofaschistischen Gruppen dieses Landes tragen auch dazu bei, daß die faschistische Vergiftung auf das
deutsche Konto geschrieben wird. Man hat den Eindruck,
daß bereits das Stuttgarter Schuldbekenntnis ohne jede
vergebende Antwort geblieben ist. Die Versöhnungskraft,
die von Coventry ausgegangen ist, kann nicht verhindern,
daß diese »Schuld ohne Vergebung« bestehen bleibt.
Diese Hautnähe zu der gebliebenen und offenbar bleibenden politischen Schuld erklärt es vielleicht, daß für den
Aspekt einer Schuld vor Gott nur ein religiöses Sonderin-
teresse von wenigen Anhängern übrigbleibt. Der Zusammenhang von zwischenmenschlicher und zwischenvöl-
kischer Schuld mit der religiösen Schuld vor Gott ist ver-
blaßt. Der metaphorische Rand der Schuld ist unsichtbar
geworden. Das Wort »Vergebung« – ein Hauptwort aus der
Bundesgeschichte Gottes – führt auf der Ebene rein inner-
weltlicher Prozesse ein bescheiden gewordenes Dasein.
Aus dem theologischen Kontext herausgenommen, belastet es uns und stört es die gewöhnliche Sprache, weil es
sich nun in säkularer Umgebung befindet, aber selber
nicht säkularisieren kann. Wenn der strenge Zusammenhang von göttlicher und menschlicher Vergebung, wie ihn
das Vaterunser zum Ausdruck bringt, zerbricht, dann wird
auch das zwischenmenschliche Vergeben seine Kraft ein-
büßen. Einzelne Menschen, Gemeinschaften und Völker,
die Gottes Vergeben nicht mehr kennen und darum nicht
mehr in Anspruch nehmen, werden auch die Inspiration
verlieren, einander zu vergeben.
Dieser Verlegenheit entspricht die Entfremdung vieler
Menschen vom Bewußtsein der Gegenwart Gottes. Aber
dieser Prozeß wäre einseitig dargestellt, wenn nur die Gottesferne des heutigen Menschen erwähnt würde. Es gibt
aber auch die eigenartige Menschenferne Gottes, die Martin Buber »Gottesfinsternis«[6] genannt hat. Damit spricht

---

6   *M. Buber*, Werke, Erster Teil, München 1962, S. 520.

Buber die wachsende Schwierigkeit an, Gott als eine dem
Menschen »gegenüberstehende Wirklichkeit«[7] zu erkennen und anzuerkennen. Auch in der christlichen Kirche
wird die »Gottesfinsternis« erfahren. Predigt und Seelsorge dürfen sich nicht unbekümmert darüber hinwegset-
zen.

Daraus folgt, daß das Thema »Schuld und Vergebung«
nicht in dogmatischer Zeitlosigkeit vermittelt werden
kann. Es ist auch nicht möglich, jedes Problem auf dieses
Zentralthema zurückzuführen. Es gibt eine begründete
Scheu vor der pastoralen Kunst, alles Suchen, Fragen und
Andeuten mit dem Gewicht von »Schuld und Vergebung«
zu belasten. Es könnte ja sein, daß der Gesprächspartner
sich selbst weder als schuldbeladen noch als vergebungs-
bedürftig empfindet, sondern daß er jenseits dieser klassischen Kategorien nichts anderes als seine Lasten und
Ängste aussprechen möchte, die bei jeder Nötigung zur
Anpassung an kirchliche Normen sofort verstummen lassen. Die Unfähigkeit vieler Seelsorger, sich im ›Vorletzten‹
aufzuhalten, der Zwang, immer gleich Himmel und Hölle
in Bewegung setzen zu müssen, verbraucht viel Vertrauen.
Mit Schuld und Vergebung zeitgemäß umzugehen ist zu
einer delikaten Aufgabe geworden, die sich an den Modellen einer vergangenen Beichtpraxis orientieren kann.

Vergeben und Vergessen

Bei Jeremia ist zu lesen, daß Gott der Sünde seines Volkes
»nimmermehr gedenken«[8] will. Was Gott vergibt, will er
auch vergessen. Wenn Menschen einander vergeben, ist
die Schuld noch keineswegs im Vergessenen versunken.
Viele können ihr Schuldgefühl nicht überwinden, wenn
ihnen das »Wort von der Vergebung« zugesagt wird. Unter
den Bedingungen depressiver Zustände kann sich das Ver-

---

7   *M. Weinrich*, Gottesfinsternis, EvTheol 43, 1983, S. 75.
8   Jer 31,34.

gebungswort sogar dysfunktional auswirken. Es wird zu einem Spiegel, in dem die Schuld erst in ihrer vollen Größe sichtbar wird.

In depressiver Perspektive vergrößert sich die Schuld. Das Schuldbewußtsein reagiert nicht mehr angemessen auf die tatsächliche Schuld. Der Seelsorger darf nicht besserwisserisch seinem Partner einreden wollen, er sähe die Schuld nicht realistisch, sondern unter einem psychischen Vergrößerungsglas. Andererseits muß er versuchen, den an sich selbst Leidenden aus seiner Verzweiflung ein Stück weit herauszuholen. Das wiederum setzt voraus, daß das sich äußernde Schuldgefühl ernst genommen wird. Es kann ein solches Maß annehmen, daß eine einfühlbare Relation von Schuld und Schulderfahrung nicht mehr zu erkennen ist.

In einer solchen Situation wäre ein Zusprechen der Vergebung, vielleicht sogar von exorzistischen Erwartungen umgeben, ganz unangebracht. Angebracht ist allein das Gespräch mit der Möglichkeit, aus der erdrückenden Schulderfahrung dem anderen etwas mitzuteilen.

Was die besondere Situation depressiver Schulderfahrung auszeichnet, ist das Moment des Exemplarischen darin. Hier erweist sich die auch sonst geltende Beobachtung sehr deutlich, daß das Vergebungswort kein priesterliches Machtwort ist. Es ist eher leise als laut. Es kann und soll nicht der pflichtgemäße Abschluß des seelsorgerlichen Gesprächs sein. Die kirchliche Beichtpraxis hat sich oft genug ganz auf die Absolution konzentriert und ist auf diese Weise zu schwindelnden Höhen eines pastoralen Amtsbewußtseins emporgestiegen. Das aber führt nicht zur Seelsorge, sondern zur Selbstdarstellung des Seelsorgers.

Nach theologischen Maßstäben ist das Thema »Schuld und Vergebung« weniger der Ekklesiologie als vielmehr der Christologie verpflichtet. Vergebene Schuld ist »in Christus« vergebene Schuld. Seelsorgerlich kann solche Vergebung nicht bewirkt, sondern nur bezeugt werden. Wenn nicht zuerst in uns, sondern in Christus Schuld zur vergebenen Schuld geworden ist, verlieren sowohl »Schuld« wie »Vergebung« die Schwerkraft des Absoluten. Unter dieser Voraussetzung leistet das Wort von der Vergebung nicht selbst die Aufhebung der Schuld, sondern kann und braucht immer nur die extra nos und pro nobis bereits geschehene Vergebung aufzudecken.

Was den bewußt oder unbewußt schuldigen Menschen mit Gott zusammenschließt, bedarf keiner Vermittlungsaktion im Spannungsfeld zwischen Schuld und Vergebung, sondern ist verankert auf der Basis vergebener Schuld. Diese Einsicht gibt der Seelsorge Gelassenheit. Sie kann sich guten Gewissens auch anderen und scheinbar ferner liegenden Themen zuwenden. Auf der Basis vergebener Schuld kann alles, was Menschen bewegt und belastet, auch ihre Freude und Hoffnung, zur Sprache kommen.

Jeder seiner Grenzen bewußte Seelsorger wird zugeben, daß sich in der Relation »Schuld und Vergebung« eine völlige Durchsichtigkeit nicht erreichen läßt. Die großen Lebensbeichten der Gestalten Shakespeares oder Dostojewskis haben heute offenbar keine Parallele. Schuld zu bemessen und zu werten ist angesichts tiefenpsychologischer Erkenntnisse zum Problem geworden. Die Begriffe ›Schuld‹ und ›Vergebung‹ sind zum Verstehen und Deuten heutiger Schicksale nicht immer der passende Schlüssel. Darum ist die Praxis dieser Begriffe nicht leicht zu meistern. Es gibt Lebensläufe, die keine greifbare Schuld, sondern Scheitern in sich schließen. Menschen können in ihrer Lebensgewißheit zerbrechen, ohne daß damit den Freunden Hiobs das Recht gegeben wird, nach kausaler Schuld zu fragen.

In regelmäßigen Abständen besuche ich eine ältere Dame, die nach ihrer Emigration in den dreißiger Jahren nie das Gefühl gehabt hat, in London zu Hause zu sein. Sie leidet unter langen depressiven Phasen und erlebt sich selbst als einen innerlich gelähmten Menschen. Beim Kaffeetisch folgen wir einer Art von Ritual. Auf Fragen von mir antwortet Frau B. mit kurzen und formelhaften Sätzen. Jedesmal scheint sie ein ›geistliches Wort‹ von

mir zu erwarten. Wenn ich darauf nicht eingehe, sondern zu erzählen beginne, entsteht fast immer ein lebendiges Gespräch.
Das Zeremonielle hört auf, und Frau B. beginnt, ›aus sich heraus-
zugehen‹. Sie erzählt von längst vergangenen Jahren in Berlin.
Sie gibt nun auch etwas zu erkennen von der psychischen Gra-
besruhe, in der sie gefangen ist.

Ihr Schuldbewußtsein ist auf ihre mangelnde Fähigkeit zu ge-
meinschaftlichem Verhalten konzentriert. Sie besucht regelmä-
ßig den Gottesdienst, isoliert sich aber von den anderen und
nimmt am Abendmahl nicht teil. Die Schuld, die ihr daraus erwächst, bedarf immer wieder eines ›Freispruchs‹, aber nicht in
thetischer Kürze, sondern in Form einer plausiblen Argumentation, die im Medium eines ›Gesprächs ohne Uhr‹ gelingen kann.

Spruch, Zuspruch und Gespräch

Es ist nicht Sache der Seelsorger, Sprüche zu machen.
Aber der Spruch bleibt für die Seelsorger eine Versuchung.
Er scheint den Reiz der Klarheit zu haben. Doch eine Seelsorge der Sprüche läßt den Menschen allein. Der Spruch
hat keinen Kontext. Wenn ›Sprüchemacher‹ miteinander
reden, sind sie in Wahrheit auseinander. Der Spruch
spricht in alle Richtungen. Darum macht der Spruch die
Seelsorge ungenau, zufällig und unverbindlich.

Demgegenüber ist beim Zuspruch der Nächste miteinbezogen. Es charakterisiert den Zuspruch, daß der, zu dem
ich spreche, mein Sprechen veranlaßt und mitbestimmt.
Im Unterschied zum Spruch ist der Zuspruch gerichtet
und adressiert. Aber darin liegt auch sein Problem. Es gibt
einen Willen zu mitmenschlichem Kontakt und zu geziel-
ter Anrede, wobei der Gesprächspartner beschlagnahmt
und entmündigt wird. Ein Zuspruch dieser Qualität wird
leicht zum evangelistischen Diktat. Das der Seelsorge angemessene Medium ist das Gespräch. Es sollte nicht mehr
sein wollen als ein einfaches Gespräch. Die Kunst der seelsorgerlichen Gesprächsführung besteht darin, alles
Künstliche zu lassen. Mit ins Gespräch genommen, wird
die wichtige Thematik von »Schuld und Vergebung« aus

der bestehenden Verlegenheit herausfinden. Dann wird
»Schuld und Vergebung« auch denen, die der kirchlichen
Tradition fern sind, als Erfahrung und Hoffnung des eige-
nen Lebens zugänglich und wichtig sein.

»So kommt es, daß das ganz gewöhnliche Gespräch unter Rand-
bewohnern der Gemeinde ein so großes Gewicht erhalten kann,
wie es sich immer wieder erweist. Die Ansprachen für Nihili-
sten in spe dürfen und müssen umgesetzt werden in oder ersetzt
werden durch zuhörend-sprechende, tastend gewagte Worte,
die auf Klärung und Erhellung abzielen. Es kann dann so scheinen, als spiele sich alles weit abseits von dem großen Geheimnis
des Namens, von der Unmittelbarkeit des Zeugnisses ab; es
kann so scheinen, als gingen wir dabei vollkommen auf in dem
Tag der kleinen Dinge. Aber es ist erstaunlich, wie sich, für das
Empfinden derer, die es erleben, die letzten, verschwiegendsten
Fragen über Sinn und Unsinn des Lebens, über Grund und Abgrund der Welt, über Verzweiflung und Resignation ans Licht
wagen beim stillen Lampenschein eines solchen tastenden
Sprechens.«[9]

---

9   *K.H. Miskotte,* Wenn die Götter schweigen, München 1963, S. 82.

4

Glaube und Anfechtung*

Vielleicht ist das Wort zu groß für uns. Es erinnert uns an Luthers Glaubenskampf. Da geht es um Abgründe und Zerreißproben, in denen der Glaube sich bewähren muß. Machen wir überhaupt noch die Erfahrung, daß unser Glaube in Anfechtungen geprüft wird, oder sind wir gar der Meinung, daß wahrer Glaube mit Anfechtung nichts zu tun haben dürfe?

Die Bibel selbst hält aber an Begriff und Sache der ›Anfechtung‹ fest. Unser Glaube hat immer auch mit Widerstand und Kampf zu tun – ob wir wollen oder nicht. Darüber hinaus bringt das Wort ›Anfechtung‹ zum Ausdruck, daß es um eine Gefährdung des Glaubens geht, die nicht aus uns selbst erwächst, sondern an uns herantritt. Ich kann mich ins Unglück bringen, aber nicht in die Anfechtung. Anfechtungen sind nicht selbstgemacht, sondern wir erleiden sie. Anfechtung ist die Krisenzeit des Glaubens. Die Glaubenskrise ist wie alle Krisen ein ›Zeitgeschehen‹, eine herausgenommene, eine qualifizierte Zeit, über die ich nicht bestimme, sondern die über mich kommt. Darin liegt auch ein Trost. Für die Angefochtenen ist es wichtig zu wissen, daß die Zeit der Anfechtung nicht bleibt, sondern zu Ende geht. Vor allem die letzte, die eschatologische Glaubenskrise ist begrenzt. Sonst wäre sie nicht durchzustehen (vgl. Mt 24,22).

Das enge Verhältnis, das zwischen Glaube und Anfechtung besteht, kann durch zwei kurze Sätze angesprochen werden:

1. Die Anfechtung fordert den Glauben heraus.
2. Der Glaube fordert die Anfechtung heraus.

* Zuerst veröffentlicht in: Mitarbeiterhilfe des CVJM 4, 1987, S. 24–26.

Zum ersten: Vieles kann dem Glauben zur Anfechtung
werden: Glück und Unglück, Scheitern und Erfolg, Tiefes
und Hohes. ›An und für sich‹ sind die verschiedenen Zustände und Erlebnisse, die auf unser Leben einwirken,
nicht eindeutig bestimmbar. Es sind keine ›Werte‹ im Sinne absoluter Größen. Aber sobald sie mich in meinem
Glauben betreffen, können sie mir zur Anfechtung werden. Und dann fordern sie meinen Glauben heraus.
Herausgeforderter Glaube muß sich in Frage stellen lassen und muß sich Fragen stellen lassen. »Meine Tränen
sind mein Brot geworden Tag und Nacht, da man täglich
zu mir sagt: Wo ist denn dein Gott?« (Ps 42,4) Die Frage der
anderen, die Frage nach der Gegenwart und Hilfe Gottes
wird dem Glaubenden zur Anfechtung. Der Glaube an
den Beistand des Gottes Israels wird angesichts gegentei-
liger Erfahrungen herausgefordert. Er muß sich der kritischen Frage nach Gott stellen, weil er sich der offenbar
gottlosen Lebenswirklichkeit stellen muß. Was die anderen den Glaubenden fragen, ist plausibel und berechtigt.
Die Antwort des herausgeforderten Glaubens kann keine
selbstsichere und keine leicht-fertige Antwort sein. Es ist
das Credo eines Verwundeten. Es ist ein Glaube, der sich
aus tiefer Angefochtenheit erhebt: »Was bist du so aufgelöst, meine Seele, und stöhnst in mir? Harre auf Gott, denn
ich werde ihn noch preisen für das Heil seines Angesichts«
(Ps 42,6 [Elberfelder Bibel]).
Das Bild und der Vorgang des ›Herausforderns‹ macht anschaulich, daß sich der Glaube nicht bei sich selbst verbergen kann, sondern daß er sich den konkreten Widerfahr-
nissen des Lebens aussetzen muß. Der Glaube an den in
Christus offenbaren Gott ist keine religiöse Provinz, keine
unangreifbare Ideologie, sondern ist eine Erkenntnis in
Spannung zu anderer Erkenntnis und eine Kraft in der Begegnung mit anderen Kräften. Aus diesem Grunde ist der
Glaube auch verwundbar, anfechtbar. Eine »feste Burg« (Ps
46) wird nur Gott selbst genannt, nicht unser Glaube.
Angefochtener Glaube spricht nicht von der eigenen
Gläubigkeit, sondern von dem, an dem der Glaube hängt.

Angefochtener Glaube konzentriert sich auf das Wesentliche. Wesentlich im Prozeß des Glaubens ist die Bewegung
des Sich-Verlassens. Wer sich auf Gott verläßt, der verläßt
sich selbst. Solcher Glaube weiß um die Verläßlichkit der
Treue Gottes und um die Fragwürdigkeit alles Eigenen.
Angefochtener Glaube verliert darum das primäre Interesse am eigenen Ich zugunsten der Freude am Du Gottes.
In dieser Krisenzeit des Glaubens tritt die ›eiserne Ration‹
des Glaubens in Erscheinung und in Kraft: das Vermögen,
unterwegs zu sein, unterwegs auf dem Weg von Adam zu
Christus.

»Vom Tode, von der Furcht des Todes, hebt alles Erkennen
an« (Franz Rosenzweig). Die schwerste Anfechtung ist die
Todesanfechtung. Sie fordert den Glauben am stärksten
heraus. Wenn der Glaube dem Tod nicht gewachsen ist,
wird er zerbrechen. Hält aber der Glaube der Herausforderung stand, die der Tod für ihn bedeutet, so hat er Gott erkannt als den, der die Toten lebendig macht. Auf diese
entscheidende Glaubenserfahrung durch die Anfechtung
des Todes ist Paulus konzentriert, wenn er den Korinthern
von der Todesgefahr berichtet, in die er auf einer seiner
Reisen hineingeraten ist: ». . . daß wir über die Maßen bedrängt waren und über unsere Kraft, so daß wir am Leben
verzagten und es bei uns selbst für beschlossen hielten,
daß wir sterben müßten. Das geschah aber, damit wir unser Vertrauen nicht auf uns selbst setzen, sondern auf
Gott, der die Toten auferweckt (2Kor 1,8f).

Die Todesanfechtung fordert den Glauben derart heraus,
daß sich unser Vertrauen in keinem Sinne länger auf uns
selbst, sondern allein auf Gott richtet, der dem Menschen
des Todes die Treue hält. Paulus schreibt, daß gerade so
die Trostlosen getröstet werden. In diesem Zusammenhang gilt auch die seelsorgerliche Regel, daß nur die in Anfechtung Erfahrenen die Angefochtenen trösten können.
Was dem angefochtenen Glauben zu glauben bleibt, ist genug zum Leben und zum Sterben. Dem Glauben bleibt die
Abwendung von der Selbst-Erfahrung und die Hinwendung zur Christus-Erfahrung. Denn unser Leben »ist ver-

borgen mit Christus in Gott« (Kol 3,2). Mein Ich ist in Christus »aufgehoben« – im doppelten Sinn dieses Wortes. Der
angefochtene Glaube lernt, das loszulassen, was ein unan-
gefochtener Glaube gern festhalten möchte: die Illusion,
aus sich selbst leben zu können. An dessen Stelle tritt die
Glaubenserfahrung: daß ich »von Christus ergriffen bin«
(Phil 3,12).
Die Anfechtung macht den Glauben notwendig. Er wendet die Not der Gefangenschaft in der eigenen Ich-Ver-
schlossenheit. Die Anfechtung macht mich arm vor Gott.
Darum entspricht dem angefochtenen Glauben die Armut »im Geist« (Mt 5,3). Die Glaubensanfechtung ist die
Kraft eines ›destruktiven‹ Eingriffs, der den sich selbst
konstruierenden ›alten‹ Menschen aufstört und zur Um-
kehr bewegt. So wird die scheinbar negative Intention der
Anfechtung zu einem Impuls, daß ich mich nicht bei mir
selbst, sondern bei Christus suche und finde.
Zum zweiten: Fordert die Anfechtung den Glauben heraus, so gilt auch das Umgekehrte: daß der Glaube die Anfechtung herausfordert. Weil der Glaube mich nicht nur
mit mir selbst befaßt sein läßt, sondern mich auch mit der
Welt, in der ich lebe, verbindet – und zwar ›verbindlich‹ –,
werden mein Interesse und das Maß meiner Betroffenheit
erweitert. Der Glaube geht mich an, nicht nur privat, sondern auch politisch. Der Regierungsbezirk des Glaubens
ist größer als der meiner individuellen Existenz. Der Glaube macht mich nicht weltentrückt, sondern weltverant-
wortlich. Ich werde durch die Kraft des Glaubens mithineingenommen in die »Leiden dieser Zeit« und in das »Seufzen alles Geschaffenen« (Röm 8,19ff).
Daraus erwächst meinem Glauben neue und gefährliche
Anfechtung. Der Bereich dessen, »was mich unbedingt
angeht« (P. Tillich), wird ausgeweitet. Unter der Zuständigkeit des Glaubens werden fremde Sorgen und Ängste
zu meinen eigenen. Die Erlösungsbedürftigkeit dieser Erde wird mir bewußt, und dieses wachsende Bewußtsein
wird mir zur Anfechtung. Der Glaube selbst also fordert
diese Anfechtung heraus, denn er gerät zu meiner Welt, so

wie sie ist, in Dissonanz. Gerade die Erfüllung, die dem Glauben verheißen ist, wirkt als Widerspruch zur Realität. Die Botschaft, daß die Erde »des Herrn ist« (Ps 24), wird angesichts der irdischen Leidensgeschichte zur Anfechtung. Die Spannung zwischen Verheißung und Erfüllung als Kernstück des christlichen Glaubens muß dem zur Anfechtung werden, der die Spannung im Glauben zu tragen und zu ertragen versucht. Gerade der Verheißungsglaube an die kommende Erlösung ist ein angefochtener Glaube. Er darf sich dieser Anfechtung nicht entledigen. Das ganze 8. Kapitel des Römerbriefs möchte uns einüben in das Annehmen dieser dem Glauben mitgegebenen Anfechtung. Wir sind gerettet, »doch auf Hoffnung« (Röm 8,24). Weil der Glaube noch nicht zum Schauen wird (2Kor 5,7), gehört die Anfechtung zum Glauben. Und weil Glaube und Anfechtung zusammengehören, dürfen sie nicht voneinander getrennt werden. Glaube ohne Anfechtung wird zur »securitas« (falsche Sicherheit); Anfechtung ohne Glaube führt zur »desperatio« (Verzweiflung). Ihre Verbundenheit zu gegenseitiger Herausforderung ist das Geheimnis ihres Zusammenwirkens. »Denn mit der Tiefe unserer Anfechtung wächst auch die Erkenntnis von der Größe der Herrlichkeit und Gnade Gottes!« (Hans Joachim Iwand)

5

Was ist Glaubenserfahrung?*

Zum Aufnehmen dieser Thematik haben drei Impulse mitgewirkt: das Buch von Rudolf Bohren über Eduard Thurneysen (Prophetie und Seelsorge, Neukirchen-Vluyn 1982), das Gespräch mit einer vom Buddhismus inspirierten Theologie und die Begegnung mit meinem methodistischen Kollegen in London.

Das von Bohren überschriebene Kapitel »Seelsorge und Psychologie« ist eine Auseinandersetzung mit Äußerungen Thurneysens zur Frage einer »Glaubenspsychologie« und zugleich eine Weiterführung bestimmter Erkenntnisse, die Thurneysen als einen noch immer aktuellen Diskussionspartner kennzeichnen. Thurneysen geht davon aus, daß »der Mensch aufgrund der Rechtfertigung gesehen (wird) als der, den Gott anspricht in Christus« (a.a.O., S. 223). Dieser christologische Ansatz der evangelischen Anthropologie nimmt den ›neuen Menschen‹ in Sicht, ohne ihn als solchen anschaulich machen zu können. Damit aber ist der Theologie ein Problem aufgegeben, das mit den klassischen Abgrenzungen zur Psychologie offenbar noch nicht genügend Aufmerksamkeit gefunden hat. Wenn Thurneysen behauptet, daß das glaubende »Sehen des Menschen« »nichts zu tun (hat) mit irgendeiner psychologischen Feststellung«, so wendet Bohren dagegen ein, »daß die neue Optik auch eine psychologische Wirkung haben wird« (ebd.). Auch der ›neue Mensch‹ wird in psychologisch greifbaren Wirkungen erfahrbar. Er existiert nicht in einem kommunikationsentzogenen Niveau, sondern er teilt sich mit, wenn auch in glaubensspezifischer Gestalt. Bohren sagt: »Das Sehen des Menschen

---

* Referat für das Elberfelder Pastoralseminar (23.–26. 2. 1986).

aufgrund der Rechtfertigung geschieht nicht jenseits sinnlicher Wahrnehmung. Es ist kein ekstatisches Sehen und vollzieht sich nicht außerhalb der Psyche des Seelsorgers« (ebd.). Unser bei Gott in Christus ›aufgehobenes‹ Leben kann nicht als eine totale Entrückung oder als christologische ›Entführung‹ aufgefaßt werden, weil dann der Zusammenhang mit dem Menschen ›im Fleische‹ zerrissen wäre. Der Weg von Adam zu Christus kann weder im Sein noch im Bewußtsein als von einem radikalen Hiatus unterbrochen gedacht werden. Auch der gerechtfertigte Mensch muß dem Glauben erfahrbar sein. Bohren sagt: »Im Sehen des Menschen aufgrund der Rechtfertigung ist alle psychologische Feststellung ›aufgehoben‹, so wie der alte durch den neuen Menschen ›aufgehoben‹ ist; ›aufgehoben‹ ist nicht ausgelöscht« (ebd.).

Diese Überlegungen beginnen eine neue Phase der theologisch-psychologischen Synopse, die auch eine Aufwertung und damit eine neue ›Gebrauchsanweisung‹ für das frömmigkeitsgeschichtlich so oft strapazierte Phänomen der Glaubenserfahrung signalisiert. Wenn der Glaube die Erfahrung qualifiziert, wird dies auch von der psychologischen Erkenntnis gelten müssen, die dieser spezifischen Erfahrung entspricht.

Das reformatorische ›extra nos‹ derart anzusprechen und auszusprechen, daß es sich als psychologisch erfahrbares ›in nobis‹ dem eigenen Seinsbestand imponiert – das ist die der evangelischen Seelsorge zugewiesene Aufgabe, die mit empathischer Methodik, aber auch mit evangelistischem Bekehrungseifer nicht zu erfüllen ist. Problematisch ist nicht die Thurneysensche ›Bruchlinie‹, sondern der totale Bruch zwischen dem alten und dem neuen Menschen. Eine Rechtfertigungslehre, bei der die ›neue Kreatur‹ des Gerechtfertigten nichts mehr zu tun hätte mit dem, der der Rechtfertigung bedarf, führt die Rechtfertigung Gottes ins Leere. Die Diskontinuität von ›jetzt‹ und ›dann‹, von ›Sünder-Sein‹ und ›In-Christus-Sein‹ darf ihre bleibende Kontinuität nicht übersehen oder auch nur vernachlässigen.

Der Heidelberger Katechismus hält diese Kontinuität vorbildlich fest, schon in Frage 1. Wenn ich nicht »mein, sondern meines getreuen Heilandes Jesu Christi eigen bin«,
so bleibt in dieser Gegensatz-Formulierung der Zusammenhang dennoch bestehen. Zwischen »mein eigen« und
»Christi eigen« besteht nicht die absolute Diastase, sondern eine Horizontverschmelzung. Das Bewußtsein, das
Selbstbewußtsein hält die Situation »bei mir« und »bei
Christus« zusammen. Wie der »neue Bund« (Jer 31) nicht
als ›totaliter aliter‹ in Erscheinung tritt, sondern als ›erneu-
erter alter Bund‹, so ist die in Christus befindliche ›neue
Kreatur‹ als die erneuerte, die erlöste ›alte Kreatur‹ zu verstehen. Im Blick auf die Erlösung Adams darf nicht wie bei
der Schöpfung von einer creatio ex nihilo gesprochen werden, denn das wandernde Gottesvolk wird nicht null und
nichtig angesichts der kommenden Erlösung, sondern es
wird mitsamt seinen Leiden und Anfechtungen und Hoffnungen unter den Verheißungen von der Erfüllung mitan-
genommen und mitaufgenommen. Ein Ziel, das den *Weg*
zum Ziel vergäße oder für nichts achten würde, wäre kein
Ziel, sondern nur ein neuer Anfang. Eine Erlösung, die wie
ein neues Buch beginnen würde, ohne die Vorgeschichte
in sich aufzunehmen und ›zu Ehren‹ zu bringen, hätte den
Charakter von ›Einlösung‹ des Verheißenen eingebüßt.
Es gibt Lieder, die in der Gefahr sind, die *Diskontinuität*
zu besingen und die Kontinuität preiszugeben. Es klingt
sehr rechtgläubig, ist aber in Wirklichkeit eine zweifelhaf-
te Formulierung, wenn Paul Gerhardt dichtet: »An mir
und meinem Leben ist nichts auf dieser Erd', was Christus
mir gegeben, das ist der Liebe wert« (EKG 250). Der hier be-
tonte Gegensatz ist sachlich unzutreffend, denn das von
Christus mir gegebene neue Leben legt seinen Wert auch
auf das, was jetzt »an mir« zu finden ist. Aus diesem Grunde gibt es eine Dimension von Erfahrung, die zwischen
dem ›Bei-Christus-Sein‹ und dem ›Noch-bei-mir-Sein‹
vermittelt. Diese Erfahrung ist der Qualität nach Glaubenserfahrung. Von meinem bei Christus schon ›aufgeho-
benen‹ Selbst erfahre ich etwas zugunsten meines empiri-

schen Selbst. Es ist die Erfahrung vom neuen Selbst, das
mit dem alten Selbst kommuniziert.

Ein vorbildliches ›Lied der *Kontinuität*‹ ist »Jerusalem, du
hochgebaute Stadt« (EKG 320). Ist auch die erste Strophe
›weltflüchtig‹ formuliert, weil das »sehnlich Herz« sich
über Berg und Tal und Feld hinausschwingt und »eilt aus
dieser Welt«, so liegt doch in der Glaubenssehnsucht
selbst der bleibende Zusammenhang mit der jetzt erleb-
ten und erlittenen Wirklichkeit. Entscheidend für den Gesichtspunkt der Kontinuität ist die eschatologische Szene,
die das Lied in biblischen Farben darbietet. Vergangenheit
und zur Gegenwart werdende Zukunft sind miteinander
verklammert. Der Blick fällt zunächst auf das »wandernde
Gottesvolk«. »Was für ein Volk, was für ein' edle Schar
kommt dort gezogen schon?« In Form einer großartigen
Synopse werden alt- und neutestamentliche Repräsen-
tanten der Glaubensgeschichte nebeneinandergestellt.
Mitsamt ihrer brüchigen und belasteten Biographie betre-
ten sie ihre verheißene Zukunft: »Propheten groß und Pa-
triarchen hoch, auch Christen insgemein, die weiland
dort trugen des Kreuzes Joch und der Tyrannen Pein,
schau ich in Ehren schweben, in Freiheit überall.« Das
›Dort‹ und das ›Hier‹ der ererbten Freiheit halten einander fest. Das Bewußtsein beider Existenzweisen ist korre-
spondierend miteinander verbunden.

Die »Seelsorge der Rechtfertigung« kann sich an diesem
und an anderen ähnlich qualifizierten Liedern orientieren
bei der sich neu für uns stellenden Aufgabe, die Erfahrung
des Glaubens vermittelnd zwischen dem ›Dort‹ und ›Hier‹
des Rechtfertigungsgeschehens einfließen zu lassen, damit die Apartheidsstrukturen im Verhältnis des gerechtfertigten ›alten Menschen‹ und dem in Christus verborgenen ›neuen Menschen‹ (Kol 3) überwunden werden.

Thurneysen schreibt: »Es ist mit unserem Leben in Jesus
Christus etwas geschehen. Es ist, seitdem er dagewesen
ist, nicht das gleiche Leben« (ebd.). Thurneysen betont die
Diastase. »Nicht mehr das gleiche« – das bedeutet für ihn
ein ganz anderes Leben. Darum hält Thurneysen es nicht

für möglich, das durch Christus veränderte Leben mit psychologischen Mitteln zu beschreiben. Bohren korrigiert: »Weil unser Leben nicht mehr das gleiche, aber immer noch *unser* Leben ist, darum wird man von Psychologie nicht abstrahieren können« (ebd.). »Als gewandeltes Leben ist unser Leben nicht seelenlos (erfahrungslos) geworden; das Christusgeschehen macht aus unserem Leben nicht ein Jenseits der Psyche. Vielmehr wird die Psyche auf geheimnisvolle Weise in diesen Wandel einbezogen« (ebd.). Dies ist der eine, zentrale Aspekt meines Interesses an »Glaubenserfahrung«. Es ist die Erfahrung von dem, was im Sinne allgemein zu erfahrender Erfahrung nicht zu erfahren ist. Die Unanschaulichkeit des neuen Menschen ist nur indirekt zu erfahren, nur »im Spiegel« (1Kor 13). Aber diese ›Spiegel-Erfahrung‹ ist nicht nichts, sondern eben auch Erfahrung, Erfahrung im Medium des Glaubens.

Und was erfahre ich durch den Glauben vermittelt vom noch verborgenen neuen Menschen? Über seiner Wirklichkeit liegt jetzt noch Verheißung. Darum ist der Glaube zuständig und nicht das Schauen. Darum kann ich den neuen Menschen nicht so erfahren, wie ich etwa Angst erfahre. Angst erfahre ich unmittelbar, aber Glaubenserfahrung ist vermittelte Erfahrung.

Unter solchen Bedingungen steht die ›neue Psychologie‹. Glaubenserfahrung muß als Verheißungserfahrung beschrieben werden. Ich erfahre von diesem neuen Menschen im Zustand der Verheißung seiner Erfüllung. »Es ist noch nicht erschienen, was wir sein werden« (1Joh 3,2). Aber wenn ich das Verheißene höre und glaube, wird es mir zur Erfahrung, allerdings zu einer Erfahrung sui generis.

Wenn es bisher um eine sozusagen vorläufige, biblisch vermittelte und indirekte Glaubenserfahrung ging, so hat mich mein zweites inspirierendes Erlebnis in dieser Sache mit einer ganz anderen Qualität von Erfahrung bekanntgemacht. Eine Pastorin, die etwas hilflos am Flughafen Heathrow angekommen war und nicht wußte, wo sie in

London übernachten könnte, habe ich eingeladen, zu uns zu kommen, weil es schon Abend war und eine Hotelsuche wenig Sinn hatte. Also kam sie zu uns ins Pfarrhaus. Sie berichtete, daß sie soeben direkt aus Japan nach England gekommen sei und daß sie am nächsten Tag weiterreisen wolle zu einer anglikanischen Community in der Nähe von Oxford. Diese Pastorin – nicht mehr ganz jung, aber überhaupt noch nicht alt – entfaltete ein feuriges Temperament, als sie von ihren Erlebnissen in Japan erzählte. Sie war ein Jahr lang in einem buddhistischen Kloster zum Studium des Zen-Buddhismus gewesen. Nun also kam sie zurück und wollte sich in der meditationsfreundlichen Luft Englands auf ihre kommenden Aufgaben vorbereiten.

Natürlich wollte ich wissen, von welch einem theologischen Ufer hier in Europa sie denn abgefahren sei. Ich fragte, was ihr zentrales theologisches Interesse dabei gewesen sei. Sie sagte: »Mein theologisches Interesse ist gewesen, möglichst *kein* theologisches Interesse mehr zu haben. Ich wollte endlich aufhören, über Gott nachzudenken und zu grübeln. Ich wollte weg von den Büchern und dem Schreibtisch, aber auch von der Kanzel und auch weg vom Altar. Wenn es Gott gibt, dann kann ich ihn auch erreichen. Ihn selbst, nicht seinen Vertreter. Diese mühsamen Definitionen und rhetorischen Anstrengungen in unseren Gottesdiensten kann ich einfach nicht mehr ertragen. Diese ewigen Worte, hinter denen nichts zu finden ist. Dieses Hochspielen des Intellekts und dieses Zitieren von kerygmatischen Formeln, in denen sich angeblich die Sache Gottes verbirgt. Ich bin das alles gründlich leid.« Und weiter: »Ich konnte es im evangelischen Pfarramt nicht mehr aushalten: daß ich von Gott reden mußte, ohne ihm begegnet zu sein; daß ich ›sein Wort‹ sagen sollte, ohne erfahren zu haben, wer er ist. Darum habe ich mich abgesetzt. Bei den Mönchen in Japan habe ich zumindest den Weg entdeckt, der nicht nur zu Gottes Wort und Sakrament, sondern zu ihm selbst hinführt. Unmittelbar.« Ich fragte sie, ob sie auf diesem Weg zu Gott so unterwegs

sei, daß sie all die vermittelnden Dinge nicht mehr nötig
hätte, keine Bibel und keine biblische Geschichte, keinen
Jesus und keinen Paulus. Sie sagte, das alles brauche sie
tatsächlich nicht mehr, um Gott zu finden. Im Gegenteil –
diese Werkzeuge der sog. Offenbarung würden ihr nur im
Wege stehen. Wenn Gott existiere, dann sei er nicht so un-
menschlich oder übermenschlich, daß er sich verstecke
hinter einem Buch oder hinter einer Offenbarungszeit.
Sondern dann sei er *unser* Gott, für uns erreichbar. Unmittelbar. Schon die Bibel, sagte sie, und noch mehr die dogmatische Mathematik mit ihren unbarmherzigen Ge-
heimformeln und ihrer juristischen Verklausulierung –
das alles habe sich wie Gefängnismauern um den wirklichen Gott herumgebaut. Dies ganze kirchliche Angebot
an Gottesfindungsmitteln sei erschöpft und sinnlos geworden. Der Mensch heute sei nicht kirchlich, sondern religiös. Und seinem religiösen Suchen dürfe man nicht mit
kirchlichen Scheuklappen entgegenkommen. Sie selbst,
so sagte sie, sei ein Opfer dürren Theologiestudiums. Sie
müsse alles vergessen, wenn sie endlich wirklich Gott begegnen wolle.

Bei unserem weiteren Gespräch – es war schon mitten in
der Nacht – ging es darum, daß ich sie wohl verstehen
konnte, daß ich mich aber ihrem Weg und ihrem Ziel
nicht anschließen wollte. Es kam heraus, daß sie und ich
unterschiedlich ›konstruiert‹ waren. Ich mußte ihr irgend-
wann sagen, daß ich an ihrer Leidenschaft, Gott unmittelbar zu begegnen, nicht so recht teilnehmen könne. Mir
wäre es eigentlich lieber, wenn Gott etwas auf Distanz zu
mir bliebe. Ich hätte auch nichts gegen die Vermittlungs-
dienste der Bibel. Sie sagte, daß ich dann wohl immer nur
mit einem »Second-hand-Gott« zu tun hätte. Ich sei zu
»bescheiden«. Ich begnügte mich damit, einen biblischen
Propheten nur zu kennen, aber was der Prophet mit Gott
erlebt hat, das bliebe mir fremd. Sie könne und wolle sich
nicht mit dieser Distanz abfinden: Wenn es Gott gibt,
dann genügt es nicht zu wissen, daß es ihn gibt. Es käme
darauf an, über Gott nicht nur dies oder jenes zu wissen,

sondern ihn zu erleben. Karl Barth habe das ›Verdienst‹, auch noch den letzten Rest an Gotteserlebnis aus der Theologie verbannt zu haben. Es handle sich bei seinem Werk im Grunde um eine spekulative, geistvolle, aber gottferne Dogmatik.

Wenn ich an dieses nächtliche Gespräch zurückdenke, stelle ich fest, daß der Begriff ›Glaubenserfahrung‹ eigentlich nicht paßt für das, was diese Dame meinte. Sie meinte nicht ›Glaubenserfahrung‹, sondern ›Gotteserfahrung‹. Und bei mir, so habe ich gemerkt, ist die Glaubenserfahrung etwas Vorläufigeres als ihre ›Gotteserfahrung‹. Gotteserfahrung verbinde ich mit eschatologischen Vorgängen. Und ich stelle bei mir selbst fest, daß Gotteserfahrung offenbar gar nicht das ist, was ich mir wünsche. An der Geschichte von der Begegnung des Mose mit Gott, wo Mose in einer Felsspalte versteckt blieb, war mir dieses Versteck immer sehr sympathisch. Ich möchte eigentlich gern die Psalmen befragen, ob dort viel von ›Gotteserfahrung‹ zu finden ist. Die Bibel scheint mir insgesamt mehr die Urkunde vom Glauben an Gott zu sein und weniger vom Schauen und Erleben Gottes. Ich habe also entdeckt, daß ich an der Zielvorstellung und der angestrebten unvermittelten Gottesgemeinschaft wenig Anteil habe. Wenn es heißt: Wir wandeln im Glauben und nicht im Schauen, dann finde ich das etwas kühlere Klima der im Glauben Wandelnden eigentlich ganz sympathisch. Es ist mir noch kaum gelungen, bei den Gemeinden oder Einzelchristen, die schon jetzt das Schauen versprechen, einen mich überzeugenden Eindruck zu haben.

Mein dritter Anstoß zum Nachdenken über das, was Glaubenserfahrung bedeutet, kam aus einem Gespräch mit meinem methodistischen Kollegen in London. Er ist Pfarrer der Kirche uns gegenüber, die mich und meine Familie zu ihren Mitgliedern zählt. Wir haben uns immer gut verstanden. Er erklärte mir, daß John Wesley nie habe eine eigene Kirche gründen wollen. Er habe nur die reformatorische Erkenntnis Luthers für die anglikanische Kirche verbindlich machen wollen. Norman, mein Kollege, sagte mir, daß Wesley dieselben Dinge betont habe wie Luther: »allein die Schrift«, »allein aus Glauben«. Aber Wesley habe darüber hinaus immer noch ein anderes Element genannt, nämlich das der Erfahrung. Er stellte diese Erfahrung, wie Wesley sie verstanden habe, so ins Licht, daß er sagte: Erfahrung ohne Glauben kann etwas Schreckliches sein, etwa mystische Versunkenheit. Das führe zur Schwärmerei und zu einer narzißtischen Frömmigkeit. Aber, so meinte Norman, Glauben ohne Erfahrung wäre auch ein Mißgebilde, wäre leere Predigt und dogmatische Rechthaberei. Wesley habe Wert darauf gelegt, daß der Glaube seine Kraft aus der Erfahrung ziehen müsse, nicht aus der unmittelbaren Gotteserfahrung, sondern aus der Erfahrung, daß Gottes Wort hält, was es verspricht. Diese Treueerfahrung Gottes mache den Glauben lebendig und fröhlich.

Bei diesem ›fröhlichen Glauben‹ kamen für mich die Fragen. Ich fragte ihn, warum der Glaube und der Glaubende denn immer fröhlich sein müsse. Es könnte doch sein, daß ich mit meinem inneren Menschen ganz anders dran sei als ›fröhlich‹ – und trotzdem könne der Glaube eine große Hilfe sein. Es sei doch denkbar, daß einem glaubenden Menschen nichts von den schweren Bedingungen seines Lebens abgenommen werde: Die Dunkelheit bleibt; aber in dieser Dunkelheit gibt der Glaube so etwas wie ein Licht zur Orientierung.

Mein Kollege Norman hält Predigten – ich habe sie selber gehört –, in denen fast immer so etwas vorkommt wie eine homiletische Modulation. Aus Moll wird Dur. Das Thema des Glaubens kann sozusagen in Moll nicht musiziert werden. Oder besser gesagt: Wenn das Glaubensthema in der Predigt erscheint, wird die ganze Musik Dur.

Ich habe in unserem Gespräch behauptet, daß der Glaube sich mit allen Tonarten der physischen Gestimmtheit verbinden könne und daß es nicht so etwas gebe wie eine festgelegte fröhliche Einheitsstimmung. Norman sagte: »Darüber muß ich nachdenken. Bis jetzt habe ich gedacht und gesagt: Wer an Jesus Christus glaubt, der muß wie von

selbst auch fröhlich sein.« Und er war der Meinung, daß es
so wohl auch von Wesley selbst gedacht gewesen sei. Aber
er gab zu, daß die geheime Forderung nach Glaubensfreu-
de und nach Heiterkeit der Kinder Gottes auch etwas Gefährliches sei. Dann haben wir gemeinsam darüber nachgedacht, was in Psalm 23 gemeint ist: »Und ob ich schon
wanderte im finstern Tal, fürchte ich kein Unglück, denn
du bist bei mir, dein Stecken und Stab trösten mich.« Das
finstere Tal *bleibt* doch ein finsteres Tal, auch dann, wenn
der Glaube des Wanderers weiß: Du bist bei mir. Der Glaube kann die Finsternis dieses Tals nicht vertreiben und
durch Sonnenschein ersetzen. Der Glaube bringt diesem
Mann auch keine fröhliche Stimmung. Wenn er sagt: »Du
bist bei mir«, dann muß das nicht heißen, daß seine Angst
zu Ende wäre. Er sagt: »Du tröstest mich.« Und Trost ist im
Sinne der Bibel immer ein Ausgleich mit dem, was ich
nicht habe. Trost ist eine Sache für Menschen im Defizit.
Doch Trost macht nicht unbedingt fröhlich. Mir scheint,
daß Trost in der Tat zum Glauben gehört, aber nicht unbedingt ein fröhliches Herz.

Ich bin an diesem Punkt besonders allergisch, weil ich gerade schon wieder eine Predigt darüber gehört habe, daß
die Christen erlöster aussehen müßten, wie Nietzsche gemeint hat. Ich habe bei Luther gelernt, daß der Glaube in
den Glaubenden unanschaulich ist und daß jede Demonstration, die der Glaubende angeblich leisten soll, abzu-
wehren ist.

Mein Freund Norman sagte mir am anderen Tag, er habe
lange über unser Gespräch nachgedacht und sei zu dem
Ergebnis gekommen, daß der Glaube etwas anderes sei als
›Gefühl‹. Zumindest müßten Glaube und Gefühl nicht
unbedingt »in tune« sein. Ich weiß nicht, ob wir damit etwas Richtiges gesagt haben. Wenn es um Glaubenserfahrung geht, dann möchte ich mich bei der Beschreibung
dieser Glaubenserfahrung jedenfalls vor harmonistischen
Formeln hüten. Denn diese Erfahrung kann gerade darin
bestehen, daß ich die Unabhängigkit des Glaubens von
der äußeren und inneren Situation erfahre. In diesem Sin-

ne ist Glaubenserfahrung eine paradoxe Erfahrung, so wie
ja auch die Rechtfertigung des Gottlosen wohl nur als ein
Paradox erfahren werden kann. Mir scheint, daß die ›neue‹
Psychologie‹, von der Thurneysen und Bohren sprechen,
auch in diese Richtung weist. Im Glauben erfahre ich
mein in Christus verborgenes Leben, ohne daß ich schon
jetzt mit diesem neuen Leben identisch bin.
Ich möchte in diesem Zusammenhang an die Peristasen-
kataloge des Paulus erinnern mit ihren Antithesen. Sie beschreiben auf ihre Weise eben auch das, was wir Glaubenserfahrung nennen. »Als die Sterbenden – und siehe wir leben. Gezüchtigt – und doch nicht zu Tode gekom-
men . . .« Und nun der Satz, der hier hingehört: ». . . als die
Traurigen, aber allezeit fröhlich« (2Kor 6,9f). Psychologisch ist das kaum zu interpretieren. Eine Art von Schi-
zophrenie ist auch nicht gemeint. Sondern es geht um die
Gleichzeitigkeit von Traurigkeit und Freude bzw. Fröh-
lichkeit. Hier muß nicht das eine dem anderen geopfert
werden. Weil es Freude gibt, muß die Traurigkeit nicht ver-
schwinden. Und weil die Traurigkeit da ist, muß die Freude nicht verbannt sein. Aber über dieser Gleichzeitigkeit
steht die Verheißung, daß es *so* nicht bleiben soll. Es ist eine vorläufige Gleichzeitigkeit, die dem Glauben zur Erfahrung wird.
Ich möchte einen Satz zitieren aus der ausgezeichneten
Meditation von Peter Bukowski über 2Kor 6,1–10: »Bei
mir und anderen entdecke ich immer wieder, wie sehr wir
auch im ganz persönlichen Bereich in dem Bewußtsein leben, daß Gnade und Glück irgendwie zusammengehören« (GPM 36, 1981/82, S. 132). Dasselbe können wir auch
sagen von Glauben und Glück. Wenn Glauben und Glück
zusammengehören, dann ist die Glaubenserfahrung eine
Glückserfahrung. Es könnte sein, daß John Wesley das gar
nicht gemeint hat. Aber in seinen Gemeinden kann man
auf den leisen Gedanken kommen, daß es sich so verhält.
Denn wenn ich zum Gottesdienst in diese Kirche gehe,
dann werde ich nicht nur mit englischer Höflichkeit, sondern auch mit glücklichen Menschen verbunden. Die

›hyms‹ sind alle in Dur; man hört die siegreiche Trompe-
tenoberstimme, auch wenn keine Trompete spielt. Auch
die Predigt hat konfessorische Obertöne und verspricht
einfache und wirksame Lebenshilfe. Die Schwesterlich-
keit und Brüderlichkeit hat für mich etwas Bestechendes,
aber manchmal auch etwas Befremdendes. Man wird sozusagen pauschal angenommen und geliebt, ohne nach
der eigenen Situation gefragt zu werden. Der mitgebrachte ›alte Mensch‹ wird ›an der Garderobe abgegeben‹. Der
nun sich aussprechende ›neue Mensch‹ steht unter der Erwartung, er müsse ein Glückskind sein. Und die Freude
des Glaubens muß sich mit Herzen, Mund und Händen
zur Darstellung bringen, wobei die Beobachtung zu machen ist, daß diese Freudensprache des Glaubens sich gewisser Rituale bedient, die das Spontane nicht mehr so
ganz spontan erscheinen lassen.

Dennoch: bei aller Reserve gegenüber einer Identifizierung von ›Glaubenserfahrung‹ mit psychischer Hochstim-
mung bleibt für mich die im Methodismus verankerte Er-
fahrungskomponente des Glaubens selbst vorbildlich
und wird zu einem Anlaß kritischer Überprüfung der eigenen Position.

Der Begriff ›Glaubenserfahrung‹ veranlaßt zu der Überlegung, daß zwischen Glauben und Erfahrung zwar eine
Spannung besteht, aber kein sich ausschließender Gegensatz. Karl Barth hat in seiner Dogmatik (IV/3) davon gehan-
delt, daß das in und durch Christus verwirklichte Heil mir
selbst zur Erfahrung werden müsse. Er kann sogar feststellen, daß die Glaubenden durch diese Erfahrung »anders
geworden sind, als sie zuvor waren«. Es geht um die eigene
Betroffenheit vom Christusgeschehen. Barth stellt immer
wieder drei Begriffe zueinander, die auch Wesley miteinander verbunden hat: glauben, erkennen und erfahren. Es
sei ein für Barths Theologie eigentlich nicht typischer Passus zitiert: Der Christ »wird sich also nicht auf das Glauben, Erkennen und Erfahren anderer, etwa gewisser ihm
vorangegangener oder ihn umgebender Christen beziehen und berufen können, auch nicht auf das Dogma und

Kerygma der Kirche und nicht einmal auf das ursprüngliche Zeugnis der biblischen Propheten und Apostel. Er
könnte und würde nicht Christ werden, wenn er ihre
Schule verschmähte, und würde es nicht bleiben, wenn er
sie verließe. Er meine aber nicht, auf die Autorität des Paulus oder des Johannes oder auf die Luthers oder Augustins
oder auf die frommer Eltern oder Freunde hin Christ und
also Zeuge werden zu können« (Kirchliche Dogmatik IV/
3, S. 753).

Zusammenfassung
Die Überlegungen Bohrens als Weiterführung Thurney-
senscher Impulse bringen mich zu der wachsenden Erkenntnis, daß die Erfahrung, die der ›alte Mensch‹ mit seinem geglaubten ›neuen Menschen‹ macht, nicht in einem
abstrakten Jenseits verborgen ist, sondern ihre psychologisch erfaßbare Wirkung hat. Was der Glaube erfährt,
ist nicht exterritorial, sondern berührt, erleuchtet und verändert mein empirisches Leben. Das Verheißene ist nicht
›Schall und Rauch‹, sondern die Basis neuer Erfahrungen.
Es sind Glaubenserfahrungen in dem anspruchsvollen
Verständnis, daß der Glaube diese Erfahrungen tatsächlich erfährt. Es sind nicht ›geglaubte Erfahrungen‹, sondern dem Glauben vermittelte Erfahrungen. Die Qualität
dieser einer ›neuen Psychologie‹ zugänglichen Erfahrungen weist sich darin aus, daß sie dem Glauben zur Gewißheit werden. Ich muß nicht ›daran glauben‹, daß diese Erfahrungen existieren. Sondern weil sie existent sind, im-
ponieren sie sich dem Glauben. Glaubenserfahrungen
sind nicht das Produkt eines kreativen Glaubens, sondern
die Erfahrungen bringen sich durch den Glauben zur Sprache und ins Herz.
Es besteht kein Anlaß, die Kategorie der Erfahrung den
Psychologen zu überlassen. Glaubenserfahrung besteht
nicht in einer transpsychologischen Ungreifbarkeit. Allerdings behalten die Glaubenserfahrungen das Siegel ihres
Ursprungs. Sie kommen nicht aus dem Mutterboden in-
nerpsychischer Humanität, sondern aus der Quelle pneu-

matologischer Spritualität. Unverfügbarkeit über diese
Quelle aber bedeutet keineswegs ihre Unerfahrbarkeit.
Um diesem theologischen Sachverhalt und seiner psychologischen Erscheinungskraft gerecht zu werden,
müssen wir wahrscheinlich von einigen diastatischen
Konstruktionen Abschied nehmen, die das Gespräch
zwischen Theologie und Psychologie bisher verengt
und belastet haben.
Bei der Begegnung mit der buddhistisch inspirierten Pastorin liegt das für mich Wesentliche in der Erkenntnis,
daß mich die Faszination im Streben nach unmittelbarer
Gotteserfahrung nicht erreicht. Der Ausschluß vermit-
telnder Größen wie Bibel und Heilsgeschichte zugunsten des Genusses mystischer Gottesnähe ist kein Ziel,
das mich verlocken könnte. Nicht die Fülle der Gotteserfahrung, sondern die vorläufige und quasi bescheide-
nere Gestalt der Glaubenserfahrung liegt mir am Herzen.
Allerdings bewegen mich die defizitären Resultate, die
meine Gesprächspartnerin auf evangelischem Boden
gesammelt hat. Unter dem großen Dach reformatorischer Theologie und historisch-kritischer Forschung
kann sich offenbar eine leere Scheune befinden, die denen, die ein sich nach der Ruhe in Gott sehnendes unru-
higes Herz haben, weder Heimat noch Geborgenheit
bietet. Wenn Glaubenserfahrung verkümmert zu ›ge-
glaubter Erfahrung‹ im Sinne einer unrealen Erfahrungs-
vermutung, die sich in der Konstruktion dogmatischer
Kunstgebäude erschöpft, dann steht am Ende ein erfah-
rungsentleerter Glaube, mit dem der Angefochtene weder leben noch sterben kann.
Aus dem Gespräch mit meinem methodistischen Kollegen ist die Einsicht zurückgeblieben, daß Glaubenserfahrung nicht mit meiner Situationserfahrung und
Selbsterfahrung harmonieren muß. Das gibt mir die Freiheit, mich nicht nach Image-Erwartungen zu richten,
die das Leben und Handeln aus dem Glauben in vorge-
formten Erscheinungsbildern anschaulich machen

möchten. Darum ist mir die Differenz von Glaubenserfahrung und psychischer Disposition lebensnotwendig.

Abschließend ist zu sagen, daß der zusammengesetzte Begriff ›Glaubenserfahrung‹ für mich bei dem Versuch, aus den mitgeteilten Anstößen und Erlebnissen ein Fazit abzuleiten, eine zunächst ganz einfach klingende Interpretation erfährt. Glaubenserfahrung bedeutet im Kern: Ich erfahre, daß ich glaube und daß mein Glaube nicht an sich selbst hängt, sondern an der Gottesgeschichte, die ihn begründet. Erfahre ich meinen Glauben, so erfahre ich zugleich die Tragfähigkeit der ihn begründenden Gottesgeschichte.

Angesichts dieses entscheidenden Zusammenhangs ist es nicht so wichtig, ob und wie die Glaubenserfahrung sich selbst veranschaulicht. In England wachsen die charismatischen Gemeinden. Es wächst zugleich das Angebot an Demonstration des Glaubens. Aber Glaubenserfahrung hat m.E. ein kühles und kritisches Verhältnis zur Glaubensdemonstration.

Wird der Glaube und die ihn begründende Gottesgeschichte zur Erfahrung, so liegt in ihm ein Element von Treue. Der Glaubende erfährt, daß er sich auf diese Tragkraft, die er nicht selbst leisten muß, verlassen kann. Es ist die Erfahrung, daß der um Gottes willen sich selbst Verlassende nicht verlassen, sondern getragen ist.